KB273463

마켓리더
전략
VS 도전자
전략

마켓리더 전략 VS 도전자 전략

초판 1쇄 발행 2010년 12월 24일

지은이 김동균 · 비아이티컨설팅
펴낸이 김건수

펴낸곳 김앤김북스
출판 등록 2001년 2월 9일(제12-302호)
주소 서울시 중구 수하동40-2 우석빌딩903호
전화 773-5133   **팩스** 773-5134
이메일 knk@knkbooks.com

ISBN 978-89-89566-53-3 03320

마켓리더 전략 VS 도전자 전략

김동균 · 비아이티컨설팅 지음

경쟁자를 압도하는 마케팅 전략 솔루션

김앤김
북스

기업들이 경쟁하는 시장은 한마디로 끊임없는 전쟁이 연속되는 곳이다. 이 전쟁은 휴전도 없을 뿐만 아니라 시장을 떠나기 전에는 종전도 없다. 유사 이래로 기업들은 크고 작은 전쟁을 지속하면서 생존해 왔다. 우리가 무협지나 전쟁 사극에 흥미를 갖게 되는 이유는 상대방을 무너뜨리는 기발한 전략과 전술을 보기 위함이다. 군사력의 절대적인 우위로 밀어붙이는 전쟁보다는 수적으로 열세이지만 뛰어난 지략으로 승리를 이끌어 낼 때 우리 대부분은 더 통쾌함을 여긴다. 무용담이나 드라마에서 보듯이 결국 전쟁은 '정보'와 '전략'의 싸움이다. 경쟁에서 이기는 조건은 상대방에 대한 정보를 충분히 획득하고, 그 정보를 기반으로 적의 공격 및 행동을 예측하며, 상황에 맞는 최적의 전략을 수립하는 것이다.

그런데 최적의 전략은 어떻게 찾아낼 수 있는가? 경쟁 전략에는 분명 체계화된 원칙이 있다. 과거에 경험에 의해서 체계화된 일종의 패턴인 것이다. 손자병법에 나오는 다양한 패턴의 전략과 전술들 역시 과거의 경험을 기반으로 체계화된 것이다. 학문에서는 과거의 경험이나 발견사항들을 체계화한 것을 이론(Theory)이라고 하는데, 각각의 이론에는 이론이 성립하기 위한 조건이 있다. 즉, 그 이론이 유효한 특정한 조건이 있고, 조건이 달라지면 그 이론은 더 이상 유효하지 않으며 다른 이론이 적용되어야 하는 것이다. 마찬가지로 모든 전략에는 그 전략이 효과적일 수 있는 시장의 조건이 있다. 시장의 조건에는 경쟁 상황이나 경쟁 환경, 자사가 처한 상황이나 경쟁력 등을 포함한다. 시장이 발달할수록, 경쟁의 역사가 오래될수록, 시장의 조건은 더욱 복잡하기 마련이고 적합한 전략을 찾기는 훨씬 더 어렵다.

하지만 시장 조건에 맞는 적합한 전략은 존재한다. 과거에 존재했던 수많은 시장 조건에 대한 여러 가지 경험이 존재하고 그 경험들을 토대로 전략의 패턴을 찾을 수 있을 것이다. 이러한 체계화된 전략 패턴들은 전략적인 시사점을 제시해 줌으로써 우리가 처한 경쟁 환경에 가장 적합한 전략을 찾는 데 도움을 준다. 그것이 바로 전략 팁(Strategic Tip)이다.

경험으로 체계화된 전략 팁을 활용하면 성공 확률을 높여 준다

시장의 조건이 복잡하게 얽혀 있을 때는 최적의 전략을 찾아내기가 힘들다. 하지만 이전의 경험들에 대한 다각적인 연구를 통해 체계화된 전략 팁(Strategic Tip)을 활용하면, 잘못된 의사 결정의 가능성을 줄이고 성공 확률을 높여 준다. 따라서 전략 팁을 많이 알면 알수록 성공 가능성이 높은 전략을 찾아내기가 용이해진다.

필자는 이 책을 통해 독자들에게 경쟁 전략 수립에 필요한 전략적 팁을 제공하여 전략적 실패 가능성을 줄이고 경쟁에서 성공할 확률을 더해 주고자 한다. 경쟁 환경에 처해 있는 기업에 근무하는 직장인이라면, 마케팅 부서에 근무하든, 연구소나 R&D, 영업, 생산 등 어디에 근무하든, 기업이 궁극적으로 추구하는 이윤 창출이라는 목표를 달성하는 데 필요한 구성원이라면, 이러한 전략의 실체와 시사점에 대해 이해할 필요가 있다. 이제 기업은 영업이나 마케팅 부서의 경쟁이 아니라 전사적인 경쟁 환경에 직면해 있기 때문이다.

컨설팅 결과를 바탕으로 한 실제적인 전략과 사례

필자는 2000년 4월 국내 최초 브랜드 & 마케팅 전략 전문 컨설팅 업체인 비아이티컨설팅(bit consulting)을 설립하고 삼성전자, LG생활건강, KT&G, 현대건설, 현대기아자동차, CJ제일제당, 하이트맥주, ㈜진로, 풀무원, LG화학, LG하우시스, 농심, 대상, 아모레퍼시픽, 비씨카드, 삼성테스코, 삼성카드, KTF, LG텔레콤, ㈜SK, 한국인삼공사, 동양제과, 모토로라코리아, 롯데쇼핑, 롯데칠성음료, 금호타이어, 금호건설, 코오롱, AK면세점, 암웨이 등 다양한 산업 분야의 대표 기업들과 브랜드 전략 및 마케팅 전략 수립 컨설팅 프로젝트를 수행하여 괄목할 만한 성공 사례를 남겼다. 지난 10년 동안 이러한 프로젝트를 통해 비아이티컨설팅이 수립한 전략과 그 과정에서 획득한 전략적 아이디어를 이 책에 담았다. 또한 전략 팁과 함께, 국내 시장에서 실제로 프로젝트를 통해 경험한 생생한 사례를 같이 제시함으로써 현장감 있게 전략을 이해하도록 했다. 필자는 이 책을 통해 전략적 사고(Strategic Thinking)의 틀을 제시함으로써, 독자들이 스스로 전략적으로 사고하여 체계적으로 전략화하는 역량을 함양하는 데 도움을 주고자 하며, 이를 통해 성공 확률을 높이는 경쟁 전략을 수립할 수 있기를 기대한다.

이 책은 크게 마켓리더의 전략과 도전자의 전략의 두 파트로 나누어져 있고 여덟 개의 장으로 구성되어 있다. 각 파트의 첫 번째 장(제1장과 제5장)에는 전략의 유형과 조건 등 전략 틀(Strategic Framework)을 제시하고, 나머지 장에는 43개의 전략 팁과 관련 사례들, 그리고 이론적 지식을 담은 전략 노트로 구성되어 있다. 각각의 전략 틀은 전략의 배경 및 조건, 전략적 방향성과 시사점, 그리고 관련 사례로 구성되어 각 전략 팁을 독자들이 쉽게 이해하고 어떤 상황과 조건에 적합한 전략인지 지각하도록 하였다.

마켓리더에게는 리더 전략, 도전자에게는 도전자 전략만 필요한 것은 아니다. 도전자의 경우 도전자의 전략뿐만 아니라 리더가 어떤 전략을 펼 수 있는지를 이해하고, 리더의 경우 도전자가 어떻게 공략해 올 수 있는지를 이해하면 보다 체계적인 방어와 공격의 전략을 수립하는 데 도움이 될 것이다.

　마지막으로 이 책의 근간이 된 프로젝트를 수행해 온 비아이티컨설팅 컨설턴트 여러분과 비서 김보경님께 감사드린다. 필자는 이 책을 기반으로 마켓리더와 도전자의 전략을 보다 체계적이고 깊이 있게 연구하여 효과적이고 정교한 전략을 컨설팅 프로젝트와 개정판을 통해 계속 여러분께 제공해 드릴 것을 약속한다.

03 어떻게 경쟁자의 공략에 대응할 것인가

07 도전자가 경쟁우위를 유지하고 공고히 하는 전략은 무엇인가

08 시장에 편승하여 살아남는 방법은 없는가

PART1
마켓리더 전략

코카콜라, 칠성사이다, 나이키, 페리오치약, 참이슬, 초코파이, 박카스, 베지밀, 소나타, 애니콜, 피죤, 옥시, 오뚜기카레와 같이 수십 년 동안 리더의 자리를 유지하고 있는 브랜드들이 있는가 하면, 사리돈, 진주햄, 삼보트라이젬, 미원과 같이 시장의 마이너 브랜드로 추락하거나 기억에서 사라진 브랜드들도 있다. 또한 다시다, 하이트 맥주, 신라면과 같이 기존 리더 브랜드를 밀어내고 그 자리를 차지한 브랜드들도 있다. 그렇다면 수십 년 동안 마켓리더의 자리를 유지해 온 브랜드들은 어떻게 그렇게 할 수 있었을까?

Part1에서는 마켓리더가 시장 확대를 위해 어떤 전략을 구사해 왔으며 경쟁자를 공격하고 방어하기 위해서는 어떤 전략이 필요한지를 소개하고, 또한 현장에서는 그러한 전략들이 실제로 어떻게 사용되어 왔는지를 실제 사례를 통해 알아본다.

우선 제1장에서는 전략의 유형을 개괄적으로 살펴봄으로써 독자들이 스스로 전략적 사고의 틀을 형성할 수 있도록 한다. 이를 위해 서로 다른 시장 지위와 경쟁 환경의 차이에 따라 마켓리더의 전략이 어떻게 달라질 수 있는지, 그리고 마켓리더의 전략은 어떻게 분류되고 어떤 유형들이 있는지를 살펴본다. 제2장에서는 시장 내에서 자사의 위상을 체계적으로 관리하는 전략 유형들을 소개하고, 트렌드의 변화에 부응하여 시장의 핵심을 선점하고 자기 중심적으로 시장을 주도해 가는 리더의 전략들을 살펴본다. 제3장에서는 경쟁 기업이나 신규 진입자의 공격에 노출되어 있는 마켓리더가 그들의 공격에 효과적으로 대응하기 위한 전략에는 어떤 것들이 있는지를 알아본다. 그리고 제4장에서는 시장 성과를 유지하고 확대해 나가기 위한 전략으로서, 끊임없는 혁신을 통해 차별화하는 전략들과 고객 가치 창출을 통해 새로운 시장을 개척하는 미래 지향적인 전략들에 대해 살펴본다.

01

마켓리더 전략의 방향은 무엇인가

Leaders' Strategy Overview

마켓리더는 시장의 다른 경쟁자들과 경쟁하는 동시에 시장을 대표하는 위치에 있다. 따라서 도전자의 공격을 방어하고 경쟁우위를 유지하는 것뿐만 아니라 시장 규모를 확대하고 시장의 변화를 주도하는 것과 같은 다양한 전략적 목표를 갖는다.

마켓리더의 전략은 하나의 방향성만 존재하는 것이 아니다. 마켓리더의 시장 위상과 환경이 다르기 때문에, 각각의 시장은 서로 다른 전략이 필요하다. 말하자면, 시장에서 독점적인 지위를 가진 리더는 시장 위상을 유지하고 강화하는 전략과 더불어 시장 자체를 확대하여 중장기적인 성과를 창출하려고 할 것이고, 독점적인 지위를 갖지 못한 리더의 경우는 절대적인 시장 위상을 확보하는 것이 가장 우선적인 전략 과제일 것이다.

그리고 경쟁자의 공격에 대한 대응에도 다양한 전략 대안들이 있다. 대응할 것인지 대응하지 않을 것인지, 언제 어떤 규모로 대응할 것인지, 경쟁자의 어떤 사업 영역을 공략할 것인지, 어떤 무기로 공략할 것인지 등에 따라 최적의 전략 대안을 찾게 된다. 또한 경쟁자의 공격에 대처하기 위해 미리 경쟁자를 공격하거나 방어장벽을 구축하는 방법을 사용할 수도 있다.

이 장에서는 시장 위상, 시장 환경, 그리고 경쟁 상황이나 조건에 따라 마켓리더에게는 어떤 전략 유형들이 있는지를 먼저 살펴보면서 독자들이 실제 전략의 이해를 위해 필요한 전략적 사고의 틀(Framework of Strategic Thinking)을 형성하는 데 도움을 주고자 한다.

마켓리더 전략의 주요 방향

우선, 마켓리더를 어떻게 정의할 수 있는가? 일반적으로는 시장점유율을 가장 많이 확보하고 있어 매출 성과가 가장 큰 기업을 마켓리더라고 할 수 있다. 한편 시장 선도 기업이란 시장 트렌드나 시장의 흐름을 주도해 가는 기업을 의미한다. 따라서 시장 선도 기업이 반드시 마켓리더가 아닐 수도 있다. 마켓리더가 아닌 기업이 시장의 흐름을 주도할 수도 있기 때문이다.

마켓리더의 전략적 목표는 시장 위상을 우월한 상태로 유지하고 지속적으로 매출과 수익성을 확대하는 것이다. 우월한 시장 위상(Superior Position)을 확보한다는 것은 다른 경쟁자에 대해 절대적인 경쟁우위를 갖는 것이다. 마켓리더가 경쟁우위를 유지하려면 경쟁자가 모방하거나 경쟁력 수준을 따라잡기 전에 경쟁우위를 더욱 강화하거나 새로운 경쟁력 요인을 찾아야 한다. 시장 환경과 경쟁 환경이 변화함에 따라 시장의 경쟁력 요인도 변화하기 때문이다.

또한 마켓리더는 시장에서 우월한 지위를 유지하고 수익성을 지속적으로 확대하기 위해서 경쟁자의 도전을 효과적으로 방어하고 시장을 지켜나가야 한다. 경쟁자의 시장 공략에 대해서는 상당한 마케팅 자원을 투여하여 대대적인 반격을 시도하거나, 반대로 경쟁자의 시장 진입을 지켜보며 추이를 관망할 수도 있다. 또한 사전에 경쟁자의 진입을 차단하는 방어장벽을 구축할 수도 있다. 경우에 따라서는 경쟁자가 공격해 오는 시장이 아닌 다른 시장을 공격해서 경쟁자의 추가적인 공세나 공격 의지를 꺾어 버릴 수도 있다.

마켓리더는 시장을 효과적으로 방어할 뿐만 아니라 중장기적인 성과를 담보하기 위해 시장의 규모를 확대해야 한다. 시장이 성숙기에 접어들면 시장점유율을 조금이라도 더 확보하기 위해서 경쟁은 더욱 치열해지고 그에 따라 수익성은 당연히 하락하게 된다. 따라서 마켓리더가 지속적으로 성과를 창출하기 위해서는 시장의 새로운 수요를 창출하거나 주변 시장으로 시장 범위를 확대해야 한다.

또한 시장 트렌드나 소비자 니즈의 변화를 먼저 파악하고 그것을 주도함으로써 마켓리더로서의 위상을 강화해야 한다. 바람직한 마켓리더는 시장을 잘 지켜내는 '수동적인 리더'보다는 시장을 주도하고 소비자에게 새로운 가치를 제공하는 '능동적인 리더'이다. 능동적 리더십을 통해 시장의 흐름을 주도함으로써 자사에게 유리한 방향으로 시장을 이끌어 갈 수 있다.

리더이든 도전자이든, 핵심적 목표는 가장 효과적(Effective)이고 효율적인(Efficient) 전략을 찾아내는 것이고, 이것이 바로 전략 최적화(Strategy Optimization)이다. 전략 최적화는 시장 내에서 마켓리더의 위상이 얼마나 강력한지, 경쟁우위가 얼마나 차별적인지, 시장의 라이프사이클이 성장기인지 성숙기인지, 그리고 시장의 경쟁 강도가 얼마나 강한지 등과 같은 요인들에 영향을 받는다. 이러한 외부적인 요인 이외에도, 중장기 회사의 전략, 자원의 가용성, 해당 사업의 중요성 등 많은 내부적인 요인들도 최적의 전략을 수립하는 데 영향을 미친다.

우선 마켓리더의 전략에는 어떤 방향성이 있는지 알아보자. 마켓리더의 주요 전략적 방향성은 6가지로 정리해 볼 수 있다.

1. 시장의 트렌드나 흐름을 주도한다

시대가 변화함에 따라 시장도 변화한다. 그러한 시장의 변화를 주도해 가는 것이 강력한 시장 위상을 가진 리더의 가장 중요한 역할 중 하나이다. 대부분의 마켓리더는 알게 모르게 시장의 트렌드를 만들어 가거나, 사회 전반에 걸친 메가 트렌드를 반영하면서 시장을 이끌어 가고 있다.

예를 들면, 건강/웰빙 트렌드는 최근 사회 전반에 걸쳐 가장 두드러진 트렌드 중 하나이다. 식품 시장뿐만 아니라 의류, 주거 등 매우 다양한 시장에서 핵심 트렌드로 인식되고 있으며, 마켓리더들은 적극적으로 이러한 트렌드의 선봉에 서려고 노력한다. 라면 시장의 마켓리더인 농심은 최근 '후루룩', '둥지', '뚝배기' 등 기름에 튀기지 않은 면제품을 출시하면서 웰빙 트렌드를 주도하고 있으며, 제과 시장의 오리온은 2003년 '맛있는 건강'이라는 컨셉의 '마켓오'를 출시하여 제과 시장에서 천연/웰빙 트렌드를 선도하고 있다.

가전 및 휴대폰, MP3 등 휴대용 전자기기 시장에서는 삼성전자와 LG전자가 기술 트렌드를 주도하며 경쟁하고 있다. 2000년대 들어서면서 두 회사는 제품의 소형화/경량화, 디자인을 핵심 트렌드로 부각시켰고, 최근에는 유무선 통합의 형태로 기능의 융합(Convergence)을 주도하고 있다.

2. 시장의 표준을 선점하고 시장에서의 포지셔닝을 강화한다

마켓리더들은 새로운 원료, 기술, 디자인 등을 통해 제품이나 서비스를 평가하는 새로운 기준을 제시함으로써 시장의 표준(Market Standard)을 선점하고, 경쟁자가 모방할 수준의 기술력을 갖추기 전까지 표준 기술을 적용한 제품과 가격을 효과적으로 활용하는 전략을 구사한다. 이를 시장 선점 전략(Preoccupying Strategy)이라고 한다.

또한 마켓리더는 제품, 서비스 그리고 유통을 발전시키는 데 주도적인 역할을 함으로써 시장에서의 포지셔닝을 강화한다. 집단 심리를 자극하는 '시장을 대표하니까', '많은 사람들이 사용하니까', '시장의 표준이니까'라는 생각을 소비자의 마음속에 심어줌으로써 가장 먼저 떠오르는 브랜드, 가장 우선적으로 거론되는 브랜드로 인식되고 소비자로부터 선택받을 기회를 확보하는 것이다.

3. 시장 규모를 확대하고 시장의 매력도를 지속적으로 향상시킨다

마켓리더가 지속적인 성과를 확보하기 위해서는 새로운 수요를 창출하여 전체 시장 규모를 확대해 나가야 한다. 시장이 성숙기로 접어들게 되면 성장은 멈추고 경쟁은 더욱 치열해지기 때문에 추가적인 매출 성과나 수익성 향상을 기대하기 힘들다. 따라서 사용 빈도나 사용량을 늘려 매출 성과를 향상시키거나 이용 고객층을 확대하는 등 여러 가지 전략 대안을 모색해야 한다. 여성의 전유물이던 화장품이나 헤어케어 제품을 남성 시장으로 확대하거나, 한정적으로 사용되던 물티슈의 용도를 확대하고, 캔 타입과 페트 타입을 통해 맥주의 용도를 확대하는 등 우리 주변에는 사용 용도를 확대한 많은 사례가 있다.

그 뿐만 아니라 제품 종류를 다양화하고 다양한 가격대에 제품을 출시하는 등 제품 라인을 확장하여 다양한 고객의 니즈를 충족시키는 등 보유 자산을 활용해 추가적인 성과를 창출하려는 노력도 필요하다. 세계 최대의 패스트푸드 체인인 맥도널드는 추가적인 성과 창출을 위해 매장이라는 보유 자산을 보다 적극적으로 활용하는 방법을 고민했다. 마침내 아침식사용 메뉴인 에그머핀(Egg Muffin)을 개발하여 하루 6~8시간만 활용되던 매장의 영업 시간을 10~12시간까지 늘림으로써 보다 큰 매출과 수익을 창출할 수 있었다.

각 기업간의 시장점유율이 일정하게 유지된다고 가정하면, 시장 규모가 커질수록 마켓리더는 보다 큰 성과를 기대할 수 있다. 따라서 마켓리더는 제품 확장이나 리포지셔닝 등을 통해 새로운 수요를 창출하여 시장 규모를 확대하는 전략을 펴 나가는 것이 당연하다. 상품의 새로운 가치나 용도를 개발하거나, 제품의 사용량이나 사용 횟수를 늘리는 것이다. 이는 시장 성장기보다는 시장 성숙기에 주로 수행되는 전략이다.

4. 시장의 경쟁 구도를 조정하여 장기적으로 유리한 환경을 만든다

강력한 시장 위상을 가진 리더는 시장을 조정해 나갈 수 있다. 주도권을 가지고 시장의 흐름을 조정할 수도 있고 새로운 시장을 개척하거나 시장의 진화를 유도할 수도 있다. 또한 경쟁자의 활동을 위축시킬 자금력을 가지고 있기 때문에, 특정 경쟁자의 성장을 막거나 전략적으로 성장을 도울 수도 있다. 이와 같이 마켓리더는 시장의 경쟁 구도를 조정할 수 있는 유리한 위치에 있는 것이다.

리더는 자신이 가고자 하는 전략 방향에 맞게, 장기적으로 자신에게 유리한 방향으로 시장과 경쟁 구도를 조정해 나가야 한다. 또한 시장 자체의 변화나 경쟁자를 겨냥한 전략 전개를 통해서 시장의 위협 요소를 사전에 제거해야 한다.

5. 시장 진입장벽을 높이고 경쟁자의 공격을 사전에 차단한다

리더는 항상 경쟁 기업 혹은 신규 진입자의 공격에 노출되어 있다. 신규 진입자가 쉽게 시장에 진입하지 못하도록 진입장벽을 높여야 한다. 리더만이 가지는 새로운 제품 유형과 유통 경로를 만들고, 제품의 가치를 지속적으로 향상시켜야 한다. 특히 리더가 확고한 경쟁우위를 가지고 있는 세분시장에서는 제품 다양화를 통해 경쟁우위를 강화하고 경쟁 제품 출시를 어렵게 하거나, 유통 경로를 압박하여 경쟁자의 제품 취급 자체를 힘들게 만들어야 한다.

경쟁 제품이 등장할 경우에는 마케팅 자원 및 비용상의 경쟁우위를 활용한 공격적인 전략을 취해야 한다. 공세적 우위전략으로 경쟁 기업을 압박하여 심리적 진입장벽을 높이고, 확고한 경쟁우위를 경쟁자에게 인식시킬 필요가 있다.

6. 시장 및 경쟁자에 대한 의무와 책임을 간과하지 않는다

시장에서 독점적인 위상을 갖고 있는 리더는 사회적, 경제적, 정치적 의무와 책임을 잘 인지하고 항상 주의를 기울여야 한다. 리더 기업에게는 시장점유율이 낮은 기업들이 가지고 있지 않은 위협과 책임이 따른다. 즉 독점 방지 규제나 사회적 책임과 같은 것들이 그것이다. 우선 리더는 사회적으로 지탄을 받을 기업 활동이나 거래를 삼가야 한다. 시장에서의 독점적인 위상을 남용하거나 경쟁자들을 심하게 위축시켜 불공정한 수익을 얻으려 해서는 안 된다.

리더가 이러한 책임을 다하지 않으면, 정부는 독점 방지를 위한 규제를 강화하고 소비자들은 그들을 외면하는 상황이 발생할 수 있다. 독점적인 시장 위상은 집단적인 선호에 의해 형성되는 것으로 대중의 마음속에 부정적 인식을 심어 주게 되면 지금까지 쌓아온 위상이 한꺼번에 무너질 수도 있다. 두산의 페놀 사건과 삼양라면의 우지 파동이 대표적인 사례이다.

마켓리더의 유형과 전략 방향

모든 전략이 마찬가지이지만, 리더의 전략 역시 모든 리더에게 동일하게 적용되지 않는다. 리더가 어떤 시장 환경에서 그리고 어떤 시장 위상을 가지고 있느냐에 따라 리더의 전략은 달라질 수 있다.

시장에서의 경쟁적 위상을 기준으로 볼 때, 마켓리더에는 두 가지 유형이 있다. 독점적 리더(Dominant Leader)와 비독점적 리더(Non-Dominant Leader)가 그것이다. 리더의 유형에 따라 전략의 방향은 달라져야 한다.

독점적 리더의 전략 방향

독점적 리더란 경쟁자들보다 시장점유율이 월등히 높은 기업이나 브랜드를 말한다. 독점적 리더는 단기적으로는 경쟁자에 의해 쉽게 공략될 수 없는 시장 지위(Market Position)를 이미 확보하고 있다. 하지만 독점적 위상을 가진 기업이라고 해서 언제까지나 안전할 수는 없다.

독점적 리더의 전략 목표는 시장을 확대하여 더 큰 성과를 창출하거나, 현 시장뿐만 아니라 미래 시장에서도 절대적인 경쟁우위를 유지하기 위해 경쟁적 위상을 더욱 강화하는 것이다.

독점적 위상을 가진 기업은 여러 가지 이점을 갖는데, 대표적인 이점은 시장과 경쟁 상황을 주도적으로 이끌 수 있다는 것이다. 이러한 이점을 이용해서 시장을 자사에게 유리한 방향으로 유도하여 더 높은 수익을 창출할 수 있다. 하지만 이러한 이점을 살리지 못하면 시장 위상이 약화되어 결국 리더의 자리를 내어 주는 경우도 종종 있다.

연구에 따르면 시장점유율과 수익성은 밀접한 관계를 형성하고 있어서 시장점유율이 40%가 넘는 기업의 경우, 시장점유율이 10% 미만인 기업에 비해 투자에 따른 수익성(ROI : Return on Investment)이 평균 3배 이상이나 된다고 한다. 물론 시장점유율이 얼마나 중요한가는 산업군과 시장 상황에 따라 다를 수 있겠지만, 시장점유율이 높은 독점적 리더는 규모의 경제(Economies of Scale)와 경험곡선 효과(Learning Curve Effect)로 인해 시장점유율이 낮은 기업보다 더 큰 성과를 만들어 낼 수 있다.

대개의 경우, 독점적 리더 기업이나 브랜드는 고가격을 유지할 수도 있고 가격 민감도를 억제할 수도 있기 때문에 경쟁 기업 대비 높은 수익성을 확보할 수 있다. 독점적 리더는 시장과 소비자로부터 높은 신뢰성을 얻을 수 있고 제품에 대한 시장 수용성이 높기 때문에, 신제품을 출시하는 시기나 시장 흐름을 조절할 수도 있다. 독점적인 리더 기업은 이러한 이점을 활용해서 시장을 확대하고 경쟁자의 계속되는 도전을 사전에 봉쇄한다.

독점적 리더의 전략 방향은 크게 두 가지이다. 하나는 시장 확대이고 다른 하나는 시장 위상의 유지 강화이다.

1. 시장 확대

시장 확대는 특히 성숙기 시장에서 리더가 더 큰 매출 성과를 창출하기 위해 필요한 전략이다. 제품의 새로운 용도를 개발하고, 새로운 유통 경로를 개척하고, 새로운 세분시장을 개발하고, 글로벌 시장에 진출함으로써 시장의 규모를 키우는 것이다. 이러한 전략은 새로운 경쟁을 유도하여 초기 시장점유율은 다소 하락할 수도 있으나, 전략을 실행한 결과로 시장이 확대되고 이전보다 매출 및 수익 성과가 훨씬 향상된다면, 리더로서는 적극적으로 추진해야 할 전략이다. 리더의 입장에서는 더 많은 경쟁자들과 경쟁해야 한다는 부담도 있지만 시장 확대를 통해 규모의 경제를 달성하는 이점을 누릴 수 있다.

하지만 시장을 확대할 때 명심해야 할 것은 단계적으로 확장해야 한다는 것이다. 우선 1차적으로 시장을 확대하고 넓혀진 시장에서 입지를 공고히 한 다음 2차, 3차에 걸쳐 단계적으로 확장하는 것이 바람직하다. 자칫 좀 더 큰 시장을 먹으려다가 전체적인 위상에 손실을 입는 소탐대실의 결과를 가져올 수도 있기 때문이다.

시장 확대가 리더의 전략이라면, 리더가 지양해야 할 것 중 하나는 경쟁자를 방어하기 위해 시장을 축소하는 행위이다. 단기적으로 경쟁자에 대한 방어가 시급한 과제일 수는 있지만 한번 축소된 시장을 다시 확대하는 것은 매우 어려운 일이며 장기적으로 더 큰 손실을 초래할 수도 있다.

시장 확대는 독점적 위상을 가진 기업이 추가적인 성과를 창출하는 중요한 수단이다. 성숙 시장에서는 마켓리더라고 하더라도 시장점유율에 의한 성장은 기대하기 힘들다. 시장점유율을 확대하기 위해서는 일반적으로 시장 성장기보다 훨씬 더 많은 마케팅 투자가 필요하고, 시장점유율을 증가시키는 데 추가적으로 드는 마케팅 비용은 시장이 성숙될수록 시장 경쟁이 심할수록 더 증가하여, 급기야 추가적인 매출이나 수익보다 더 커지게 된다.

연구에 따르면, 독점적 리더가 독점적으로 파워를 남용할 수 있다고 인식되는 시장점유율은 60% 내외이다. 시장점유율이 60%를 넘어가면, 리더는 정부나 경쟁자들의 견제를 피하기 위해서 시장 자체를 확대하는 대신 시장점유율을 낮추는 전략을 구사할 수밖에 없다. 물론 최적의 전략은 시장 지위를 유지하면서 시장을 발전시켜 나가는 것이지만, 성과 향상을 위해서는 시장 확대가 필수적이다.

시장을 확대하는 일반적인 방법은 기존 시장을 재정의함으로써 관련 시장으로 확장을 하는 것이다. 대부분의 독점적 위상을 가진 기업은 특정한 제품의 성공을 통해 시장의 위상을 구축하고 그러한 위상을 이용하여 관련된 다른 제품 시장으로 확장해 간다. 이러한 확대 과정에서 리더는 반드시 자사의 핵심 역량(Core Competency)이 무엇인지 점검해 보아야 한다. 즉 시장을 확대할 경우, 현재의 핵심 역량으로 확대가 가능한지, 아니면 추가적인 역량이 필요한지를 검토해야 한다. 또한 시장 확대를 고려할 때는 시장을 확대하더라도 기존의 자사의 핵심 시장을 보호하고 지킬 수 있는지를 반드시 검토해 보아야 한다.

앤소프(Ansoff)[1]에 따르면, 시장 확대 전략에는 시장 침투율 확대(Market

---

1   Ansoff, Igor, "Strategies for Diversification", HBR 1957, p113~124.

Penetration), 제품 확장(Product Development), 시장 확장(Market Development), 그리고 다각화(Diversification)가 있다고 한다.

시장 침투율 확대는 현재의 시장에서 기존 제품으로 기존 고객의 수요를 확대하고 신규 고객을 유입하여 시장 규모를 확대하는 것이다. 사용 용도를 확대하거나 기존 고객의 구매 횟수나 사용량을 늘리는 방법이 있다. 노래방용 새우깡이 사용 용도 확대의 대표적인 사례이고, 사용 용도별로 제품 형태를 달리한 캔 타입의 맥주와 페트 타입의 맥주도 사용 용도 확대를 통해 시장 규모를 키운 좋은 사례이다. 2002년 페리오치약 프로젝트를 수행할 당시 홈페이지에 올라온 고객의 글을 보고 크게 웃은 적이 있다. 심한 운동 후에 근육통이 생겼을 때, 근육에 치약을 바르고 잠시 후 샤워를 하면 근육통이 많이 완화된다는 것이다. 이것도 용도의 확대일까?

제품 확장이란 기존 시장에 새로운 제품을 출시하여 시장을 확장하는 것이며, 시장 확장이란 기존 제품으로 새로운 시장에 진입하여 신시장을 개척하는 것이다. 예를 들어 화장품 시장을 보면, 기초 화장품의 경우 다양한 기능성을 가미한 수분강화 라인, 주름개선 라인, 모공 라인 등 피부 타입이나 상태에 따라 선택할 수 있는 라인들을 구성하고 있다.

마지막으로, 다각화는 새로운 제품으로 신시장에 진입하여 제품과 시장을 모두 확대하는 것이다. 시장 확대를 위한 여러 가지 전략 옵션들은 위험성, 소요 시간 그리고 투자 비용의 정도가 다르기 때문에 이들을 고려한 신중한 의사 결정이 필요하다.

2. 시장 위상의 유지 강화

시장 위상을 유지하고 강화하는 데는 공격 전략과 방어 전략이 있다. 공격 전략은 시장점유율을 높이거나 특정한 경쟁자의 핵심 시장을 선제적

제품- 시장 성장 매트릭스(Product - Market Growth Matrix)

으로 공략하여 경쟁자의 위상을 흔들어 놓기 위한 목적으로 수행된다. 또한 공격하지는 않더라도, 제품, 패키지 혹은 서비스 혁신을 통해 시장 위상을 강화하고 시장점유율을 확대함으로써 간접적으로 경쟁자를 공격할 수도 있다.

시장의 위상을 유지하고 강화하고자 한다면 경쟁자의 공격에 대비한 방어 전략도 반드시 필요하다. 방어 전략에는 경쟁자가 공격해 올 때 방어하는 대응 전략(Response Strategy)과 경쟁자의 공격에 대비하여 먼저 시행하는 선제 전략(Preemptive Strategy)으로 나누어 볼 수 있다.

독점적인 기업은 공격 전략과 방어 전략을 모두 사용할 수 있는데, 알리스와 잭 트라우트(Ries and Trout)[2]에 따르면, 시장 상황이 불확실한 경우에는 새로운 시장을 개척하는 전략이 보다 타당하고, 시장 상황이 투명한 경우에는 시장점유율을 지키는 전략이 가장 큰 수익을 확보할 수 있다고 한다. 독점적 기업의 전략은 현재 해당 산업의 발

---

2   Ries, A. and J. Trout, "Marketing Welfare", McGraw Hill, New York, 1994.

달 단계와 시장 여건, 그리고 예상되는 미래의 시장 여건에 따라 결정된다. 산업의 발달 단계는 전체 시장 중 핵심 시장이 어떤 라이프사이클에 있는지와 밀접하게 관련되어 있다. 일반적으로 볼 때, 시장이 성장 단계에 있을 때는 공격 전략이 바람직하고, 성숙단계나 쇠퇴기에 있을 때는 시장 확대 전략과 방어 전략이 바람직하다.

비독점적 리더의 전략 방향

독점적 지위를 가지고 있지 않은 리더란 두 회사가 독점적 지위를 나누어 갖는 복점 시장(Duopoly)이나 소수의 회사들이 독점적 지위를 나누어 갖고 있는 과점 시장(Oligopoly)의 리더를 말한다. 비독점적 리더에게는 시장을 함께 이끌고 가는 하나 이상의 위협적인 경쟁자가 있고, 경쟁 기업보다 성과는 다소 우위에 있지만 위협적인 경쟁자와 거의 대등한 시장 경쟁력을 가지고 있다. 이러한 리더들의 전략적 목표는 확고한 리더십을 구축하고 강화하는 것이다.

국내에서 복점 형태를 구성하고 있는 시장은 가전 시장의 삼성전자와 LG전자, 타이어 시장의 한국타이어와 금호타이어 그리고 여객 항공 산업의 대한항공과 아시아나 항공 등이 대표적인 예이다. 복점 기업은 우선, 시장에서 우월한 지위를 차지하고 있는 두 회사 이외의 지위가 약한 마이너 경쟁자들을 위축시키는 전략이 우선적으로 필요하다. 종종 시장을 확장하고 상호 출혈 가격경쟁을 피하기 위해 두 복점 기업 간에는 무언의 합의가 이루어지기도 한다. 궁극적으로 시장을 주도하는 두 회사 간의 경쟁은 차별화에 기반을 두게 된다.

과점의 대표적인 예는 이동통신 시장의 SKT, KT, LG U+, 정유 시장에서 SK, GS칼텍스, S-Oil, 현대정유 등이다. 일반적으로 과점은 성숙 시장에서는 자연스러운 시장 구조가 아니다. 시장의 성장기를 거치면서

M&A에 의해 과점 시장은 복점 시장으로 정리되는 것이 일반적이며, 과점 시장이 존재하는 것은 정부 규제로 인해 만들어지는 경우가 많다.

과점 시장에서 리더의 목표는 주로 과점을 구성하고 있는 다른 경쟁자들의 공략을 저지하고 확고한 리더십을 구축하는 것이다. 비독점적 리더의 전략은 결국 시장점유율과 관련 있다. 리더는 시장점유율을 확대 또는 축소하는 방향성에서 공격 전략과 방어 전략을 구사하게 된다.

1. 시장점유율 확대

시장이 성장 단계에 있을 때, 리더는 시장점유율을 확대하기 위한 공격 전략을 사용한다. 대부분의 리더 기업들은 일반적으로 자사의 시장점유율이 리더로서 최적 시장점유율보다 낮은 수준이라고 생각한다. 시장점유율을 높이면 시장 위상이 강화되기 때문에 위험을 줄일 수 있고 수익성도 향상시킬 수 있다.

시장점유율 확대 전략을 채택하기 위해서는 몇 가지 고려해야 할 사항이 있는데, 먼저 시장이 성장하고 있는지를 확인해야 한다. 시장점유율을 높이기 위한 투자 비용이 성장 시장보다는 성숙 시장에서 훨씬 더 많이 소요되기 때문이다. 앞에서도 말했듯이, 성숙 시장에서는 시장점유율을 확대하는 것이 오히려 손실이 될 수도 있다.

두 번째는 자사 제품이 경쟁사 제품과 동질적인가 아니면 차별적인가를 염두에 두어야 한다. 제품간 동질성이 큰 경우는 제품간 차별성이 있는 경우보다 시장점유율을 확대하기가 어렵기 때문이다. 제품이 동질적일 경우 차별화할 수 있는 방안은 결국 마케팅 활동뿐이다. 마케팅 활동에 의한 차별화는 제품 차별화보다 훨씬 더 많은 투자를 요구한다. 세 번째는 자사의 자원 여력이 경쟁사보다 우위에 있는지를 판단해 보아야 한다. 앞에서 언급한 것처럼 시장점유율을 확대하기 위해서는 지속적인 투자가 필요하기 때문이다.

시장점유율을 확대하는 전략 중에서 가장 효과적인 방법은 제품 혁신 (Product Innovation)이다. 하지만 제품 혁신은 의지에 의해 실행할 수 있다기보다는 혁신적인 제품이 개발되었을 때에 한해서 실행될 수 있기 때문에 제한적이다. 그 다음으로 효과적인 전략은 시장 세분화(Market Segmentation) 전략이다.

시장 지배력을 가진 기업은 주로 대중 시장(Mass Market)에 집중하고 주변 시장을 등한시하는 경향이 있다. 따라서 주변 시장은 도전 기업들이 쉽게 침투할 수 있고, 경우에 따라서는 수익성이 매우 높은 시장으로 성장할 수도 있다. 1920~30년대 미국 자동차 메이커들은 소형차 시장이 규모가 너무 작아서 수익성이 낮다고 판단했기 때문에 주류 시장 (Main Stream)인 중대형 차에만 집중하고 그 시장에서 치열한 경쟁을 벌였다. 하지만 폭스바겐을 필두로 유럽 메이커들과 일본 메이커들이 소형차 시장에 진입하여 엄청난 성과를 거두었다.

세 번째 전략은 유통의 혁신(Distribution Innovation)이다. 시장을 보다 효과적으로 침투할 수 있는 방안을 찾는 것이다. 1990년대 중반, 리서치 회사에 근무하던 필자는 코카콜라로부터 팩스를 하나 받았다. 리서치 의뢰인데 정량적인 서베이 조사를 수행할 샘플 규모가 55만 개였다. 한국 코카콜라는 어떤 형태이든 콜라를 판매할 수 있는 장소를 전체 시장으로 보고, 전체 시장의 약 60% 정도밖에 침투하지 못했다고 결론을 내렸다. 콜라를 판매할 수 있는 모든 판매 장소를 대상으로 전수 조사를 해서 코카콜라가 입점되지 않은 점포에 제품을 입점시키겠다는 전략이었다. 코카콜라는 입점만시켜도 엄청난 성과를 거둘 수 있다는 결과를 글로벌 시장에서 이미 확인하였고 한국 시장에서도 똑같이 적용한 것이다. 이는 유통 혁신을 통한 시장점유율 확대의 사례라고 볼 수 있다.

2. 시장점유율 유지

시장점유율을 더 확대하면 위험 부담이 커지고 비용 상승으로 수익성이 오히려 떨어지는 경우도 있다. 하지만 대부분의 기업들은 시장점유율이 낮아지면 수익성이 하락할 것으로 판단하여 시장점유율을 높이거나 최소한 유지하고자 한다. 시장 위상이 약한 도전자들은 신제품을 출시하고 새로운 유통에 진입하고 신규 프로모션을 런칭하는 등 끊임없이 리더의 시장점유율을 빼앗으려고 한다. 가장 성가시고 또한 가장 일반적인 형태의 공격은 가격을 낮추어 저가격으로 공격해 오거나 가격을 할인하는 경우이다. 마켓리더들은 항상 경쟁자의 가격 인하에 맞대응하여 시장점유율을 유지할 것인가, 아니면 시장점유율을 다소 잃게 되더라도 가격을 고수할 것인지를 고민하게 된다.

일반적으로 시장점유율을 유지하기 위한 가장 좋은 방어는 공격이다. 신제품, 고객 서비스, 유통 그리고 비용절감 등을 통해 경쟁자를 압박하는 것이다. 방어를 위한 또 하나의 전략은 시장 요새화(Market Fortification)이다. 경쟁자들이 공략해 올 여지를 사전에 막아 버리는 것이다. 동일한 제품 카테고리에 한 개 이상의 브랜드를 운영하는 기업들은 신규 경쟁 브랜드나 경쟁자의 각 브랜드에 대해 대응 브랜드를 출시하기도 한다. 많은 브랜드를 출시하여 매장의 진열 공간을 미리 차지함으로써 경쟁 브랜드의 공략에 맞대응하는 것이다.

바람직한 전략은 아니지만 정면 대결 전략(Confrontation Strategy)도 있다. 리더가 경쟁자를 길들이기 위해 대규모 프로모션이나 가격 인하 전쟁을 시작하는 것이다. 응징은 되겠지만 가격 질서를 무너뜨리거나 자사의 브랜드를 손상시키는 위험이 뒤따른다.

3. 시장점유율 축소

대부분 기업들은 시장점유율 확대가 수익성을 담보한다고 생각한다. 하지만 일부 성숙 시장에서는 치열한 경쟁으로 인해, 시장점유율 확대가 과도한 마케팅 비용을 요구하기 때문에 오히려 수익성에 악영향을 미치는 경우가 많다. 특히 시장 지배력이 큰 기업이 시장점유율을 확대하는 것은 독점 방지 규제의 대상이 되기도 한다. 이러한 위험을 피하고 수익성을 강화하기 위해 시장점유율을 축소하는 전략을 전개할 수 있다. 시장점유율을 축소하는 전략을 디마케팅이라 하는데, 이는 기본적으로 추가적인 매출이나 기존 매출을 억제함으로써 매출 자체를 축소시키는 것이다.

기업 활동의 목표가 이윤 추구라 할 때, 의도적으로 매출을 줄이는 디마케팅은 수익성을 향상시키는 마케팅 전략의 일환이라 할 수 있다. 디마케팅을 통해 수익성을 향상시키는 방법에는 소극적 방법과 적극적 방법 두 가지가 있다. 소극적 방법은 마케팅 투자를 줄여서 고객에게 투여되는 평균 비용을 줄이는 것이고, 적극적 방법은 수익성 높은 고객들은 유지하고 수익성 낮은 고객들은 이탈시켜서 고객당 평균 수익성을 높이는 것이다.

디마케팅은 자칫 고객의 신뢰를 잃을 수 있기 때문에 상당한 위험이 따른다. 하지만 디마케팅을 통한 시장점유율 축소가 시장점유율 확대 전략보다 더 큰 수익을 안겨주는 경우가 종종 있다. SK텔레콤이 신세기통신을 합병할 때 독점 방지 규제에 따라 시장점유율을 축소시켰지만 오히려 수익성이 상당히 높아진 것이 대표적인 예이다.

도전에 대한 대응 전략

도전자가 시장에 진입해 올 때 어떻게 방어할 것인가? 대부분의 기업들은 '이에는 이, 눈에는 눈'식으로 대응한다. 가격으로 공략해 오면 가격으로 대응하고, 신제품으로 공략해 오면 신제품으로 맞대응하는 것이다. 하지만 실제로는 경쟁자의 움직임에 대응하는 방법은 매우 다양하다. 가격 공략에 대해 신제품을 출시하거나 영업력을 확대하는 식으로 대응할 수도 있고, 또는 협상을 할 수도 있다. 즉각적으로 대응할 수도 있고 시간을 두고 대응할 수도 있다.

게티넌과 리브스타인(Gatignon & Reibstein)[3]에 따르면, 신규 진입자나 기존 경쟁자의 공략에 대응하는 방법은 다양한데, 어떻게 대응할 것인가를 결정하기 위한 몇 가지 핵심적인 이슈가 있다고 한다.

- 경쟁적 입장(Competitive Stance): 경쟁자의 공격에 대응해야 할 것인가? 그렇다면 얼마나 강력하게 대응해야 할 것인가?
- 대응 규모(Magnitude): 경쟁자의 공략의 정도에 대비하여 어느 정도 규모의 대응이 필요한가? 공략의 규모 정도로 대응할 것인가, 아니면 공략의 규모를 훨씬 넘어서는 대대적인 반격을 할 것인가?
- 대응 시기(Speed): 얼마나 빨리 대응할 것인가? 경쟁자가 시장에 깃발을 꽂기 전에 즉각적으로 대응할 것인가, 아니면 당분간 지켜보다가 대응할 것인가?
- 대응 영역(Domain): 경쟁자의 어떤 영역에 대응 공격을 할 것인가?

---

3 Gatignon, Hunert and D. Reibstein, "Creative Strategies for Responding to Competitive Action." Wharton on Dynamic Competitive Strategy, edited by George S. Day, and D. Reibstein, John Wiley & Sons, Inc., 1997.

경쟁자가 공격해 오는 바로 그 시장을 공격할 것인가, 아니면 해당 시장 대신 오히려 경쟁자의 보다 중요한 시장을 우회적으로 공격할 것인가?

- 대응 무기(Weapon): 어떤 마케팅 수단으로 대응할 것인가?

마켓리더의 입장에서는 각 이슈에 대한 선택 대안들을 결정해야 하며 이를 통해 최적의 대응 방법을 구상해야 한다. 각 이슈에 대한 선택 대안들에 대해 알아보자.

경쟁적 입장

마켓리더는 도전자의 공격에 대응해야 하는가? 만약 대응한다면 어떤 강도로 대응해야 하는가? 도전자에 대한 대응 강도는 마켓리더가 취하는 경쟁적 입장에 따라 달라진다.

우선 도전자의 활동을 무시하는(Ignore) 것이다. 도전자의 공격에 아무런 반응도 하지 않는 것으로, 도전자의 공격에도 불구하고 리더가 기존의 전략을 변경하지 않는다는 것을 의미한다. 도전자의 공격이 마켓리더의 시장 성과에 미치는 영향이 크지 않다고 판단되기 때문에 도전자의 활동과 그에 따른 결과를 당분간 지켜보는 태도를 취하는 것이다.

마켓리더가 도전자의 공격에 길을 열어 줄(Accommodation) 수도 있다. 이러한 결정은 경쟁자와 나누어 먹을 수 있로 충분한 비즈니스 기회가 있을 경우, 혹은 경쟁이 증가할수록 시장의 전체적인 규모가 커진다고 판단될 경우에 바람직한 방법이다. 비건설적인 싸움을 피해서 양자 모두 불필요한 자원의 낭비를 줄이고 더 큰 시장을 만들기 위해 서로 협력하고 공생하는 것이다. 다만 공생하자는 뜻을 전달하는 과정에서, 자칫 '약점이 있으니까 손을 내민다'는 식으로 상대방이 잘못 이해하여 더 적극적인 공세를 취해 올 수도 있으므로 주의해야 한다. 정면 대결을 피하려는 의도의 협상이 오히려 더 큰 공격을 낳는 결과를 초래하는 것이다.

마켓리더가 오히려 시장을 포기하는(Abandonment) 경우도 있다. 리더가 시장을 떠나기로 결정하는 경우는 시장 자체가 바람직하지 못한 방향을 흘러가서 장래성이 부정적이거나 도전자가 엄청난 경쟁우위를 보유하고 있어서 리더가 도저히 대적할 수 없는 경우이다. 도전자가 제품이나 자원 등 압도적인 경쟁력을 가진 경우 리더는 손실을 최소화하기 위해 시장을 떠나는 결정을 할 수밖에 없다. 벤처 기업들이 기술력을 기반으로 창조한 시장에 대기업이 후발로 진입하여 시장을 장악하는 경우가 여기에 해당한다.

마지막으로는 도전자의 급습에 대해 마켓리더가 적극적인 마케팅과 영업력을 활용하여 적극적으로 대응하는 보복(Retaliation)이 있다. 보복은 전쟁의 선포이며 도전자를 응징하겠다는 리더의 의지를 보여주는 것이다.

앞에서 살펴본 바와 같이 경쟁자의 공격에 실제로 리더가 취할 수 있는 '경쟁적 입장'은 다양하지만, 기존 연구 결과에 따르면 마켓리더 중 60% 이상이 도전자의 공격에 대해 '보복'하는 방법을 선택한다고 한다. 하지만 보복이 가장 좋은 전략이라고 할 수는 없다. 왜냐하면 더 많은 마케팅 공세를 취해야 하고 그 결과로 비용은 상승하며 수익은 하락하기 때문이다. 하지만 보복은 시장 방어에 대한 리더의 강한 의지를 보여주고 다른 경쟁자의 공격을 지연시키거나 주저하게 만드는 수단으로, 장기적으로는 더 큰 수익을 보장하기도 한다.

경쟁자의 공략에 얼마나 공격적으로 대응할 것인가에 대한 두 가지 대안이 있다.

- 경쟁자가 공략해 오는 만큼 대응하여, 고객의 인식상 경쟁자가 경쟁우위를 전혀 얻지 못하도록 한다(매칭 전략).
- 경쟁자의 공격 규모보다 훨씬 큰 규모로, 경쟁자의 성공 기회를 완전히 차단할 정도로 집중력 있게 반격한다.

매칭 전략(Matching Strategy)은 도전하는 경쟁자에게 시장을 허용하지 않겠다는 의지를 보여 주는 것이다. 그러한 공격은 경쟁자의 추가적인 공격 의지를 꺾어 놓는다. 경쟁자가 시장에 강한 포지션을 구축하는 것을 사전에 막고 추가적인 공격을 저지하기 위해서는 과감한 대응이 조기에 이루어질 필요가 있다. 하지만 경우에 따라서는 아주 사소한 상징적인 대응 정도로도 경쟁자를 퇴진시킬 수 있음을 기억해야 한다.

만약 마켓리더의 강력한 대응에도 불구하고 경쟁자가 물러가지 않는다면, 전쟁은 그때부터 시작인 셈이다. 이런 경우 큰 싸움을 피할 수 없게 된다. 도전하는 경쟁자의 입장에서는 두 가지 선택 대안이 있다. 정면 대결이 얼마나 어려운 것인지 잘 이해하고 후퇴하거나, 리더의 반격만큼 혹은 그 이상으로 시장을 다시 공격하는 것이다. 하지만 후자의 경우는 흔하지 않다.

대응 시점

대응 시점에 대한 선택 대안은 세 가지가 있다.

- 즉각적인 대응(Immediate Response)
- 지연 대응(Delayed Response)
- 선제 공격(Preemptive Strike)

즉각적인 대응을 하는 이유는 경쟁자 공략의 영향력을 가급적 빨리 없애기 위한 것이다. 예를 들면 경쟁자가 유통점에서 진열 공간을 확보하게 되면 상황은 더욱 번거로워진다. 경쟁자가 최종 소비자에게 제품을 소개할 기회가 많아질수록 마켓리더의 입장에서는 위협이 되는 것이다. 반면 지연 대응의 목적은 필요 이상으로 과도한 대응으로 자원의 손실을 피하기 위한 것이다. 연구 결과에 따르면 경쟁자의 공격에 대해 마켓리더가 6개월 이내에 반격하는 경우가 약 22%, 1년 이내에 반격하는 경우가 약 52%이며, 48%는 1년이 지나서 대응하는 것으로 집계되었다.

대응 영역

경쟁자의 공격에 대응할 때 대응 영역을 어디로 할 것인가에 따라 세 가지 방법이 있다.

- 경쟁자가 공격해 오는 시장이나 세분시장을 공격한다.
- 경쟁자가 공격해 오는 영역이 아닌 다른 영역을 공격한다.
- 중립적인 시장이나 세분시장을 공격한다.

세 가지 방법 중 경쟁자가 공략해 오는 시장을 공격하는 것(Standing & Fighting)이 가장 일반적인 대응이다. 기업들은 대부분 특정 시장 영역에 뿌리를 내리고 그 시장을 방어하려고 한다. 만약 경쟁자가 자사의 핵심 시장을 공략해 온다면 반드시 그 시장을 지키려고 할 것이다. 왜냐하면 이미 선 투자를 통해 시장 지위를 구축하였고 그 시장에서 후퇴하는 것은 자신이 약하다는 것을 노출하는 결과이기 때문이다. 그리고 도전자가 공격해 오는 시장이 아닌 다른 시장을 우회 공략하는 것은 도전하는 경쟁자의 추가적인 공격을 야기할 수도 있기 때문이다.

두 번째 대응 방법은 경쟁 영역을 옮겨 버리는 것(Shifting Domain)이다. 가장 효과적인 보복 전략은 경쟁자가 공략해 오는 시장에 대응하기보다는 경쟁자의 가장 취약한 영역이나 경쟁자가 공격을 당했을 때 가장 피해가 클 것으로 생각되는 영역을 공격하는 것일 수도 있다. 특히 그 영역이 경쟁자의 핵심 영역이거나 경쟁자가 자사를 공격하는 데 자원을 지원하는 영역이라면 더욱 효과적일 것이다. 따라서 경쟁자가 시장을 공격해 올 때, 우선 경쟁자의 핵심 경쟁력의 원천이 무엇인지 그리고 경쟁자는 어떤 사업 영역을 건드리면 가장 힘들어할지를 고려해 보아야 한다.

세 번째 대응 방법은 공략해 오는 경쟁자를 피해서(Stepping Aside) 그 경쟁자와 전혀 관계가 없는 시장을 공략하는 것이다. 도전하는 경쟁자가 매우 강력한 경쟁력을 가진 경우, 리더가 주로 취할 수 있는 전략이다. 반대로 경쟁자의 공격이 리더에게 크게 영향을 미치지 않는다고 판단되면 오히려 경쟁자의 공격을 무시하고 대응하지 않을 수도 있다.

경쟁자가 공격해 올 때 어떤 영역에서 대응할 것인가는 방어해야 할 위치에 있는 리더가 시장에서 어떤 위상을 가지고 있는지, 경쟁자가 얼마나 강력한 경쟁력을 가지고 있는지에 달려 있다. 리더가 도전자 대비 막강한 경쟁력을 가지고 있다면 경쟁자가 공격해 오는 시장에서 맞대응하면 된다. 반대로 도전자가 강력한 경쟁력을 가지고 있다면 마켓리더라고 하더라도 해당 시장에서 정면으로 맞대응하기보다는 한 걸음 물러나서 다른 시장을 공략함으로써 우회적으로 대응하는 것이 바람직할 수 있다.

대응 무기

일반적으로 기업들은 경쟁자가 공략해 오는 동일한 마케팅 수단으로 대응하는 경우가 많다. 경쟁자가 가격 인하나 할인을 시작하면 리더 역시 가격 인하나 할인으로 대응하는 것이다. 이러한 방법은 가장 우선적으로 떠오르는 방법일 수 있으나 가장 좋은 방법은 아니다. 경쟁자의 공략에 대한 대응 수단에는 가격, 인지도나 이미지 제고를 위한 브랜드 광고, 유통력, 판촉, 기존 제품의 리포지셔닝, 신제품 출시 등 다양한 방법이 있으며, 이들을 잘 조합해서 효과적인 대응 방법을 구상해야 한다.

어떤 방법이 가장 좋을지를 선택할 때는 시장뿐만 아니라 리더와 도전자의 역량 등을 고려해야 한다. 가장 좋은 선택은 경쟁자에게 가장 치명적인 타격을 줄 수 있으면서 비용 효율적인 수단을 선택하는 것이다. 가장 좋은 무기는 시장의 가장 큰 반응을 이끌어 낼 수 있는 수단이다. 즉 매우 가격에 민감한 시장은 가격 활용을 고려할 수 있다. 자사가 가진 가장 강한 무기를 사용하는 것이 아니라 시장에 가장 강한 영향을 주는 무기를 선택하는 것이 보다 바람직하다.

경쟁자의 마케팅 수단과 다른 마케팅 믹스로 대응할 경우, 경쟁자는 자신의 공략에 대한 대응이라고 생각하지 않는 경우가 있다. 이런 경우 서로 비대칭적인 공격과 반응을 보이면서 불필요하게 머리를 맞대는 첨예한 전쟁은 피할 수 있을지도 모른다.

새로 시장에 진입해 오는 도전자들은 가격 인하 전략을 활용하는 경우가 많은데, 가격 인하는 시장점유율이 적은 회사가 보다 유리하다. 가격에 민감한 고객들은 더 낮은 가격을 제시하는 신규 진입자에게로 옮겨가기도 한다. 따라서 가격을 무기로 한 전쟁이 심화되면 소비자들은 가격에 민감하게 되고 가격이 낮아지지 않으면 구매 자체를 지연시키는 경향이 나타나기도 한다. 결국 리더건 도전자건 가격 경쟁으로 인해 수익성이 하락하게 된다.

이처럼 경쟁자의 공략에 대응하는 방법은 다양하다. 마켓리더는 해당 비즈니스의 중요성, 경쟁자에 대한 대응 능력, 경쟁자가 얼마나 위협적인가 등을 고려해 가장 적합한 대응 방법을 모색해야 한다. 또한 앞에서 제시된 다양한 대안들을 깊이 있게 검토함으로써 경쟁자의 공격에 대해 '불에는 불' 식으로 즉흥적으로 대응하거나 간단한 대응으로 끝날 상황을 시장의 대재난으로 몰아가는 실수를 피해야 한다.

선제 전략

선제 전략(Preemptive Strategy)이란 경쟁자가 공격해 오기 이전에 먼저 공격하거나 공격에 대비하여 미리 방어장벽을 구축하는 것을 말한다. 전략 중에서 설계하고 실행하기에 가장 어려운 전략이 바로 선제 전략이다. 그렇기 때문에 선제 전략은 가장 강력한 전략이기도 하다. 어떤 경우에는 아주 간단한 공격적인 조치만으로도 경쟁자를 공격할 수 있을 뿐만 아니라 그들의 향후 움직임에 제약을 가할 수도 있다. 또한 선제 전략은 예상되는 경쟁자의 공격에 대비한 선 공격이기 때문에 경쟁자의 공격 의도를 사전에 공략하는 것이다.

선제 전략을 구사하기 위해서는 우선 시장이나 경쟁자가 어떻게 변화하고 움직일 것인가를 분석하고 판단하여 경쟁자의 움직임을 사전에 차단하고 앞서갈 수 있는 전략이 무엇인지를 찾아내야 한다. 그리고 그러한 잠재성 있는 전략이 자사의 전략 방향과 일관성이 있는지, 그런 전략이 경쟁자의 전략 목적, 전략적 행동 그리고 대응에 어떤 영향을 줄 것인지를 철저히 분석해야 한다.

선제 전략에서 무엇보다 중요한 것은 향후 시장에 대한 전망과 경쟁자의 전략적 행동에 대한 예측이다. 미래 시장과 경쟁자의 전략을 잘못 예측하면 상당한 금전적 손실을 입게 될 뿐만 아니라 경쟁적 위상이 하락할 위험까지도 감수해야 한다.

최근 스마트폰 시장의 경쟁이 매우 뜨겁다. 시장 조사 기관인 가트너에 따르면 2010년 1분기 스마트폰은 전년 동기 대비 49% 증가하였고 전체 휴대폰 시장에서 17%를 차지한다고 한다. 또한 2013년 전체 휴대폰 시장에서 43%까지 차지할 것으로 예상하고 있다. 국내에서도 2009년 11월 아이폰 출시와 함께 스마트폰이 대중화되기 시작했고 2010년에는 폭발적인 성장을 보였다.

삼성전자의 갤럭시S는 출시 3개월 만에 90만 대의 판매실적을 기록했고, 애플의 아이폰 4는 예약판매 6일 만에 20만 대를 돌파했다. 이렇게 스마트폰 시장이 급격히 성장하고 있을 때, LG전자는 뒤늦게 스마트폰 시장에 진입하게 되었다. LG전자 입장에서는 시장의 흐름이나 경쟁자 동향을 정확히 파악했다면 시장을 선제적으로 공략하거나 적어도 경쟁사와 같은 시기에 스마트폰을 출시할 수 있었을 것이다. 스마트폰을 미리 준비했던 삼성전자의 경우, 만약 스마트폰 시장이 예상과는 달리 성장세가 뚜렷하지 않았다면 어떻게 되었을까? 자칫 연구개발, 초기 생산 등 금전적인 손실을 감당해야 했을 것이다.

경쟁자의 예상되는 움직임과 의도를 파악하라

시장은 발전해 가는 패턴이 있다. 시장의 변화를 잘 이해하게 되면 미래 시장을 선점하고 새로운 기회를 얻을 수도 있다. 뿐만 아니라 경쟁자가 향후에 어떻게 움직일 것인지를 예측하는 실마리를 얻을 수도 있다. 만약 경쟁자의 향후 움직임을 예측할 수 있다면 경쟁자를 선 공격할 기회를 얻을 수 있는 것이다. 경쟁자의 전략을 예측하기 위해서는 시장의 트렌드와 더불어 이전에 경쟁자가 펼쳤던 전략의 패턴을 이해할 필요가 있다.

2003년 LG생활건강의 생활용품에 대한 컨설팅을 수행하고 있을 때, 경쟁자 분석을 하는 과정에서 핵심 경쟁자의 전략 패턴을 발견할 수 있었다. 그 경쟁자는 신제품을 출시할 때는 항상 초기에 성공적인 시장 침투를 위해 30% 정도까지 가격 할인을 하는 패턴을 가지고 있었다. 이러한 경쟁자의 전략 패턴을 활용하여 그 경쟁사의 신제품 출시에 대한 선제적인 대응을 할 수 있었다. 전략은 대체로 마케팅 담당 임원의 의사 결정에 따라 실행되고, 사람마다 선호하는 전략이 있기 때문에 경쟁사 전략의 패턴이 일관성을 가지게 되는 경우가 많다.

그 외에도 경쟁자의 향후 움직임은 경쟁자의 최근 동향으로부터 엿 볼 수도 있다. 예를 들면, 경쟁자가 테스트 마켓(Test Market)을 하거나, M&A 등 외부로 나타나는 움직임을 보면 그들의 향후 전략이나 전략적 의도를 짐작할 수 있다. 하지만 외부로 나타나는 움직임에 대해서는 경쟁자도 상대방의 인지 가능성을 감안하여 향후 전략을 구상할 것이라는 점은 이해하고 있어야 한다. 따라서 외부로 쉽게 노출되는 시그널에 대해서는 정확한 해석이 필요하다. 또한 경쟁자의 특허 출원을 확인해 본다든가, 인사나 직원 채용 그리고 타사와의 제휴 등을 살펴보면 그들의 향후 움직임에 대한 정보를 얻을 수도 있다.

최근 기업들은 정보 팀을 신설하거나 기존의 기능을 변경하여 마케팅 인텔리전스(Marketing Intelligence) 기능을 강화하고 있다. 단순한 소비자 조사를 통한 정보 획득의 차원을 넘어 경쟁사의 동향을 다양한 소스를 통해 조사하고 면밀하게 분석하여 경쟁자와 시장의 변화를 예측하기 위한 것이다.

시장의 변화를 파악하라

시장 변화의 궤적은 매우 분명한 경우가 많다. 따라서 시장의 트렌드나 변화를 면밀하게 분석하면 시장 진화의 다음 단계가 무엇일지 예상할 수 있다. 때로는 비즈니스 패러다임의 변화가 선제 공격의 기회를 제공하기도 한다. 쉽게 예측되는 몇 가지 시장 변화가 있다. 예를 들면, 시장은 웰빙 트렌드에 따라 건강에 더 좋은 방향으로 움직이기 마련이다. 즉 맥주와 소주의 저알코올화, 담배의 저타르 혹은 무타르화(Non-tar), 저지방(Low Fat)화, 저칼로리 혹은 무칼로리화 등 자연 지향적인 방향으로 제품 확장(Natural Line Extensions)이 이루어질 것이다. 또한 연령층, 사회문화적 그리고 경제적 트렌드와 연결해서 본다면, 시장에 유행할 색상, 크기, 패키지 종류 등이 예측 가능할 수도 있다.

때로는 시장에서 매우 성공적인 제품이라고 하더라도 시장의 진화에 따라 차세대 제품(Next Generation Products)으로 대체된다. 휴대폰, 디지털 카메라 등 아날로그에서 디지털화, 소형화, 휴대폰, MP3, 디지털 카메라 등 개인용 디지털 제품들의 복합화(Convergence) 등이 그러한 이전 방향일 것이다. 이러한 시장의 진화는 기술의 발전이나 혁신에 의해 나타나는 것이 일반적이다. 시장의 진화는 소비자 행동과 인식의 변화를 유발하고, 소비자의 인식상에 시장을 평가하는 새로운 기준을 만들어 내기도 한다.

기술과 시장의 변화를 이해하고 있으면, 미래의 시장을 재조명하는 새로운 혁신을 창출할 수 있는 통찰력(insight)을 얻을 수 있다. 이러한 통찰력은 경쟁자에 앞서 새로운 시장으로 옮겨 감으로써 시장을 선점할 수 있는 기회를 제공해 준다.

1. 자사가 마켓리더라면, 시장을 지켜내는 수동적인 리더인가, 아니면 시장을 주도하는 능동적인 리더인가?

2. 전략 수립 시, 자사의 시장 위상, 경쟁우위의 차별성, 시장의 라이프사이클과 경쟁 강도 등을 고려하여 가장 효과적이고 효율적인 전략 대안을 찾기 위해 노력하고 있는가?

3. 마켓리더라면, 다음 6가지 전략 방향성 중에서 자사가 이미 채택하여 실행하고 있는 것은 몇 개인가?
   – 시장의 트렌드나 흐름을 주도한다.
   – 시장의 표준을 선점하고 시장에서의 포지셔닝을 강화한다.
   – 시장의 규모를 확대하고 매력도를 지속적으로 향상시킨다.
   – 시장의 경쟁 구도를 조정해 장기적으로 유리한 환경을 만든다.
   – 시장 진입 장벽을 높이고 경쟁자의 공격을 사전에 차단한다.
   – 시장에 대한 의무와 책임을 간과하지 않는다.

4. 자사가 독점적 리더이고 시장 확대 전략을 구사하고 있다면, 자사의 핵심 역량과 시장의 라이프사이클을 점검해 보았는가? 이것들을 감안한 최적의 시장 확대 전략을 구사하고 있는가?

5. 자사가 독점적 리더라면 시장의 불확실성 정도를 명확히 이해하고, 산업의 발달 단계와 시장 여건, 예상되는 미래 시장 여건 등을 감안하여 전략을 채택하고 있는가?

6. 자사가 비독점적 리더라면, 시장의 라이프사이클, 자사 제품의 차별성 정도, 자사의 자원 여력 등을 고려하여 최적의 전략 방향을 설정하고 있는가?

7. 경쟁자의 공격에 대응하기 위해서 경쟁적 입장, 대응 규모, 대응 영역, 대응 무기 등을 고려한 최적의 대안을 선택하고 있는가?

02
리더로서 어떻게 시장을 체계적으로 관리할 것인가

Leaders' Market Management

기업 활동의 기본적인 목표는 성과 창출이다. 기업이 장기적으로 성과를 창출하기 위해서는 경쟁우위를 지속적으로 유지하면서 시장 규모와 시장 기회를 확대하는 노력을 수행해야 한다. 시장의 트렌드에 따라 소비자도 변화하고 시장의 핵심 이슈 또한 변화하기 때문에 리더가 시장에서 확고한 경쟁우위를 유지하기 위해서는 시장의 변화를 예의주시하고, 그러한 변화에 부응하여 시장의 핵심을 선점하고 자기 중심적으로 끌고 가는 것이 중요하다.

마켓리더는 장기적인 관점에서 시장 위상뿐만 아니라 시장 자체에 대한 관리를 해야 한다. 시장 규모가 제한적인 상황에서는 경쟁을 통해서만 성과를 향상시킬 수 있고, 이러한 시장 환경에서는 시장점유율 제고가 유일한 성과 창출의 원천이기 때문에 출혈 경쟁이 불가피하다. 이에 따라 불필요한 자원을 낭비하게 될 뿐만 아니라 창출할 수 있는 추가적인 성과 또한 매우 제한적이 된다. 따라서 마켓리더의 중요한 역량 중 하나는 시장 규모를 확대하는 것이고 이것이 또한 마켓리더의 역할이기도 하다.

경쟁적 측면에서 시장점유율 확대나 시장 규모의 확대를 통해 추가적인 성과를 창출하는 것 이외에, 스스로 성과를 창출할 수 있는 방안을 모색할 수도 있다. 우선 리더는 보유 자산을 활용하거나 시장을 수직적으로 분리해서 운영함으로써 추가적인 성과를 창출할 수 있다. 이와 같이 마켓리더는 장기적인 관점에서 지속적으로 성과를 창출할 수 있는 방안을 다각도로 마련해야 한다.

시장 트렌드에 부응하여 시장을 주도하라

시간이 흐름에 따라 시장 역시 변화한다. 마켓리더의 역할은 그러한 시장의 변화에 적응하는 것이 아니라 시장의 변화를 적극적으로 주도해 가는 것이다.

대부분의 시장에서 마켓리더는 알게 모르게 시장의 트렌드를 만들어 가거나 사회 전반의 메가 트렌드를 반영하면서 시장을 이끌어 가고 있다. 최근 사회 전반에 걸쳐 가장 두드러진 트렌드라고 할 수 있는 건강/웰빙 트렌드는 식품 시장뿐만 아니라 의류, 주거 등 많은 시장에서 핵심 트렌드로 인식되고 있으며, 마켓리더들은 적극적으로 그 트렌드의 선봉에 서려고 노력하고 있다. 라면 시장에서 농심이 기름에 튀기지 않은 면과 쌀국수 제품을 시장에 출시하고, 오리온이 '마켓오'를 출시하는 것 등은 마켓리더가 건강/웰빙 트렌드를 주도하는 좋은 예이다.

　가전 및 휴대폰, MP3 등 개인 휴대용 전자기기 시장을 살펴보면 마켓리더인 삼성전자와 LG전자는 기술 트렌드를 주도하며 경쟁해 왔는데, 2000년대에 들어서면서 소형화/경량화와 함께 디자인이 핵심 트렌드로 부각되었고, 최근에는 기능의 융합(convergence) 트렌드가 유무선 통합의 형태로 나타나면서 시장의 핵심 트렌드로 자리잡고 있다.

Case **담배 시장의 초저타르, 초슬림 트렌드를 주도하는 KT&G**

메가 트렌드인 건강/웰빙 트렌드는 기호 식품인 주류 시장과 담배 시장에도 나타나고 있다. 이러한 트렌드가 담배 시장에서는 저타르화와 초슬림화로 나타난다. 2002년 레종이 출시되기 전까지만 해도 타르 함량 3mg 이하의 저타르 담배는 국내에 없었다. 그리고 레종을 출시할 당시에는 웰빙 트렌드가 강하지 않았기 때문에 저타르 담배라는 것을 전면에 부각시키지도 않았다. 하지만 '레종'(타르 3mg)과 '시즌'(타르 2mg)을 시발점으로 하여 담배 시장에 저타르 트렌드가 형성되기 시작했다.

그 후로 2003년 9월 KT&G는 더원을 출시하여 타르 함량 1mg 시장을 열었고, 2004년 에쎄 원, 2005년 인디고 에피소드 II, 2006년 레종 블랙, 에쎄 순, 2007년 보헴 등 타르 함량 1mg 제품으로 매년 시장을 확대해 갔다. 그리고 2006년 이후 에쎄 순과 더원은 타르 함량 0.5mg으로 타르를 더 낮춘 제품으로 제품을 확장하였으며, 이는 건강에 대한 관심이 증가하는 시장 트렌드에 부응하여 시장을 주도해 가는 전략이었다.

이렇게 마켓리더인 KT&G가 저타르화 트렌드를 만들고 시장을 주도해 감에 따라 외산 브랜드들도 역시 저타르화 추세에 발맞추어 제품을 내놓기 시작했다. BAT(British American Tabacco)는 던힐 브랜드로 프로스트(Frost)와 타르 함량 1mg 제품을 출시하였고, 다른 외산 브랜드들도 저타르화 추세에 동참했다.

웰빙 및 건강에 대한 관심 증가로 인해 담배 시장에 나타난 또 하나의 메가 트렌드는 초슬림 제품의 성장이다. 초슬림 담배의 대표적인 브랜드는 1996년에 출시된 에쎄이다. 그 당시 초슬림 담배는 여성들이 피는 담

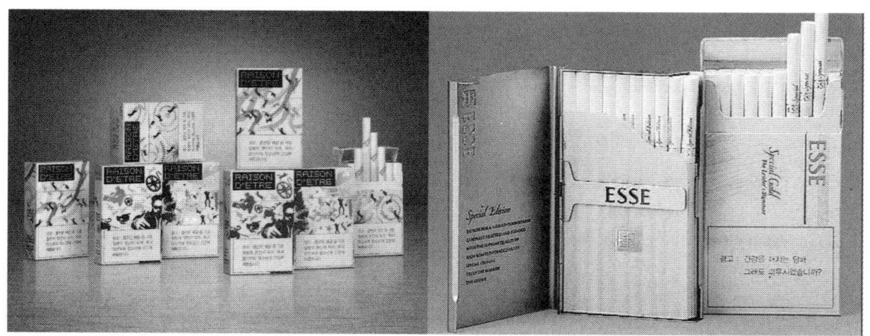

담배의 저타르화를 주도하는 KT&G: 레종과 에쎄

배로 인식되어 있었다. 2000년까지만 해도 초슬림 담배의 시장점유율은 7.5%에 불과했고 영남 지역에서 집중적으로 판매되었는데, 이것을 피는 이유는 가늘어서 건강에 좋을 것이라는 인식 때문이었다.

에쎄는 웰빙 트렌드를 타고 여성뿐만 아니라 남성 흡연자에게도 급속도로 확산되었고 전체 담배 시장에서 차지하는 비중이 급격히 상승하여 2002년 16%, 2004년 23.4% 그리고 2007년에는 25.1%까지 증가하였다. 웰빙 트렌드의 확산과 함께 초슬림 시장이 급격히 성장하자 경쟁사인 BAT 역시 보그 4종, 던힐 파인컷 2종을 순차적으로 출시하면서 초슬림 시장에 뛰어들었다.

시장의 막강한 리더인 KT&G는 한때 외산 브랜드의 시장 공세에 대응하는 전략을 펴기도 했지만, 결국 시장 트렌드에 부응하여 저타르 및 초슬림 시장을 주도함으로써 시장 위상을 지켜가고 있다.

Case 인테리어 시장의 풀 마켓 트렌드에 대응하여 만들어진 지인(Z:in) 브랜드

마켓리더가 미래 시장을 주도해 가는 또 다른 예로서, LG화학의 산업재 사업부(현재는 LG하우시스)가 벽지, 창호, 바닥재 브랜드들을 지인(Z:in)이라는 대표 브랜드로 통합한 것을 들 수 있다. 2005년 당시 인테리어 자재 시장은 소비자의 인테리어에 대한 관심이 증가하고 제품에 대한 지식 수준이 향상됨에 따라, 소비자들이 스스로 벽지나 바닥재 브랜드를 선택하는 경향이 점점 강해지고 있었다.

또한 웰빙 트렌드에 따라 자연/천연 소재를 사용한 제품을 찾는 소비자층이 늘어났고, 디자인을 중시하는 경향도 점점 더 강해지고 있었다. 특히, 무조건 비싼 제품을 선택하는 것이 아니라 가격이 적당한 합리적인 브랜드를 선택하는 경향도 두드러졌다. 벽지를 바꾼다고 생각해 보라. 이전에는 소비자들이 인테리어 전문점에 가서 벽지를 바꾸고 싶다

는 의사를 밝히면, 점주들이 이것저것 카탈로그를 내놓으면서 제품을 추천해 준다. 브랜드를 추천하는 것이 아니라 제품을 추천하는 것이다. 소비자는 점주가 추천하는 '제품'을 선택하였다. 이것이 인테리어 자재 제품을 결정하고 소비하는 모습이었다. 하지만 최근 들어 특정한 브랜드를 지명하거나 소재가 무엇인지를 따지고, 포름알데히드가 있는지 없는지 등을 물어 오는 소비자들이 점점 늘어나고 있다. 시장이 유통점의 푸시 마켓(Push Market)에서 소비자의 풀 마켓(Pull Market)으로 변화하고 있는 것이다.

과거에는 소비자뿐만 아니라 인테리어 점주들조차도 제품을 설명할 때, 제품 브랜드보다는 제조사명을 주로 사용하였다. 즉 LG화학에서 나온 벽지를 이야기할 때, '모젤'이라는 브랜드를 이야기하기보다는 'LG 벽지'라고 부르는 경우가 대부분이었던 것이다. 제품과 해당 브랜드에 대한 소비자들의 지식 수준이 매우 낮았기 때문에, '모젤'이라고 하는 것보다는 'LG 제품'이라고 부르는 것이 커뮤니케이션하기에 훨씬 용이했던 것이다.

그 결과 인테리어 전문점 점주들조차도 그들이 기억해 내는 벽지 브랜드 수가 고작 평균 3개에 불과했고 구체적인 브랜드를 기억하는 점주는 겨우 44% 정도 수준이었다. 이러한 시장 환경에서 제품에 붙어 있는 개별적인 브랜드가 무슨 의미가 있겠는가. 브랜드란 다만 메이커에 제품을 주문하거나 재고를 정리할 때 제품들을 구별하는 표식에 불과한 것이었다. 그 당시 LG화학은 모젤이라는 패밀리 브랜드 하에 벽지 브랜드로 '그라시아', '프로포즈', '휴엔', '휘앙세', 창호 브랜드로는 '하우트', '하이

공간에 대한 긴:생각

Z:in

풀 마켓 트렌드에 대응하는 인테리어 자재 통합 브랜드, 지인(Z:in)

샤시', 바닥재 브랜드로는 '엘가', '깔끄미', '베스트빌' 등 많은 브랜드를 운영하고 있었다.

시장 상황에 비추어 볼 때, 그러한 많은 브랜드들은 브랜드로서 역할을 하지 못하고 결국 제품명의 역할을 하고 있다고 판단되었고, 많은 브랜드 운영이 불필요하다는 사실을 확인하게 되었다. 뿐만 아니라 푸시 마켓에서 풀 마켓으로 변하고 있는 시장 환경의 변화에 대비하기 위해서는 한 개의 브랜드라도 소비자의 인식 속에 확실히 각인시킬 필요가 있었다. 또한 DID벽지, 이건창호 등 경쟁사들은 해당 시장의 전문 브랜드로서 고급스럽고 전문적인 이미지로 인식되고 있는 반면, LG의 벽지와 창호는 LG그룹의 다양한 이미지와 더불어 LG화학의 산업재 이미지까지 혼재된 이미지로 소비자에게 인식되고 있었기 때문에, 제품들이 전달하려는 가치를 소비자들에게 제대로 전달하기 어려운 상황이었다.

2005년 LG화학은 '지인(Z:in)'이라는 인테리어 자재의 통합 패밀리 브랜드를 런칭하고 단계적으로 개별 브랜드를 지인 브랜드 하에 통합해 갔다. 지인 브랜드는 출시 1년 시점인 2006년 TOM(Top-of-mind) 3.3%, 보조 인지율 21.7%였는데, 2007년에는 TOM를 22.7%, 보조 인지율은 73.7%로 끌어올려 출시 1년 만에 인테리어 자재 시장의 대표 브랜드로 육성하는 데 성공했다.

LG화학의 지인 브랜드 런칭은 소비자 풀 마켓 트렌드에 대비한 시장 선점 전략이라고 할 수 있다. 이러한 전략은 또한 토털 인테리어 메이커로서 DID 벽지, 이건 창호 등 전문 메이커에 대응하는 효과적인 대응 전략이며, 개별 브랜드보다 기업 브랜드로 통용되는 이 시장에서 브랜드 운영과 관리에 불필요한 비용을 줄이는 효율적인 브랜드 마케팅 전략이라 할 수 있다.

시장의 표준과 미래 핵심 이슈를 선점하라

마켓리더는 시장 변화와 트렌드를 주도하고 이끌어 가기 때문에 앞으로 다가올 시장의 핵심 이슈를 경쟁자보다 먼저 파악하고 선점해야 한다.

마켓리더는 새로운 원료, 새로운 기술, 새로운 디자인 등을 통해 소비자에게 제품이나 서비스를 평가하는 새로운 기준을 제시함으로써 시장의 표준(Market Standard)을 선점하고, 경쟁자가 모방할 수준에 도달할 때까지 기술 표준을 적용한 제품과 가격을 효과적으로 활용하는 전략을 구사해야 한다. 또한 마켓리더는 제품, 서비스 그리고 유통의 발전을 주도하여 소비자의 마음속에 리더의 포지셔닝을 강화하는 데도 역점을 두어야 한다. 시장을 대표하는 브랜드라는 인식을 소비자의 마음속에 강하게 심어 줌으로써 가장 먼저 떠오르는 브랜드가 되어야 한다.

대부분의 마켓리더들은 슬로건을 통해 자신들의 포지셔닝을 강화하면서 그들이 시장의 표준이고 시장을 주도하고 있다는 것을 적극적으로 표현하고 있다.

Coca Cola: 'Always Coca Cola'

Sony: 'Change the way you see the world'

IBM: 'You are ready for IBM'

Intel: 'The center of your Digital World'

Mercedes: 'Follow whoever you are'

Marlboro: 'Marlboro World'

어떤가? 그들이 시장을 주도하고 있다고 느껴지는가? 마켓리더는 시장 변화와 트렌드를 주도하고 이끌어 가야 하기 때문에 앞으로 다가올 시장의 핵심 이슈를 경쟁자보다 먼저 파악하고 선점해야 한다. 또한 시장의 경쟁 구도를 조절하여 장기적인 경쟁에서 유리한 환경을 만들어 나가야 한다. 특히 독점적 리더는 시장을 주도해 나갈 힘을 가지고 있다. 주도권을 가지고 시장의 흐름을 조정할 수 있으며 새로운 시장을 개척하고 시장 진화를 유도할 수도 있다. 경쟁자의 활동을 위축시킬 자금력을 가지고 있기 때문에, 특정 경쟁자의 과도한 성장을 막을 수도 있을 뿐만 아니라 경우에 따라서는 전략적으로 특정 경쟁자의 성장을 도울 수도 있다. 다시 말해 시장의 경쟁 구도를 의지대로 조절할 수 있는 것이다. 시장 지배력이 큰 마켓리더는 자신의 전략 방향에 맞게, 자신에게 유리한 방향으로 시장과 경쟁 구도를 조정해 나가야 한다. 또한 시장 자체의 변화를 통해서 그리고 경쟁자를 타겟으로 한 전략 전개를 통해서 시장의 위협 요소를 사전에 억제해 나가야 한다.

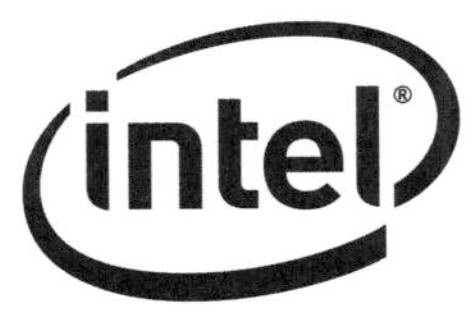

시장의 표준을 선점한 브랜드들

신규 경쟁 브랜드가 대대적인 판촉 공세로 시장에 진입해 오거나 기존 경쟁자가 대대적인 판촉 공략을 해올 때, 리더가 판촉을 통해 맞대응하기 어렵다면 기존 포지셔닝을 강화하여 시장의 핵심 이슈를 확고히 선점하고 새로운 용도나 컨셉을 제시해 시장의 주도권을 강화하는 것이 전략적으로 바람직하다.

자금력이 우수한 후발 도전자들이 경쟁우위를 확보하는 가장 손쉬운 방법은 가격을 인하하여 대대적인 판촉으로 시장 위상을 확보하는 것이다. 도전자가 단기적으로 가격 할인을 하거나 이에 준하는 프로모션을 진행할 경우, 도전자의 자금력 정도에 따라 리더가 대응하는 방법은 두 가지가 있다. 가격 할인이나 판촉으로 맞대응하는 방법과 리더의 기존 포지셔닝을 강화하여 소비자가 높은 가격을 지불할 근거를 제시하는 방법이다.

먼저 도전자가 리더보다 자금력이 우수한 경우를 생각해 보자. 최근 두부 시장에서 풀무원과 CJ제일제당의 판촉 전쟁이 여기에 해당한다고 볼 수 있다. 2005년 두부 시장에 뛰어든 CJ제일제당은 막강한 판촉 공세를 펴왔다. 1+1, 나아가 1+1+콩나물, 1+1+소스 등 다양한 방식으로 판

CJ제일제당과 풀무원의 두부 전쟁

촉을 강화했다. CJ제일제당의 '행복한 콩'이 출시될 당시 풀무원은 두부 시장에서 시장점유율 80%로 거의 독점적인 리더의 위상을 구축하고 있었다. CJ제일제당의 판촉 공세에 풀무원도 맞대응하지 않을 수 없었지만, 기업 규모와 자금력을 비교해볼 때, 풀무원 입장에서 출혈 판촉을 지속하는 것은 무리였다. CJ제일제당 입장에서도 판촉 경쟁은 출혈 경쟁일 수밖에 없었다.

이러한 출혈 경쟁의 대표적인 예는 1980년대에서 1990년대까지 10년 이상 지속되었던 미국 '커피 전쟁'이다. 커피 전쟁은 크레프트(Kraft)의 맥스웰하우스(Maxwell House)와 피엔지(P&G)의 폴저스(Folgers)가 시장 주도권을 확보하려고 벌인 전쟁으로, 엄청난 광고, 지속적인 가격 할인 행사, 수많은 쿠폰 행사 등 대대적인 판촉전이 전개되었다. 이 전쟁이 치러지는 동안 두 브랜드는 엄청난 출혈을 감수해야 했고, 전쟁이 끝난 이후에도 판촉에 민감해져 버린 소비자 태도의 변화로 인해 또 다른 손실을 감수해야 했다. 이는 판촉 경쟁이 어떤 결과를 초래하는지를 알게 해 주는 가장 대표적인 사례이다.

시장에 후발로 진입한 CJ제일제당의 시장점유율은 지속적으로 상승했고, 2006년 9월 진천 공장 준공으로 시장점유율의 상승세는 가속화되었다. 출시 때부터 고가 전략을 내세웠던 CJ제일제당은 2006년 12월 '행복한 콩 모닝 두부'라는 식사 대용 두부를 출시하여 생식 두부 시장을 처음으로 만들었으며, 풀무원은 2007년 말경에야 '두부와 콩즙'이라는 생식두부를 대응 제품으로 내놓았다. CJ제일제당은 2008년에 기존 모닝 두부 4종에 '진한 두부', 'S라인 두부' 등을 추가로 출시하여 생식 두부 시장을 100억 원대로 끌어올리고 이 시장에서 90% 이상의 시장점유율을 기록하며 선두 자리를 차지하고 있다. 이렇게 CJ는 시장 위상 확보를 위한 판촉 공세와 더불어 제품 차별화를 통해 새로운 시장을 개척하는 전략을 함께 구사하였으며, 그 결과 2008년 5월에는 23% 정도까지 시장점유율을 끌어올리는 데 성공하였다.

CJ제일제당의 판촉 공세에 맞대응을 지속할 수 없었던 풀무원은 유기농과 콩의 품질로 맞섰다. 풀무원은 2007년 12월 기존 유기농 두부 이외에 이를 업그레이드한 풀무원 오가닉스 두부를 출시하여 고급화 전략으로 대응하였다. 또한 2008년부터는 '콩이 다른 두부'라는 슬로건을 앞세우고 양질의 두부를 결정짓는 콩에 집중하여 품질로 승부하겠다는 전략을 전개하고 있다. 이는 기존 포지셔닝을 강화하고 건강지향적 시장의 핵심 이슈를 선점하기 위한 시도였다.

국내 두부 시장의 사례에서 보듯이, 후발 도전자가 판촉으로 공세를 취해 올 때, 다행히 리더의 자금력이 우수하다면 맞대응도 하나의 대응 방법이 될 수 있으나, 그렇지 않은 경우라면 리더로서 경쟁자 대비 차별성을 부각하여 포지셔닝을 강화하는 전략이 더 바람직하다. 두부 시장처럼 시장 자체의 진입장벽이 높지 않고 차별화가 어렵다면 경쟁자가 쉽게 시장에 진입할 수도 있다. 이러한 경우 리더가 기존에 가지고 있던 차별적 포지셔닝을 강화하여 소비자가 높은 가격을 지불할 충분한 가치를 제공해 주어야 하며, 트렌드나 소비자의 선택 기준을 리더 중심으로 이끌어 가고 새로운 용도를 창출하거나 새로운 제품 컨셉을 창출하는 등 발빠르게 시장을 선도해 가야 한다.

차별화 방법은 크게 보면, 낮은 비용/저가격을 통한 경쟁우위 확보와 차별화 포지셔닝을 통한 경쟁우위 확보가 있는데, 비용과 가격에 의한 차별화가 불가능하다면 당연히 차별적 포지셔닝을 통한 경쟁우위 확보가 대안이 된다. 풀무원의 경우 단순히 판촉 경쟁만으로 대응하지 않고 포지셔닝의 차별성을 강화한 것은 리더로서 바람직한 전략이라고 생각된다. 다만 결과론적 이야기이지만 80%의 시장점유율을 가진 리더로서 사용 용도나 재료 등을 중심으로 시장을 쪼개 관리함으로써 경쟁자의 진입에 미리 대응하는 방안을 사전에 모색하지 못한 아쉬움이 있다.

전략3 지속적인 혁신으로 선점 효과를 유지하라

선발 기업은 후발 기업의 공략에 대비하고 새로운 성과 창출을 위해서 지속적인 혁신으로 진입장벽을 강화하고 선점 효과를 유지해야 한다.

시장에서 오랫동안 리더의 자리를 유지하고 해당 시장을 선점하고 있다고 하더라도 지속적으로 제품을 개선하거나 새로운 제품을 출시하지 않으면 시장에서 도태할 수밖에 없다. 특히 진입장벽이 낮은 시장의 경우, 저가격으로 진입하는 후발 주자의 모방전략에 리더가 쉽게 허물어지는 경우를 종종 볼 수 있다. 선발 주자가 지속적으로 혁신을 보여주지 못했기 때문에, 후발 주자가 충분한 재정적, 인적 자원을 앞세워 선발제품이 갖고 있던 선점 효과를 무너뜨리는 것이다.

국내 휴대폰 시장에서 '스타텍'이라는 브랜드로 독보적인 위상을 유지하던 모토로라는 아날로그에서 디지털 제품으로 전환되면서 기술력 우위를 유지할 수 없었기 때문에 시장 위상이 급격히 추락하였다. 수십 년 동안 TV시장의 리더였던 소니도 삼성과 LG 등의 후발 주자의 혁신 제품을 앞세운 도전에 리더의 자리를 내 줄 수밖에 없었다.

우리나라 외식산업을 살펴보자. 햄버거, 프라이드 치킨, 피자 등 대표적인 외식시장을 선점했던 글로벌 기업들은 국내 후발 주자들에 1등 자리를 내주고 말았다. 국내 후발 기업들은 선점한 외국 기업에 비해 초기에 기술력과 브랜드력이 취약했기 때문에 글로벌 기업에 밀릴 수밖에 없었다. 하지만 글로벌 시장에서 활동하는 외국 기업들은 한국 소비자들의 기호에 맞게 제품을 급격히 변화시키지 못한다는 약점을 안고 있었다. 식품의 경우 나라마다 선호되는 고유의 입맛이 있기 때문에, 국내 기업들은 한국인의 입맛에 맞는 제품 개발을 통해 글로벌 선발 기업에 맞설 수 있었다.

롯데리아는 '우리 맛을 담았습니다', '우리 몸에는 우리 것이 좋습니다' 등의 캠페인을 통해 우리나라 사람의 입맛과 몸에 맞는 제품으로 스스로를 차별화했다. 대표적인 제품이 '불고기버거'이고 그 후 '한우불고기버거', '한우스테이크, '야채라이스불고기버거' 등 롯데리아만의 독특한 한국식 햄버거를 만들어 제품 차별화를 통해 리딩 기업으로 발돋움할 수 있었다. 반면 맥도널드나 버거킹은 롯데리아의 발 빠른 제품 변화에 대응할 수 없었기 때문에 리더의 위상을 유지할 수 없었다. 피자 시장에서도 선발 기업인 피자헛은 '불고기피자', '김치해물파스타' 등 우리나라 소비자의 입맛에 맞는 신제품을 지속적으로 개발해 온 미스터피자에 의해 리더 자리를 빼앗기고 말았다.

선발 기업이 후발 기업의 공략에 대비하고 성과 창출을 위해서는 지속적인 혁신으로 진입장벽을 강화하고 선점 효과를 유지해야 한다. 전자제품, 통신제품, 개인용 휴대제품 등 기술 변화가 빠른 시장의 경우 리더는 기술 혁신으로 시장을 개척하고 확대해 나가야 한다. 기술이나 성능의 개선과 발전이 빠르지 않거나 제품 차별화가 힘든 단순 기능 제품 시장의 경우에는 용도나 편리성을 향상하는 혁신으로 제품을 개선하거나 제품 확장을 통해 소비자에게 추가적인 혜택을 제공함으로써 리더로서의 선점 효과를 유지할 필요가 있다.

 기술 혁신의 아이콘, 애플

첨단 분야에서 선도적인 위상을 확보하고 시장 선점 효과를 누리기 위해서는 지속적인 제품 혁신과 새로운 제품으로의 영역 확장이 필수적이다. 2010년 1월 27일, 애플의 스티브 잡스는 아이패드 출시 발표회에서 아이패드가 스마트폰과 랩탑의 장점을 결합한 제품이라고 소개하였다. 아이패드는 기존의 MP3, PMP, 넷북에 e-book 기능까지 갖추어 책과 신문을 대체할 혁신적인 제품으로 소비자들의 기대를 모았으며 개인 멀티미디어 기기 시장에서 또 한번의 혁신을 이뤄 냈다.

애플(Apple Incorporated)은 1977년 스티브 잡스와 스티브 워즈니악이 설립한 컴퓨터 회사로 최초의 개인용 컴퓨터 중의 하나인 애플을 만들었다. 그래서 이전의 회사 이름은 애플 컴퓨터(Apple Computer Inc.)였다. 애플II가 큰 성공을 거두면서 개인용 컴퓨터 시대를 열었고, 그후에 뛰어난 인터페이스를 가진 개인용 컴퓨터인 맥킨토시(Macintosh)를 선보였다.

2001년 9월에는 휴대용 MP3 플레이어인 아이팟을 출시하였고, 지속적인 제품 개선을 통해 아이팟 1세대~5세대, 아이팟 터치, 아이팟 나노, 아이팟 셔플 등 진화된 아이팟을 계속 내놓아 세계 MP3 시장을 평정하였다. 2007년 1월엔 스마트폰인 아이폰을 시장에 처음 선보였는데, 휴대폰 기능 이외에 MP3 재생, 200만 화소 카메라, 동영상, GPS 등 예상을 훨씬 뛰어넘는 기능을 갖추었다.

이미 애플은 애플컴퓨터와 맥킨토시로 세상에 알려졌고, 개인용 디지털디바이스 시장에서 아이튠즈(i-tunes), 아이팟(i-Pod), 아이폰(i-Phone), 아이패드(i-Pad) 등 혁신적인 제품을 차례로 선보이며 개인 멀티미디어 기기 분야에서 선두 주자임을 과시하고 선점 효과를 누리고 있다.

혁신을 통해 시장의 경쟁우위를 유지하는 상황은 기술 중심적인 시장에만 국한된 것은 아니다. 경쟁이 존재하는 모든 시장에는 제품이나 서비스 혁신을 위한 지속적인 노력이 전개되고 있다. 1980년대에 출시된 표백제 옥시크린도 이 시장에서 20년 동안 부동의 1위를 지켜가고 있다.

옥시크린은 1984년 처음 출시된 이래로 농축된 '울트라옥시크린', '옥시크린리퀴드', '옥시크린 드럼세탁전용', '옥시크린스프레이' 등 기능이 향상되고 사용 편리성을 높인 제품들을 시장에 내놓았으며, 욕실과 주방 세척제인 '옥시싹싹'으로 브랜드를 확장하기도 하였다. 또한 획기적인 얼룩 추적 기술을 도입한 '옥시크린오투액션'을 출시하는 등 신기술을 통해 표백세제 분야에서 리더의 이미지를 유지해왔다.

이 회사에서 1986년에 출시한 '물먹는하마'는 제습제 시장에서 부동의 1위를 고수하고 있으며, '물먹는하마울트라파워', '물먹는하마수퍼슬림', '물먹는하마참숯', '물먹는하마로이드' 등 기능을 강화하고 사용 용도별로 편리성을 더해주는 제품을 꾸준히 시장에 출시하여 이 분야에서 독보적인 지위를 굳히고 있다.

시장의 규모와 시장의 매력도를 확대하라

리더는 경쟁자를 방어하기 위해 시장을 축소해서는 안 되고, 시장 자체의 규모를 확대하고 시장의 매력도를 지속적으로 향상시키는 방향으로 시장을 관리해야 한다.

성숙기로 접어들면 시장은 성장이 멈추고 경쟁은 더욱 치열해지기 때문에 추가적인 매출 성과나 수익성 향상을 기대하기 힘들다. 시장에서 기업간의 시장점유율이 일정하게 유지된다면 시장 규모가 커질수록 마켓리더에게 유리하다. 따라서 마켓리더가 지속적으로 성과를 창출하기 위해서는 새로운 수요를 창출하여 전체 시장 규모를 확대해야 한다.

시장 규모를 확대할 수 있는 방법은 다양하다. 먼저 상품의 새로운 가치를 창출하거나 새로운 용도를 개발하는 것을 들 수 있다. 아침 대용식인 시리얼을 스낵이라는 새로운 용도로 확장하거나, 반찬으로 사용되던 두부를 아침식사 대용으로 활용하는 것 등이 여기에 해당된다. 세제 시장에서 농축세제가 출시되면서 농축된 만큼 세제를 적게 사용하도록 하였으나, 세척력에 대한 불안감으로 소비자들은 비싼 농축세제를 이전의 세제와 같은 양을 사용하였고 이로 인해 시장 규모가 늘어나게 되었다.

소주 시장에서는 건강에 대한 관심의 증가로 저도주화가 지속적으로 진행되고 있는데, 저도주 소주는 약하게 느껴지기 때문에 소비자들은 이전보다 음용량이 늘었다고 한다. 결국 소주 시장은 저도주화로 인해 시장 규모가 커지게 되었다.

시장 규모를 확대하는 또 다른 방법은 사용층을 확대하는 것이다. 최근 화장품 시장은 남성용 화장품 시장이 급격히 늘어나고 있다. 여성으로 한정되었던 화장품 사용층이 남성에까지 확대되고 있기 때문이다. 현재는 기초 화장품의 일부를 사용하는 정도이지만 차츰 메이크업 베이스나 기능성 화장품에 까지 남성의 화장품 사용이 확대될 것으로 전망된다. 결론적으로 마켓리더는 제품의 확장 및 리포지셔닝을 통해 새로운 수요를 창출해야 한다. 이는 시장 성장기보다는 시장 성숙기에 주로 수행되는 전략이다.

Case 마켓리더가 시장을 축소하는 방향으로 시장을 관리해 온 맥주와 소주 시장

마켓리더는 항상 경쟁자의 도전에 노출되어 있다. 도전자들은 리더의 아성을 무너뜨리기 위해서, 혹은 리더의 영역을 조금이라도 차지하기 위해서 다양한 도전을 해 온다. 리더는 도전자의 공세에 대해 시장 위상을 지켜나가는 과제 이외에 시장 자체에 대한 매력도를 높임으로써 장기적인 매출 신장을 도모해야 한다. 더구나 경쟁자의 공세를 방어하기 위해서 시장을 축소시키는 결과를 초래하지는 않는지에 대해 항상 주의를 기울여야 한다. 자칫 현재의 위험을 제거하기 위해 미래의 성과를 희생시킬 수 있기 때문이다.

시장을 확대하는 방법은 여러 가지가 있다. 새로운 용도를 제시하는 방법, 사용량을 증가시키는 방법, 서비스의 범위를 확대하는 방법 그리고 시장을 보다 포괄적으로 정의함으로써 시장의 범위를 넓히는 방법 등이 있다

맥주 시장의 경우, 2위 브랜드로서 '강하고 톡 쏘는 맛'으로 포지셔닝되어 있는 카스는 2006년에 포만감이 적고 '카스후레쉬'보다 낮은 도수(4.2도)인 '카스아이스라이트'를 출시하고, 2008년에는 3.9도인 '카스레몬'을 출시하는 등, 부드러운 맛으로 포지셔닝되어 있는 하이트의 아성을 공략해 왔다. 물론 20~30대 젊은 층을 핵심 타겟으로 하는 카스가 그

러한 제품들을 출시한 것은 새로운 시장 개척이나 핵심 타겟의 로열티 강화를 위한 것일 수도 있지만, 하이트맥주의 부드러운 맛 시장을 공략하기 위한 것일 수도 있다. 또한 2007년에는 6.9도인 '카스레드'를 출시하여 시장을 확대하는 시도를 하기도 했다.

반면 시장의 리더인 하이트는 이러한 카스의 도전에 대한 대응 제품을 출시하지 않았다. 아마 카스의 새로운 제품들이 주류(Mainstream) 시장을 공략하기 힘들 것이라는 판단을 했을 것으로 생각된다. 결과적으로 리더인 하이트는 카스의 시장 공략에 대응하지 않고 리더로서 시장의 위상을 유지했다는 점에 대해서는 긍정적으로 보여지지만, 리더의 역할인 시장 확대는 오히려 2위 브랜드인 카스가 먼저 시도하고 있다는 점이 아쉽게 느껴진다. 카스가 다양한 제품을 출시한 이유는 소비자의 다양해지는 니즈에 부응하면서, 기존의 4.5도 시장이었던 맥주 시장을 위로는 6.9도, 아래로는 3.9도까지 넓혀 놓았다는 점에서 긍정적이다.

2위 브랜드인 카스로서는 시장 확대 측면에서 기대만큼 성과를 거두지는 못했다. 하지만 카스는 신제품을 통해 시장에서 활발한 움직임을 보여줌으로써 핵심 브랜드인 카스의 활력을 보여 주어 브랜드 노후화를

도전자가 시장 확대를 시도해 온 맥주 시장

방지하는 효과를 거두었다. 하이트는 리더임에도 불구하고 2등 경쟁자에 비해 다소 소극적으로 시장을 관리하고 있다. '하이트프라임'을 리포지셔닝한 '맥스'를 통해 풍부한 맛의 새로운 시장을 개척하고 시장을 확대하려 노력하고 있지만, 사용 용도를 확대하거나 타 주류 시장을 대체하는 등 시장의 규모를 키우는 노력은 그다지 뚜렷하지 않다.

또 다른 주류 시장인 소주 시장을 살펴보자. 소주는 1998년 '참이슬'이 출시되기 전까지는 25도 시장이었다. 이후 소비자들의 저도주 선호 성향을 반영하여 저도주화되는 추세에 있다. 마켓리더인 진로 '참이슬'은 2001년 22도, 2004년에는 21도 제품으로 리뉴얼하였고, 두산이 '처음처럼'을 출시하면서 20도 시대를 열었다. 이에 참이슬은 리뉴얼 제품인 19.8도의 '참이슬후레쉬'를 출시하였다. '처음처럼'이 2007년 7월에 19.5도로 제품을 리뉴얼하자 '참이슬후레쉬' 역시 19.5도로 리뉴얼하여 현재 소주의 주요 브랜드는 모두 19.5도이다. 결국 1998년 이전에 25도였던 소주는 2007년 이후 19.5까지 도수가 내려가게 되었다. 마켓리더인 참이슬이 저도화를 주도하기는 했지만 2차적으로 불을 붙인 것은 오히려 도전자인 '처음처럼'이다.

리더는 시장 규모를 유지하거나 확대하는 전략을 구사해야 한다. 즉 시장 규모가 줄어들면 리더 자신의 매출이 하락하기 때문이다. 웰빙 트렌드에 부응하여 지난 수 년간 주류 시장은 전반적으로 저도주화 추세를 보이고 있다. 현재 주류 시장은 양주 40도 수준, 소주 19.5도, 백세주 등 전통주는 13도, 맥주 3.9~6.9도로 되어 있다. 백세주 등 전통주는 소주 시장과 맥주 시장 사이의 틈새를 공략하여 새로운 시장을 형성하였다. 이처럼 소주의 저도주화는 전통주 시장을 압박할 수는 있지만 양주 시장과 소주 시장의 간극을 벌려 놓음으로써 소주 시장의 영역을 축소시키는 결과가 되었다.

반면에 소주가 저도화되면서 소비자들이 한번에 더 많은 양의 소주를 마시게 되고 소주의 강한 맛을 싫어했던 일부 소비층을 끌어들이기 때문에, 소주 시장의 매출 규모 자체는 커질 것으로 예상된다. 즉 시장 영역 축소로 인한 시장 규모 축소와 음용량 확대를 통한 시장 규모 확대라는 상반된 효과가 동시에 나타나는 것이다. 웰빙 트렌드에 따른 저도주화는 막을 수 없다고 하더라도, 과연 소주 시장 영역 자체의 축소를 막을 수는 없을까?

도전자인 '처음처럼'이 20도, 19.5도로 저도화하며 도전해 올 때, 리더인 진로는 핵심 브랜드인 '참이슬'을 20.1도로 리뉴얼하고, 그 후엔 19.8도의 '참이슬후레쉬'를 출시하였다가 다시 19.5도로 리뉴얼하며 대응해 왔다. 결국 소주의 주류 시장이 19.5도~20.1도가 되었다. 2006년 2월 '처음처럼'이 20도로 당시 '참이슬'의 21도보다 저도주로 출시되었을 때, 핵심 브랜드인 '참이슬'이 20.1도 저도주 제품으로 리뉴얼하기보다는 낮은 도수의 신규 브랜드를 출시하여 대응했다면 어땠을까? 전체 소주 시장은 아직 21도까지 시장 영역을 유지할 수 있었을 것이다. 그리고 전반적인 저도화 경향은 '참이슬'이 아니라 신규 브랜드로 대응함으로써 시장을 이원화해서 관리할 수 있었을 것이다.

소주 시장의 저도화 경쟁

'처음처럼'에 대한 초기 대응 전략으로서 '참이슬'의 도수를 낮추는 저도화 리뉴얼과 저도주 신규 브랜드 출시 중 어떤 대안이 타당하였는지 명확한 답을 내릴 수는 없다. 하지만 신규 브랜드를 통해 저도화에 대응했다면 적어도 시장의 영역을 19.5~20.1도가 아니라 19.5~21도까지 유지할 수는 있었을 것이다.

물론 25도의 진로 골드라는 제품이 유통되기는 하지만 유명무실하다. 실제로 제품 확장을 하지 않고 제품 리뉴얼을 한 진로 입장에서도 20도가 넘는 제품이 더 이상 시장성이 없다고 판단했을 수도 있다. 하지만 비록 20도 이상의 시장 규모가 크지 않다고 하더라도, 양주와 소주 사이에 새로운 카테고리가 등장함으로써 시장 규모가 축소될 가능성은 훨씬 줄어들 것으로 판단된다. 이러한 시장 상황에 기인한 것은 아니지만 '화요'라는 증류주가 41도와 25도로 출시되어 일부 음식점에서 유통되고 있다. 이는 주류 카테고리별 저도화 과정에서 나타난 틈새가 '화요'의 시장 기회였으리라고 짐작할 수 있게 한다.

2008년 9월 진로는 해양 심층수를 함유한 'J'라는 소주 브랜드를 출시하였다. 'J' 출시는 두 가지 목적을 가졌는데, 하나는 경쟁자 대응 전략으

저도화 경쟁의 틈새를 공략한 증류주, 화요

로 '처음처럼'의 알칼리수를 앞세운 젊은 층 공략에 대응하는 것이고, 다른 하나는 젊은 층을 타겟으로 하는 수평적인 브랜드 체계를 구축하는 것이다. 즉 진로는 기존의 '참이슬', '참이슬후레쉬'에 이어 같은 도수(19.5도)인 'J'를 출시하여 복수 브랜드 체계를 갖추고자 했다. 복수 브랜드 전략은 기존 브랜드의 확장과 비교할 때, 특정 타겟 시장에 명확한 컨셉으로 접근할 수 있다는 장점을 가지고 있다. 'J'는 기존 소주와 차별화하여 병의 모양을 얇고 길게 하여 다이어트 느낌을 연출했고 '참이슬후레쉬'와 동일한 19.5도이면서 웰빙 시대의 젊은 층이 선호하는 순하고 부드러운 맛을 견지했다. 다분히 젊은 층을 겨냥한 전략이다.

2009년 3월 'J'는 '진로 J'로 브랜드명을 변경하고 18.5도로 리뉴얼하였다. 'J'의 리뉴얼에서 '진로 J'로 브랜드명을 변경한 것은 진로 브랜드의 후광 효과를 강화하려는 전략이다. 하지만 'J'를 젊은 층을 공략하는 브랜드로 전략화했다면 '진로 J'로의 브랜드 변경은 석연치 않은 점이 있다. 젊은 층이 진로에 대한 강한 호감을 가지고 있을까? '진로 J'로 변경하면서 'J'의 참신한 이미지에 진로의 노후화된 이미지가 얹어진 것은 아닐까? 타겟 소비자층은 과연 '진로 J'로의 브랜드명 변경에 긍정적일까? 또 다른 핵심 요소는 18.5도로 도수를 낮추었다는 점이다. 아마 진로 입장에서는 전반적인 저도화 트렌드에 부응하지 않을 수 없으니까 저도화를 선점하자는 전략적 판단이 있었을 것이다. 만약 롯데가 인수한 '처음처럼'이 18.5도 이하로 저도화를 다시 시도한다면, 진로는 어떻게 대응해야 할까? '참이슬'로 대응할 것인가? 아니면 '진로 J'로 대응할 것인가? 아니면 대응하지 않을 것인가? 소주 시장의 치열한 경쟁은 마케팅 전략 측면에서 많은 시사점을 주고 있다.

한편 진로는 2008년 6월 여름철 비수기를 겨냥해 '참이슬후레쉬섬머'를 출시하여 전통적인 대표 브랜드의 변신을 보여주었다. 진로에서 '참

순한 맛으로 과일주 시장을 흡수하기 위해 출시된 진로의 'J'

이슬후레쉬섬머'를 출시한 것에 대해 놀라움을 감추지 못하는 마케터들도 주변에서 많이 볼 수 있었다. 이러한 진로의 변화는 소비자들이 자연스럽게 'J'를 받아 들일 수 있는 전조를 만들었다. '참이슬' 역시 '참이슬후레쉬' 및 '참이슬후레쉬섬머'의 영향으로 대표 브랜드의 진부함과 인식상의 노후화가 일부 해소되었다. 진로의 'J'와 '참이슬후레쉬'는 '처음처럼'에 대한 경쟁력을 확보하면서 순하고 부드러운 맛으로 과일주, 전통주 등의 저도주 시장을 일부 흡수함으로써 소주 시장의 확대를 꾀하는 리더의 전략으로도 볼 수 있다.

이처럼 리더는 해당 시장의 매력도를 지속적으로 확대해 나감으로써, 경쟁자의 공략이 있더라도 매출 및 수익성을 유지할 수 있고, 경쟁자에 대한 대응도 유연하고 자유로울 수 있다. 결과적으로 효과적인 경쟁 대응도 가능해진다.

보유 자산의 활용도를 극대화하라

이윤을 추구하는 기업은 최대한 성과를 창출해야 한다. 이를 위해서는 새로운 사업 기회를 모색하면서 동시에 활용할 수 있는 보유 자산이 없는지를 검토해 보아야 한다. 가장 활용가치가 높은 기업의 보유 자산은 브랜드와 차별화된 기술이다. 유통과 같은 기존 인프라를 이용하는 것도 보유 자산을 효과적으로 활용하는 방안이다.

맥도널드가 아침식사용 메뉴인 에그머핀(Egg Muffin)을 개발하여 '보유 자산'인 매장의 활용도를 높이고 매출과 수익을 증대시킨 것이 대표적인 사례이다. 이처럼 새로운 성과를 창출하고자 하는 리더는 보유하고 있는 자산을 활용하는 방법을 먼저 검토해야 한다. 기업이 보유하고 있는 자산 가운데 가장 활용가치가 높은 자산은 무엇보다도 브랜드이다. 특히 리딩 브랜드의 경우 그 가치가 더 높다고 볼 수 있다. 브랜드 자산을 활용하는 가장 보편적인 방법은 브랜드 확장(Brand Extension)이다. 브랜드 확장은 새로운 카테고리에 기존에 사용하던 브랜드를 이용하는 것을 의미한다.

동일한 브랜드를 사용하는 기본적인 요건은 두 제품 카테고리의 컨셉, 즉 '소비자에게 제공하는 가치나 편익'이 유사해야 한다는 것이다. 소비자들이 유사한 카테고리라고 인식하는 경우 소비자들은 쉽게 동일한 브랜드를 사용하는 새로운 제품 카테고리를 수용하게 된다. 즉 치약 브랜드인 페리오를 치솔, 치실, 구강청정제 등 다양한 구강제품으로 확장하는 경우, 구강 청결을 지향하는 구강용 제품이라는 점에서 제품 컨셉과 카테고리가 유사하기 때문에 소비자들이 확장된 제품들을 쉽게 받아들이는 것이다. 질레트는 면도기에서 면도크림으로 영역을 확장하였고, 옥시는 '옥시싹싹' 등 세탁용 제품으로 확장하였다.

　보유 자산 중에서 활용 가능한 또 하나의 자산은 유통이다. 라면과 스낵을 주로 생산하여 판매하는 농심은 웰치(Welch) 주스, 캘로그(Kellogg's) 씨리얼, 보노(Vono) 스프, 덴마크햄, 바닐라파스타, 츄파춥스캔디, 하우스카레, 그리고 맥코믹(McCormick) 향신료 등 해외 브랜드에 대한 유통을 대행하고 있다. LG생활건강은 한국코카콜라보틀링을 인수하여 코카콜라의 유통과 마케팅을 대행하고 있으며 2009년부터는 프랑스 식품기업인 다농(Danone)의 떠먹는 요구르트인 '엑티비아'의 유통과 판매를 대행하고 있다. 유통의 경우 품목이 늘어난다고 해서 비율적으로 비용이 증가하는 것은 아니기 때문에 기존 유통을 이용한 판매 대행을 통해서 추가적인 매출 성과를 얻을 수 있다.

　서비스 기업의 경우, 앞의 맥도널드 사례처럼 영업시간을 탄력적으로 조절하거나 매출이 일어나지 않는 시간을 활용할 수도 있고, 영업장 내의 공간을 활용한 추가적인 성과 창출을 모색해 볼 수도 있다.

전략6　수익성을 위해 시장점유율 축소도 고려하라

기업이 지향하는 성과는 매출 성과와 수익이고, 매출 성과 즉 시장점유율이 늘어나면 수익도 함께 늘어나는 것이 일반적이기 때문에 기업들은 매출 성과를 중심으로 사업을 운영하는 경우가 많다. 하지만 시장점유율이 줄어들면서 더 큰 수익이 발생하는 경우도 있다.

시장 지배력이 큰 일부 기업은 더 큰 수익성을 확보하고 독점 방지 규제의 위험을 피하기 위해 시장점유율을 스스로 축소하기도 한다. 그들은 전체 시장 혹은 특정 세분시장에서 과도하게 확장했다고 판단하여 수익성이 낮은 고객을 줄임으로써 두 가지 목적을 이루려고 한다. 이것이 바로 시장점유율 축소 전략(Market Share Reduction Strategy)이자 디마케팅(De-marketing)이다. 디마케팅은 일시적으로 혹은 영원히 신규 고객 유입을 차단하고 특정 고객층의 이탈을 유도하는 것이다. 가격을 인상하고, 광고비와 프로모션 비용을 삭감하고, 서비스를 축소하는 방법을 활용한다. 즉 일반적인 마케팅의 방향과는 반대로 움직이는 것이다.

2001년 4월 시장 1위 기업인 SK텔레콤이 신세기 통신을 인수할 때 공정거래위원회는 2001년 6월까지 시장점유율을 50% 이하로 낮추는 조건으로 인수 합병을 허용했다. 인수 합병 후 SK텔레콤은 디마케팅에 착수하여, "꼭 011이 아니어도 좋습니다"라는 메시지를 일반 소비자들에게 전달하고 SK텔레콤 대리점에서도 다른 이동 통신사의 서비스에 가입할 수 있게 했다. 물론 이와 동시에 011 서비스가 타사 서비스에 비해 품질과 혜택이 우수한 고급 서비스라는 이미지를 전달하기 위한 노력을 계속하였다. 디마케팅 1년 만에 가입자는 64만 명이나 감소하여 시장점유율

수익성을 제고하는 디마케팅 : SKT "꼭 011이 아니어도 좋습니다"

관리라는 목적을 달성하였고, 가입자 수가 줄었음에도 불구하고 전체 매출액은 오히려 증가하고 순이익도 약 70% 상승하는 놀라운 실적을 기록하였다. SK텔레콤 고객 1인당 서비스 사용량도 꾸준히 증가하였다. 디마케팅 과정을 통해 우량고객의 비중이 꾸준히 늘어나 고객 내실화에 성공을 거둔 것이다. SK텔레콤의 디마케팅은 경영 내실화뿐만 아니라 리더의 이미지를 확고히 다지는 데도 크게 기여한 것이다.

전략7 프리미엄 포지셔닝을 유지하려면 사용자층의 무제한적인 확대를 막아라

프리미엄 브랜드는 사회적 가치로 인해 많은 사람들이 구매하려고 하지만, 소수만이 소유하는 희소성이 유지되지 않으면 프리스티지 브랜드로서의 위상을 잃게 된다. 따라서 고가격, 한정된 수량 등을 통해 사용자층의 무제한적 확대를 막아야 한다.

신규 브랜드가 성장하는 과정에서, 매출이 성장하고 시장점유율이 증가하는 것은 매우 바람직하며 기업들이 바라는 바이다. 하지만 매출 확대라는 성과의 이면에는 브랜드 이미지 포지셔닝이 약화되는 위험이 도사리고 있다. 매출이 성장하여 시장점유율이 확대되면 성과 측면에서 브랜드 위상은 강화될 수 있으나, 사용자층이 확대됨에 따라 브랜드는 대중화되고 프리미엄의 위상은 약화될 수 있다. 프리미엄 브랜드의 정의가 그러하듯이, 대중적인 브랜드 대비 프리미엄 가격을 지불하는 브랜드인

데, 브랜드가 대중화되면 프리미엄 가격은 사라져 버린다. 또한 브랜드의 대중화나 보편화는 프리미엄 이미지를 희석시킬 수 있기 때문에 장기적으로는 판매에 따른 영업 이익이 감소하는 결과를 초래할 수 있다. 하지만 일반적으로 단기 매출이 확대되고 이에 따른 영업 이익이 증가하기 때문에 브랜드 이미지를 장기적 관점에서 관리해야 한다는 점을 간과하는 경우가 많다.

기업의 최종 목표가 영업 이익의 창출에 있다고 하더라도, 단기적인 성과에만 집착하기보다는 장기적으로 더 큰 성과를 창출할 수 있도록 해야 한다. 즉, 매출이 급격하게 상승하지 않더라도 프리미엄 브랜드로 위상을 공고히 한다면, 매출 성장에 의한 성과뿐만 아니라 프리미엄 가격을 통한 부가적인 영업이익까지 확보할 수 있다. 또한 프리미엄 브랜드의 위상이 확보되면 브랜드 가치만으로도 셀 수 없는 기업 이익을 창출할 수 있다.

프리미엄 포지셔닝을 유지하고 리딩 브랜드의 위상을 확보하기 위해서는 소비자들이 '사고 싶은 브랜드', '동경하는 브랜드'로 인식되어야 하며, 이를 위해서는 사용자층의 무제한적 확대를 의도적으로 막아야 한다. 브랜드의 독특함에 희소성이 더해질 때 상승 작용이 일어나 프리미엄 가치가 상승하기 때문이다.

필자가 미국에서 유학 생활을 할 당시에 미국 대학생들이 가장 갖고 싶어하는 자동차는 BMW였고, 1990년대 초 미국 대학생들이 가장 갖고 싶어하는 자동차는 렉서스(Lexus)였다. 분명 렉서스는 그들에게 프리미엄 브랜드였다. 또한 2002년 프로젝트 건으로 중국에 갔을 때, 중국 젊은 층들에게 "삼성 휴대폰은 선망의 브랜드"라는 말을 들었는데, 그 당시 중국에서는 삼성 휴대폰이 프리미엄 브랜드였던 것이다.

프리미엄 브랜드는 독특성과 희소성 이외에 프리미엄 가격을 통해 브랜드 위상을 확보하고 대중화를 억제해야 한다. 프리미엄 브랜드가 소비자들로 하여금 대중적인 브랜드와의 가격 차이를 인식하게 하기 위해서는 적어도 30% 이상 고가격을 유지해야 한다. 프리미엄은 결국 가격의 차이이므로, 고가격 정책을 통해 브랜드의 대중화를 방지해야 된다.

전략8 프리스티지 브랜드는 소비자들의 '자의식 타입'과 '가격 인식'에 따라 마케팅을 달리하라

프리스티지 브랜드라고 모두 동질적이지는 않다. 동일한 프리스티지 브랜드를 구매하는 소비자들도 동질적이지 않다. 브랜드 구매 이유와 브랜드에 대한 소비자들의 태도에 따라 마케팅을 달리해야 한다.

소비자들의 자의식 타입과 가격이 프리스티지 척도로 작용하는 정도를 기준으로 프리스티지 제품을 세분화해 볼 수 있다. 소비자들의 자의식 타입은 사회적 자의식 타입과 개인적 자의식 타입으로 나누어 볼 수 있다. 사회적 자의식 타입은 자신이 다른 사람들에게 어떻게 보여지는지, 다른 사람들이 자신을 어떻게 판단하는지에 관심을 갖는 부류이고, 개인적 자의식 타입은 자기 스스로 만족감을 느끼는 것에 보다 관심을 갖는 부류이다. 또한 가격을 프리스티지의 척도로 받아들이는 층과 그렇지 않은 층이 있다. 일반적으로는 비싼 상품을 프리스티지라고 받아들이기 보다는 싼 상품은 프리스티지가 아니라고 받아들이는 경향이 강하다.

두 개의 변수로 구성된 세분화 매트릭스의 각 사분면은 소비자들의 구매 동기를 설명해 준다. 한 예로서 스놉 효과는 개인적인 자의식이 강하고 프리스티지 제품이 가격과 관계가 있다고 생각하는 소비자층에 대한 동기부여 요인이 된다.

이러한 세분화를 토대로, 프리스티지 제품에 대한 마케팅 방안을 구상해 볼 수 있다. 우선, 프리스티지 제품을 구매하는 제1사분면, 즉 상대적으로 개인적 자의식이 강하고, 프리스티지 제품이 가격과 크게 관계가 없다고 생각하는 부류는 품질을 중시하는 집단과 제품의 미적 속성을 중시하는 집단으로 나누어 볼 수 있다.

전략 방안1 (제1사분면) 품질을 중시하는 부류에게는 퍼펙셔니스 효과를 활용하여 품질에 대해 신뢰를 느끼게 한다. 소비자들은 프리스티지 척도로 가격보다는 제품의 기능이나 품질을 중요하게 생각한다. 이들은 고가격이 반드시 고품질을 보증하지는 않는다는 것을 알고 있지만, 최고 품질을 위해 고가격을 지불하는 것에는 불만이 없다. 또한 커뮤니케이션의 경우, 상업 광고는 신뢰하지 않는 경향이 있기 때문에, 전문지 등을 통해 전문가들의 우호적인 사용경험이나 주변인들의 좋은 평판을 보여주는

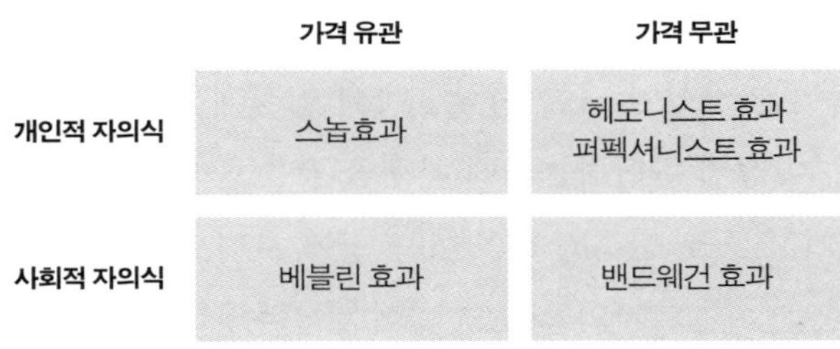

프리스티지 제품의 세분화 매트릭스

것이 보다 효과적이다.

전략 방안2 (제1사분면) 제품의 미적 속성을 중시하는 부류에게는 헤도니스트 효과를 활용하여 감성을 자극한다. 이 부류의 소비자들은 제품의 미적 특성에 관심을 갖고 디자인 같은 감성적 요소를 중요시한다. 그러므로 소비 과정에서 느끼는 즐거움, 만족감 등을 구매의 기준으로 삼는다. 이들은 미적 특성과 감성적 요소에 따라 제품의 가치를 결정한다.

전략 방안3 (제3사분면) 베블런 효과를 활용하여, 제품을 통해 과시욕을 실현할 수 있음을 암시한다. 이들은 자신이 다른 사람들과 다르다는 것을 프리스티지 제품을 통해 나타내려는 부류로, 구매하고 소비하는 상황을 남들이 보아 주기를 좋아하고 남들이 구매하기 어려운 상품을 구매하는 것에 만족감을 느낀다. 또한 제품을 통해 사회적인 지위를 표현할 수 있고 제품이 사회적 지위의 상징으로 생각되면, 프리스티지 제품으로서 가치가 있다고 규정한다. 마케팅에 있어서는 과시용 상품으로서 평판 관리가 매우 중요하며, 상품은 고가격을 통해 사회적 상징 가치를 갖게 된다. 그리고 가격의 통제가 매우 중요한 역할을 한다. 커뮤니케이션은 사회적인 상징성을 얻을 수 있도록 매우 섬세하게 설계되어야 한다.

전략 방안4 (제4사분면) 밴드웨건 효과를 활용하여, 제품을 통해 다른 사람들과 같은 부류가 됨을 강조한다. 이들은 남들이 모두 사는 것을 나도 산다는 것에 만족하는 부류이며, 자신이 속한 집단의 다른 사람들과 똑같다는 것을 상품 소비를 통해 알리려고 한다. 프리스티지의 척도는 가격이 아니라, 다른 사람들이 구매했느냐 여부이다. 이러한 구매동기는 상대적으로 저렴한 가격의 상품에서 오히려 강하게 나타난다. 마케팅 측면에서는 신속한 시장점유율 확대가 보다 중요한 역할을 하며, 저렴한 가격 설정과 더불어 품질이나 디자인 측면을 강조하는 방향이 바람직하다.

전략 방안5 (제2사분면) 스놉 효과를 활용하여, 제품을 사용하는 사람은 남들과 다르다는 측면을 부각시킨다. 이들은 다른 사람들이 구매하기 어려운 제품에 대해 오히려 구매동기가 발생한다. 상품의 구매와 소비는 오로지 자신의 기호에 따라 이루어진다. 다수가 그 제품을 구매하려는 순간 동기유발 효과는 사라진다. 개인적인 가치판단과 감성에 충실한 상품의 개발이 마케팅의 핵심이다. 엄격하게 가격통제를 해야 하고, 표면적으로는 상품의 구매 가능성을 지속적으로 제한하는 것이 바람직하다.

이상의 다섯 가지 전략 방안은 자사 제품을 프리스티지 제품으로 지속적으로 유지 관리하기 위한 방안이다. 어떤 특성의 소비자 계층이 자사의 제품을 구매하는지, 자사의 제품은 어떤 유형에 속하는지를 확인하고, 그에 따른 적절한 마케팅 전략을 선택하여 활용해야 한다.

한 예로서, 프리스티지 화장품 브랜드인 에스테로더(Estee Lauder)는 제한적인 유통망을 고집함으로써 사회적 자의식이 강하고 가격을 프리스티지의 척도로 생각하는 고객들의 욕구를 충족시키고, 브랜드의 프리스티지가 희석되는 것을 방지한다. 에스테로더는 자사 사이트가 아닌 다른 인터넷 사이트에서 제품이 판매되는 것을 엄격히 통제하고 있다. 인터넷 사이트에서 판매된다는 것만으로도 브랜드의 프리스티지에 심각한 위협이 될 수 있고, 인터넷 판매로 가격이 혼란해 지고 상품을 구매하는 과정에서 판매원과 소비자간의 접촉이 사라지면 프리스티지에 손상을 입을 수 있기 때문이다.

먼저 프리미엄 브랜드와 프리스티지 브랜드는 어떤 차이가 있는지 알아 보자. 프리미엄 브랜드는 명품 브랜드(Luxury)의 일종이다. 명품 브랜드란 대체적으로 고품질, 고가격 그리고 희소성을 특징으로 한다. 명품 브랜드는 프리미엄 브랜드(Premium Brand), 카리스마 브랜드(Charismatic Brand), 프리스티지 브랜드(Prestige Brand)로 나눌 수 있다.

프리미엄 브랜드는 경쟁 브랜드 대비 평균 15% 이상 고가(프리미엄)를 받을 수 있는 브랜드를 말한다. 즉 프리미엄 브랜드는 가격 프리미엄을 받을 수 있는 브랜드로서, 폴로 랄프 로렌(Polo Ralph Lauren), 캘빈 클라인(Calvin Klein), 설화수 등이 그러한 브랜드이다. 카리스마 브랜드란 고가격은 아니라고 하더라도 특정 고객층에게 권위를 인정받는 브랜드이다. 카리스마 브랜드는 일반적으로 마니아(mania)층을 형성하고 있다. '나이키', '할리 데이비슨' 등이 그러한 브랜드이다. BMW는 1980년대 미국 젊은이들에게 드림카(Dream Car)였고, 삼성 전자 애니콜은 오늘날 중국 젊은이들에게 선망의 휴대폰이다.

프리스티지 브랜드란 사전적 의미로 고급 브랜드를 뜻한다. 하지만 일반 상품과 대비해서 소비자들이 뭔가 부가적인 가치를 느낄 수 있어야 비로소 프리스티지 브랜드라고 할 수 있다. 부가적인 가치란 소비자의 판단 기준, 그리고 제품의 성격이나 시대에 따라서 차이가 있겠지만, 소비자가 프리스티지 브랜드로 인식하게 하는 프리스티지 가치(Prestige Value)는 다섯 가지로 요약할 수 있다. 실제로 프리스티지 브랜드 중에는 다음에 열거하는 가치 중 하나만을 충족하는 브랜드도 있고, 여러 가지를 충족하는 브랜드도 있다.

첫째는 자기 과시 욕구를 충족시켜 주는 가치이다. 특정한 제품을 통해서 자신의 부와 사회적 지위를 다른 사람에게 표현할 수 있는 가치(Conspicuous Value)이며, 그 제품은 부나 사회적 지위의 상징으로 사용이 된다. 즉, 고급 승용차, 명품 시계, 핸드백, 액세서리 등의 브랜드가 여기에 속한다.

두 번째는 소수만이 소유하는 희소성의 가치(Unique Value)로, 남들이 사기 어려운 제품을 가지는 가치이다. 초기의 외제 승용차, 유명화가의 작품, 골동품, 최신 루이비똥(Louis Vuitton)의 디자인 등이 여기에 속한다.

세 번째는 남들이 갖고 있는 것은 다소 비싸더라도 나도 산다는 식의 사회적 가치(Social Value)이다. 얼마 전까지만 해도 휴대폰이 그러한 가치를 지녔다. 갖고 있지 않으면 시대에 뒤떨어진다고 느끼거나 특정 집단에 속할 수 없다고 느끼는 제품들이 그런 가치를 갖는다.

네 번째는 감성적 가치(Hedonic Value)로서, 소비자의 취향에 따라 다소간 차이가 있지만 다른 제품에 비해 미적 특성이나 디자인 등의 감성적 요소가 뛰어나고 심미적으로 어필하는 제품은 추가적인 가격 지불가치를 갖는다.

다섯 번째는 품질 가치(Quality Value)이다. 기술, 디자인, 서비스 측

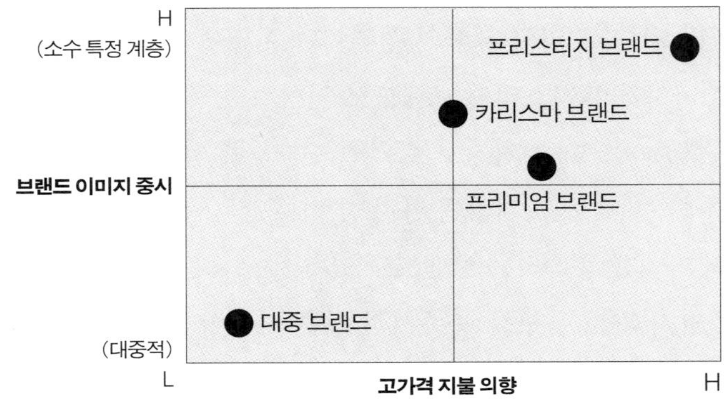

면 등에서 품질적 가치가 객관적으로 인정되는 경우를 말한다. TV 등 가전 제품에 있어서 소비자들은 소니(SONY) 제품이 부가적인 가격을 지불할 만큼 타 제품에 비해 품질이 뛰어나다고 생각한다.

프리스티지 마케팅은 개인적, 사회적인 상황에 따른 소비자들의 다양한 구매 동기를 충족시켜주는 것이다. 적절한 동기만 부여된다면 소비자들은 일반 상품이 아닌 프리스티지 제품을 구매한다. 앞에서 말한 다섯 가지 프리스티지 가치는 각각에 대응하는 동기부여 요인을 유발한다. 자기 과시적 가치는 베블린 효과, 희소성의 가치는 스놉 효과, 사회적 가치는 밴드웨건 효과, 감성 가치는 헤도니스트 효과, 그리고 품질 가치는 퍼펙셔니스트 효과에 대응한다.

전략9 부정적인 루머에는 신속하게 대응하라

긍정적인 정보보다는 부정적인 정보가 파급 속도가 훨씬 빠를 뿐만 아니라 소비자들의 기억에 오래 남는다. 부정적인 루머에 대해서는 신속한 대처로 루머의 확산과 재생산을 막아야 한다.

1989년 검찰에 '라면을 공업용 우지로 튀긴다'는 익명의 투서가 배달되었다. 당시 팜유를 사용하던 농심을 제외하고는 거의 모든 라면 제조업체들은 회사의 이미지가 회복하기 불가능할 정도로 큰 타격을 입었다. 당시 라면 시장에서 60%의 압도적인 시장점유율을 가지고 있던 삼양라면은 브랜드 위상이 실추되면서 성과가 하락하여 리더의 자리를 내주게 되었다. 우지라고 모두 똑같은 것이 아니고 품질에 따라 등급이 있어 검찰의 발표가 모두 사실은 아니었지만 적극적으로 대응하지 않았기 때문에 치명적인 위기에 처하게 된 것이다.

2004년 KBS는 두 차례에 걸쳐 풀무원 녹즙에 농약을 친 유기농 원료가 사용되었다고 보도하였다. 풀무원의 경영 철학이 '자연건강 생활기업'이니만큼 기업 이미지에 치명적인 손상을 입게 되었다. 풀무원은 즉각적으로 모든 신문에 '풀무원은 끝까지 진실을 밝히겠습니다.'라는 내용의 지면 광고를 게재하였다. 며칠 후 이전 보도가 사실이 아님이 밝혀졌고 풀무원은 적극적인 대응으로 위기 상황을 극복할 수 있었다.

해외 사례로, 1970년대 후반 맥도널드의 예를 들 수 있다. 맥도널드 햄버거 고기에 지렁이가 섞여 있다는 소문이 퍼지기 시작했으며 소문이 사실이 아님을 아무리 부인해도 매출은 계속 떨어지기만 했다. 결국 맥도널드는 반박 광고를 내기로 했다. "소고기를 쓰면 파운드당 원료비가 1달러인데 지렁이를 쓰면 5달러가 소요됩니다. 그래도 우리가 지렁이 고기를 썼을까요?"라는 문구를 담은 광고로 반박하여 소비자들이 맥도널드가 지렁이 고기를 쓰지 않았다는 사실을 논리적으로 이해할 수 있도록 했다. 하지만 매출은 계속 떨어졌다. 왜냐하면 반박 광고로 인해 논리적으로 이해하기보다는 부정적 정보를 되새기게 하는 정보 확산 및 재생산의 결과를 가져왔기 때문이다.

2006년 SK II는 자사의 일부 제품에 배합금지 성분(크롬, 네오디뮴)이 검출되었다는 중국 보도와 관련해 크롬, 네

부정적 뉴스에 효과적으로 대응한 SK II

오디뮴은 안전한 수치라고 밝히는 반박 기사를 냈으며, 이에 대하여 불안을 느끼는 소비자에게는 백화점에서 환불을 해주도록 조치하였다. 향후 꾸준히 각 기관에 의뢰한 안전성 검사 수치를 통하여 소비자에게 신뢰를 회복하였다. 특히 즉각적인 환불가능 조치는 브랜드 신뢰감의 근거가 되어 사태는 조속히 마무리 되었고 현재 대한민국 40대 여성들이 가장 사용하고 싶어하는 브랜드로서 명성을 유지하고 있다.

전략10 잘못을 범 했을 때는 솔직히 잘못을 인정하라

소비자에게 신뢰를 잃을 만한 사건이 발생한 경우, 솔직히 잘못을 인정하고 신속히 수습하는 것이 바람직하다. 그렇지 않을 경우 거듭 거듭 이슈화되고 그런 내용들이 퍼져나감으로써 소비자들의 뇌리에는 훨씬 더 부정적으로 각인되기 때문이다.

1997년 타이어 회사인 파이어스톤(Firestone)은 온도가 올라가면서 타이어가 파손되는 문제가 발생하였다. 운전자의 생명까지 위협할 수 있는 상황이었음에도 불구하고 파이어스톤은 적극적으로 문제를 해결하려고 하지 않고 오히려 사건을 축소하여 은폐하려 하였다. 문제가 발생한지 3년 만에 100명이 넘는 사망자가 발생했고 각 언론은 이 사건을 대대적으로 보도했다. 이로 인해 반품이 폭주하고 파이어스톤은 회복할 수 없는 상황에 빠지게 되었다. 브랜드가 위험에 빠졌을 때는 상황이 사실이어서 피할 수 없다면 잘못을 빨리 인정하고 근본적인 문제를 해결하려는 노력을 기울여야 한다.

1982년 시카고에서는 타이레놀 제품을 먹고 7명이 사망하는 사고가 발생하였다. 일부 제품에 독극물이 첨가되어 있었던 것이다. 이에 대해 존슨앤존슨은 전국적으로 모든 제품을 전량 회수하였고, 안전한 상황이 될 때까지 타이레놀 제품을 복용하지 말도록 소비자들에게 주지시켰다. 대체로 제품을 회수해 전수검사를 통해 문제의 원인을 찾아내어 해결하는 정도가 일반적이다. 존슨앤존슨은 신속한 특단의 조치로 향후 일어날 위험을 철저히 차단하여 브랜드에 다가온 위기를 오히려 브랜드를 신뢰하는 계기로 만들었다. 존슨앤존슨의 신뢰할 만한 대응을 본 사람들은 소비자를 보호하는 기업정신을 명확히 확인하게 되었고 그로 인해 존슨앤존슨과 타이레놀을 더욱 신뢰하게 되었다. 이같은 위기 상황에 직면했을 때 기업이 그로인해 소비자가 처할 수 있는 위험을 적극적으로 알리고 신속하게 대처하면 브랜드 위상이 더욱 강화될 수도 있지만, 반대로 위기를 제대로 관리하지 못한 브랜드는 재기가 불가능할 만큼 치명적인 타격을 입고 브랜드 위상이 무너져 버릴 수도 있다.

국내에서는 2008년 2월 '노래방 새우깡' 제품에서 생쥐머리로 추정되는 이물질을 소비자가 발견하고 농심에 신고하는 사건이 발생했다. 농심은 문제의 제품을 수거하는 조치를 취하지 않은 채, 신고한 소비자에게 보상만 시도하였다. 그 후 식약청에서 "쥐머리로 추정된다"는 발표가 있은지 4일 후에야 CEO의 사과 광고가 신문에 게재되었다. 진위를 정확히 밝히고 문제를 해결하기보다는 사실을 은폐하려 했다는 점이 부각되면서 농심 브랜드에 대한 소비자 불만이 더 커졌고 사건은 점점 더 확대되어 갔다.

1. 마켓리더로서 시장의 트렌드를 명확히 이해하고 이를 주도적으로 이끌어가고 있는가?
   - 시장의 변화를 지속적으로 추적하기 위해 체계적인 노력을 기울이고 있는가?
   - 주변 시장의 트렌드 중에서 시장 변혁을 위해 도입할 만한 트렌드는 없는가?

2. 현재 시장의 표준은 무엇인가? 그렇다면 조만간 다가올 시장의 표준은 무엇이라고 생각하는가? 다가올 시장의 표준을 선점하고 있는가?
   - 마켓리더로서 시장의 표준을 선점하고 주도하고 있다는 인식이 소비자들에게 형성되어 있는가?
   - 기술적인 요소나 특정 이미지 요소가 아닌, 시장을 주도하고 있다고 인식할 만한 시장 변화의 핵심은 무엇인가?

3. 마켓리더로서 경쟁자가 넘볼 수 없는 독보적인 차별적 우위를 보유하고 있는가?
   - 우수한 경쟁력을 갖춘 경쟁자를 압도할 만한 경쟁력을 갖추고 있는가?
   - 그러한 경쟁력 요인은 경쟁자가 도저히 넘을 수 없는 자신만의 차별적 경쟁우위인가?

4. 얼마나 자주 신제품이나 리뉴얼 제품을 출시하고 있는가? 이를 위한 체계적인 사전 기획이 이루어지고 있는가?
   - 시장에서 획기적인 제품이 아니라고 하더라도 소비자의 불편을 개선하거나 기능을 향상한 제품을 통해 소비자에게 추가적인 가치나 혜택을 제공하고 있는가?

5. 시장의 범위나 규모를 축소하는 방향의 전략적 의사결정을 하고 있지는 않은가?

6. 자사가 보유하고 있는 자산을 활용해서 새로운 성과를 창출할 수 있는 기회가 없는가?

    – 기존 브랜드를 이용해서 제품 라인을 확장하거나 신규 카테고리로 사업을 확대할 수는 없는가?

    – 보유하고 있는 기술, 고정자산, 유통망 등의 인프라를 이용해서 추가적인 성과를 창출할 수 있는 새로운 사업기회는 없는가?

7. 프리스티지 브랜드를 운영하고 있다면, 제품의 특성에 적합한 최적의 마케팅 전략을 선택해서 사용하고 있는가?

    – 제품 구매와 관련한 소비자들의 자의식 타입과 가격을 프리스티지 척도로 받아들이는 정도를 기준으로 한 제품의 특성에 따른 적합한 마케팅 방법을 인지하고 있는가?

8. 프리미엄 포지셔닝을 구축하고 있는 브랜드가 있다면, 프리스티지 특성을 잘 유지하고 있는가?

    – 희소성을 저해하는 요인은 없는가? 사용자층이 너무 확산되고 있지는 않은가?

03
어떻게 경쟁자의 공략에
대응할 것인가

Leaders' Defense Strategy

마켓리더는 항상 경쟁 기업 혹은 신규 진입자의 공격에 노출되어 있다. 따라서 마켓리더는 신규 진입자가 쉽게 시장에 진입하지 못하도록 진입장벽을 높여야 한다. 리더 자신만의 제품 유형과 유통 경로를 만들고, 확고한 경쟁우위를 가지고 있는 세분시장에서 제품 가치를 향상시키고 제품을 다양화해야 한다. 또한 경쟁 제품 출시를 어렵게 하고 유통 경로를 압박하여 제품 취급을 어렵게 해야 한다. 경쟁 제품이 등장할 경우에는 마케팅 자원 및 비용 우위를 활용하여 공격적으로 대응해야 한다. 마켓리더는 이러한 공세적 우위 전략으로 경쟁 기업을 압박하여 심리적 장벽을 높이고 해당 시장에서의 확고한 경쟁우위를 인식시킬 필요가 있다.

  # 시장을 쪼개서 관리하라

**기업의 시장 지배력이 크면 클수록, 단일 시장으로 관리하기보다는 시장을
여러 개로 쪼개서 관리하는 것이 경쟁적 관점에서 유리하다.**

어느 시장이든 경쟁의 논리에 따라서, 수익을 남길만한 시장이 형성되면
이를 엿보는 새로운 경쟁자가 나타나게 마련이다. 이것은 경쟁시장의 가
장 기본적인 생리이다. 시장에 먹을 것이 있으면 나누어 먹자는 식으로
누군가 뛰어드는 것이다. 물론 서로 나누어 먹으면서 공생하는 것도 좋
지만 자기 살을 떼어 주려는 기업은 어디에도 없을 것이다. 그렇기 때문
에 시장을 쪼개서 관리하는 것은 시장 진입을 노리는 경쟁자들이 더 이상
수익을 남길만한 시장이 없다고 판단하게 만들어 경쟁자의 진입을 차단
하는 좋은 방법이 된다.

Case 시장을 쪼갬으로써 시장을 확대하는 아모레퍼시픽과 현대자동차

관여도가 높을수록, 특히 다른 사람에게 보여주는 가치가 큰 카테고리일
수록, 시장을 세분화하여 관리함으로써 각 시장에서 경쟁우위를 확보할
수 있고 다양한 종류의 제품과 등급화된 제품을 제시해 지위와 위상을 과
시하기 위한 소비를 자극할 수 있다.

화장품 시장의 경우 단일 시장으로 인식되고 유지되어 왔다면 아모레
퍼시픽이 지금과 같은 시장점유율을 유지하기는 쉽지 않았을 것이다. 화
장품 시장에는 연령별, 기능별, 피부 타입별, 성분별, 가격대별, 부위별
매우 다양한 제품들이 있다. 여성들은 기초 화장품, 수분이나 영양을 보
충해주는 제품, 주름을 방지하거나 예방하는 제품 등 평균적으로 30종이
넘는 화장품을 쓴다고 한다. 소비자들은 그들의 화장에 대한 관여도, 연

령, 피부 특성, 경제력 등에 따라 제각기 다른 니즈를 가지기 때문에 그들 개개인의 고민을 해결해 주는 제품을 제시한다면 지갑을 열게 만들 수 있다. 특히 화장품은 외모를 중시하는 여성들에게는 관여도가 매우 큰 제품군이다.

화장품 시장의 도전자들은 기존 화장품 시장에서 경쟁우위를 확보하면서 동시에 새로운 세분화 기준을 가지고 자신들만의 세분시장을 구축함으로써 리더를 공략하고 있다. 한스킨의 비비크림은 제품의 융합을 통해 새로운 카테고리를 창출하였고, 미샤와 더페이스샵은 저가격대의 제품 출시를 통해 시장을 분할하고 있다. 반면 시장에서 오랫동안 리더 자리를 지켜 온 아모레퍼시픽은 시장을 선제적으로 세분화하고 선점함으로서 도전자의 공격에 대응하고 있다. 이들의 싸움은 결국, 니즈에 따라 한층 더 세분화된 시장의 소비자들을 유혹할 만한 제품을 누가 제시하는가, 소비자들에게 어떤 새로운 제품을 소개하여 새로운 세분시장으로 유인해 오는가에 달려 있다.

자동차 시장의 경우, 소형, 중형, 대형으로 나누어져 있다가 1998년 삼성자동차의 SM5가 등장하면서 시장의 세분화가 촉진되었다. 초기 SM5

현대자동차의 시장 세분화 전략: 시장을 세분화해 선점하라

는 2,000cc 단일 모델로 출시되었지만, 차츰 2,500cc, 1,800cc를 출시하면서 기존의 중형차였던 쏘나타와 대형차였던 그랜저 사이의 새로운 시장을 겨냥했다. 이를 계기로 리더인 현대자동차는 시장 세분화에 불을 붙이기 시작했다. 1600cc 이하 클릭과 베르나의 소형시장, 1,600cc 아반떼의 준중형시장, 2,000~2,400cc 소나타의 중형시장, 2,400~3,800cc 그랜저의 중대형시장, 그리고 3,300~4,500cc 에쿠스의 대형시장으로 시장을 한층 더 세분화하였으며 최근에는 제네시스를 출시하여 그랜저와 에쿠스 사이에 새로운 세분시장을 만드는 등 지속적으로 시장을 쪼개고 있다. RV의 경우도 투싼의 소형시장, 쏸타페의 중형시장, 베라크루즈의 대형시장으로 나누어서 각각의 시장에서 경쟁력을 확보하려고 하고 있다. 전략적으로, 특정 세분시장이 상대적으로 규모가 크고 그 시장에 뛰어들어 수익을 남길 수 있다고 판단되면 언제든지 경쟁자들이 그 시장을 공략해올 수도 있기 때문에, 시장을 잘게 쪼개서 관리함으로써 경쟁자의 진입을 사전에 방지하려고 한다.

Case 시장 세분화가 어려운 섬유유연제 시장

소비자의 관여도가 낮거나 소비자가 제품에 기대하는 속성이 단일 속성일 경우 시장을 세분화하기 어렵고 소비자들도 기존에 사용하던 제품을 습관적으로 사용하는 경향이 강하다. 시장을 나누어 관리하는 것이 오히려 경쟁력을 잃거나 비효율을 초래할 수 있는 것이다. 섬유유연제 시장에서 50%에 가까운 시장점유율을 가지고 있는 피죤은 왜 시장을 쪼개서 관리하지 않는 것일까? 아마도 섬유유연제 시장은 단일 속성 시장이기 때문이다. 즉, 시장을 쪼갤 만한 기준이 없다는 것이다. 섬유유연제는 말 그대로 섬유의 촉감을 부드럽게 하는 것이고, 그것이 제품의 본질적인 기능이다. 이 속성에 대해서 소비자들이 브랜드간 차이를 지각하지 못하기 때문에 어떤 브랜드라도 더 나은 품질을 가지고 있다고 주장하기 어렵고, 이 속성으로는 차별화가 가능하지도 않다. 그렇기 때문에 제품을 사용할 때 느껴지는 사용감 중의 하나인 '향'을 가지고 브랜드간 차이를 만들어 내고 있다.

실제 섬유유연제는 '물보다 싸다'고 할 만큼 부피에 비해 가격이 싼 제품이고 그만큼 소비자들의 관여도도 많이 떨어지는 제품이다. 그래서 소비자는 제품의 본질적인 속성에 별로 민감하지도 않고 오히려 향에 대한 개인적인 선호로 브랜드를 결정하는 경향이 생겨난 것이다. 즉, 제품의 이성적인 속성보다는 감성적인 속성이 더욱 중요하게 부각되어 버린 시장이다. 핵심 속성이 아닌 주변적 속성을 기준으로 브랜드를 선택하는 이러한 시장에서 피죤이 50%에 가까운 시장점유율을 계속 유지할 수 있는 배경은 무엇인가? 아마도 다른 제품군에서도 나타나듯이 습관적 로열티(Habitual Loyalty)가 크게 작용하고 있거나 피죤의 향이 다른 제품의 향보다 소비자들에게 익숙해 있기 때문일 것이다.

'습관적 로열티'란 별다른 문제점이 없다면 기존에 쓰던 브랜드를 그냥 사용하는 소비자의 브랜드 선택 경향을 말한다. 이러한 경향이 나타나는 이유는, 소비자들의 심리 속에는 다른 제품을 구입함으로써 발생할

차별화가 어려운 섬유유연제 시장

수 있는 위험을 줄이려는 성향이 항상 존재하기 때문이다. 이처럼 섬유 유연제 시장은 제품 특성으로 차별화하기가 어렵고 소비자의 관여도도 매우 낮으며 습관적 로열티가 강하기 때문에 새로운 진입자에 대비해 시장을 쪼개서 관리하지 않는 것이고, 쪼개서 관리할 만한 세분화 요소도 찾기 어려운 것으로 이해된다. 이러한 시장의 경우 시장을 쪼개서 관리하는 것 자체가 무의미하다.

전략노트 | 시장 세분화 정도와 시장 관리의 효율성 문제

시장 지배력을 유지하면서 체계적으로 시장을 관리하기 위해서는 세분화 정도와 관리 비용간의 트레이드오프(trade-off) 문제를 고민해야 한다. 시장을 잘게 쪼개서 관리할수록, 경쟁자로부터 공격의 위험은 적어질 수 있으나, 잘게 쪼개진 세분시장을 관리하는 데는 비용이 많이 소요된다. 즉, 세분화 정도와 관리 효율성간에 트레이드오프가 성립되는 것이다. 그렇기 때문에 시장을 어느 정도 쪼개서 관리할 것인지에 대한 최적화(Optimization) 이슈가 발생하게 된다.

시장 지배력을 가진 리더 입장에서는 경쟁이 없다면 가급적 쪼개지 않고 하나의 시장으로 관리하려고 할 것이다. 왜냐하면 하나의 시장으로 관리하면 규모의 경제(Economy of Scale) 효과를 통해 비용 경쟁우위를 누릴 수 있고, 다수의 작은 시장을 관리하는 것보다 브랜드와 시장 관리에 비용이 적게 소요될 것이기 때문이다. 하지만 단일한 시장으로 관리되는 경우는 그다지 많지 않다. 단일 시장으로 관리되는 대표적인 경우는 생겨난 지 얼마 되지 않은 미성숙 시장일 것이다. 시장의 규모가 점점 커지고 시장이 성숙해지면 경쟁자들이 하나 둘씩 시장에 들어오기 마련이다. 그들은 시장에 성공적으로 진입하기 위해 어떻게든 기존 업체와 차별화하려고 할 것이고, 그에 따라 시장은 점차 각기 다른 특징을 가진 세분시장들로 나누어지게 된다.

시장 세분화 정도는 경쟁 정도, 제품 차별화 정도에 달려 있다. 이미 경쟁이 치열한 시장은 새로 시장에 진입하려는 사업자에게 더 이상 매력적이지 않을 것이다. 왜냐하면 시장에 새로 진입하여 성과를 내는 것이 용이하지 않을 것이고, 성과를 낼 여지가 있다고 하더라도 기존 제품 대비 차별화 요소가 없다면 기존의 사업자 대비 경쟁력을 가지기 힘들어 신규 진입자로서는 승산이 없기 때문이다.

예를 들어, 화장품 시장을 살펴보면 2007년을 기준으로 시장 규모가 5조 6천억 정도로 추정되고 시장에 300여 개의 브랜드가 활동하고 있으며, 시장점유율은 리더인 아모레퍼시픽이 약 35%, LG생활건강이 약 15%이며, 더페이스샵이 5~6%로 시장점유율 1%가 넘는 회사는 20개가 되지 않는다. 반면 섬유유연제 시장은 2008년을 기준으로 시장 규모가 1,000억 정도이고 피죤이 45%, 샤프란이 30%, 옥시, 애경 등 4개 브랜드가 95% 이상의 시장점유율을 보유하고 있다. 서로 다른 경쟁 구도를 가지고 있는 두 개의 시장을 비교해 보면, 화장품 시장은 시장 규모도 크고 차별화 요소가 다양하여 수백 개 회사가 경쟁하고 있는 반면, 섬유유연제 시장은 규모도 그다지 크지 않고 향 이외에는 제품 차별화가 어려울 뿐만 아니라 관여도도 낮은 제품이기 때문에 경쟁 강도는 그다지 세지 않고 추가적인 경쟁자도 쉽게 나타나지 않는다.

결국 '각 세분시장은 진입할 만한 시장 규모를 가지고 있는가'와 '기존 업체 대비 차별화하여 경쟁할 수 있는가'에 따라 새로운 진입자의 등장 여부가 결정되므로 이미 시장에 진입한 마켓리더 역시 이러한 기준에 따라서 시장을 추가로 쪼개서 관리할 것인지를 결정해야 한다. 물론 '시장을 얼마나 쪼개서 관리해야 하는가' 혹은 '시장이 경쟁자들에 의해 얼마나 세분화될 수 있는가'의 문제는 여기서는 논외로 한다. 한편 시장을 필요 이상으로 쪼개어 관리하는 것은 비효율을 초래할 수 있다는 점에 유의해야 한다.

Case 과도한 시장 세분화로 비효율을 초래한 세탁세제 시장의 LG생활건강

필요 이상으로 시장을 나누어서 브랜드와 제품을 출시하고 관리하는 경우 실제로 세분화되지 않은 동일 시장에 자기잠식이 발생하는 두 브랜드를 운영하게 되는 비효율을 초래할 수 있다. 예를 들면, 세탁세제 시장에서 LG생활건강은 1992년 이전 '하이타이', '수퍼타이'라는 브랜드로 일반 효소시장에서 중소 기업인 애경, 옥시 등과 경쟁하고 있었으나, CJ가 일본의 라이온사와 제휴해서 '비트'라는 브랜드로 농축시장이라는 새로운 시장을 만들어 가려 하자, CJ에 앞서 '한스푼'으로 농축시장에 진입했다. 이로써 시장은 효소세제와 농축세제 시장으로 1차 분리되었다. 이후 LG생활건강은 '한스푼'이 '비트' 대비 경쟁력이 약하고 농축시장이 지속적으로 성장할 것을 예상하여 '테크'를 앞세워 농축시장을 농축표백시장으로 다시 세분화했다.

하지만 소비자들이 기존 농축제품 대비 농축표백제품의 뚜렷한 차별

과도한 시장 세분화: LG생활건강의 수퍼타이, 한스푼, 테크

성을 인식하지 못하게 되면서 LG생활건강의 '테크'는 또 다른 자사 브랜드인 '한스푼'을 자기잠식하기 시작했다. 즉, '테크'가 '한스푼'을 차츰 대체해 나간 것이다. 이러한 결과는 '한스푼'과 '테크'간에 뚜렷한 차별성이 없었고, 있다고 하더라도 소비자들이 그것을 인식하지 못했기 때문에 나타난 것이다. 결과적으로 '테크'와 '한스푼'의 차별성을 효과적으로 어필하지 못했거나 실제로 차별성이 없었다고 볼 수 있다. 세척력이라는 단일 편익만을 기대하는 저관여 카테고리인 세탁세제 시장에서 LG생활건강은 소비자의 니즈 이상으로 시장을 세분화하는 오류를 범하였고, 결국 2003년 10년 동안 유지해 왔던 '한스푼' 브랜드를 퇴출시킴으로써 비효율을 제거할 수밖에 없었다.

이처럼 다수의 브랜드를 운영하고 있는 기업의 경우, 경쟁에 대응하기 위해서 실제 소비자의 니즈가 세분화되지 않았음에도 불구하고 동일한 세분시장에 한 개 이상의 브랜드나 서로 다른 특성을 가진 제품을 운영함으로써 자사 브랜드나 자사 제품간 자기 잠식을 유발하는 비효율을 유발하기도 한다. 그렇지 않다고 하더라도 브랜드나 제품을 런칭할 당시의 시장 환경이나 소비자 니즈가 변화하여 이질화되었던 시장이 다시 동질화되는 상황이 종종 발생하기도 하기 때문에, 동일한 카테고리에 다수의 브랜드나 제품 라인을 운영하는 기업은 정기적으로 브랜드 포트폴리오 합리화를 위한 브랜드 진단을 시행하여 비효율 요소를 없애는 것이 바람직하다.

전략12 다양한 신제품을 추가하여 진입장벽을 강화하라

도전자의 공격을 사전에 차단하는 방법 중의 하나는 동일한 시장에서 다양한 신제품을 경쟁자보다 먼저 출시하는 것이다.

경쟁력을 강화해야 한다는 것은 경쟁 시장에서는 지상 과제이다. 또한 대부분의 시장은 시간이 지남에 따라 변화하기 때문에, 시장 트렌드나 환경의 변화에 의해 시장 자체의 경쟁력 요인이 변할 수도 있다. 이러한 시장의 변화를 유발하는 요인은 다양하다. 시장의 경쟁력 요인은 변화하지 않는다고 하더라도, 경쟁자와의 상대적 경쟁력이 변할 수도 있다. 시장 트렌드의 변화로 인해 소비자의 니즈가 다양해지고 리딩 브랜드가 식상해질 수도 있다. 하지만 리더는 이러한 여러 가지 변화를 감안하여 해당 시장에서 경쟁력을 지속적으로 강화해 나가야 한다.

세분시장은 어떤 특성(예를 들면 '부드러운 맛을 좋아하는', '건강에 관여도가 매우 높은', '가격과 판촉에 민감한' 등)을 기준으로 동질성을 가지는 시장으로 정의되는데, 해당 시장에서 경쟁력을 강화한다는 것은 우선적으로 동질적이라고 정의된 특성을 강화하는 것이다. 그 방법으로는 두 가지가 있다. 기존 제품으로 해당 속성을 강화한 향상된 제품을 내놓는 방법과 해당 속성을 기본으로 하는 여러 가지 제품을 출시해 해당 시장을 선점하고 경쟁자의 진입을 막는 방법이다.

우선 기존 제품으로 세분시장의 본질적인 특성을 강화해 가는 방법을 살펴보자. 즉 '더 부드러운 맛'을 제공하는 세분시장이라면, 기존 제품의 '부드러운 맛'이 강화된 향상된 제품으로 경쟁력을 강화하는 것이다. 이는 해당 시장의 대표적인 속성에서 확고한 경쟁우위를 확보하는 것이다.

해당 속성이 개선될 수 있고, 속성의 특성이 단순하면서 뚜렷한 경우에 가능한 방법이다. 예를 들어 진통제 시장과 같이 단순 기능 시장의 경우 해당 기능을 강화한 제품만이 경쟁우위를 확보할 수 있다. 세척력이 유일한 속성인 세탁세제 시장도 마찬가지로 세척력만이 경쟁우위를 확보하는 유일한 방법이다.

또 다른 방법은 해당 속성을 강화한 다양한 제품을 출시해 소비자의 다양한 니즈를 충족시키고 경쟁자가 진입하여 경쟁력을 확보할 수 있는 여지를 차단해 버리는 것이다. 보다 체계적인 방법은 해당 시장 내에서 이차적인 세분화를 하고 이를 기반으로 다양한 제품을 출시하는 것이다. 시간이 지남에 따라 소비자의 니즈가 다양해지고 기존 제품에 대해 식상함을 느끼게 되기 때문에 이차적인 세분화를 통해 소비자의 진화된 다양한 니즈를 충족시킬 수 있다. 예를 들어 '부드러운 맛' 시장의 경우 '부드럽고 고소한 맛', '부드럽고 깨끗한 맛' 등으로 2차 세분화할 수 있다.

이처럼 시장이 계속 진화하고 있거나 소비자 니즈가 다양하게 변화하는 경우, 마켓리더는 현재 단일 시장으로 인식되는 시장도 머지않은 미래에 여러 가지 세분화된 니즈가 존재하는 시장이 될 수 있음을 명심해야 한다. 따라서 시장을 효과적으로 방어하고 경쟁력을 강화하기 위해서는 다양한 제품을 추가하여 경쟁자가 차별적 경쟁력을 갖지 못하게 미리 방어장벽을 구축하는 것이 바람직하다.

특히 해당 시장이 전체 시장에서 매우 큰 비중을 차지하고 있다면 경쟁자의 위협도 항상 존재하고 소비자 니즈의 2차적인 세분화 가능성도 클 수밖에 없다. 전체 맥주 시장의 60% 이상을 차지하는 부드러운 맛 세분 시장에서 경쟁우위를 가지고 있는 하이트맥주, 라면 시장 중 매운 맛 시장을 장악하고 있는 신라면 등이 좋은 예이다. 물론 앞에서 언급한 자동차 시장이나 화장품 시장에서 추가적인 세분화 가능성이 있는 세분시장도 유사한 예가 될 수 있다.

Case 신제품을 계속 추가함으로써 진입장벽을 구축한 신라면

농심은 자사의 핵심 브랜드인 신라면의 매운 맛 시장에 매운 맛 신제품을 계속 추가하여 이 시장에서 진입장벽을 강화하고 있다. 소고기라면으로 라면 시장에 진입한 농심은 안성탕면으로 마켓리더의 자리를 구축하였고, 1986년에 출시한 신라면은 20여 년 동안 우리나라에서 가장 잘 팔리는 라면으로 사랑받고 있으며, 지금도 전체 라면 시장의 25%를 차지할 정도로 절대적인 위상을 구축하고 있다. 신라면이 처음 출시될 당시 라면 시장은 삼양라면, 소고기라면 등 순한 맛이 지배적이었으나, 한국인이 가장 좋아하는 얼큰하고 매운 맛의 신라면이 등장하면서 시장에는 새로운 맛의 기준이 마련되었고, 신라면은 그 맛으로 20여 년 동안 국민들의 입맛을 길들여 왔다. 따라서 농심의 입장에서는 소비자의 니즈가 변화하든, 경쟁자가 공략해 오든 신라면은 맛 자체를 급격히 변화시키기에

연속적인 상품 출시로 매운 맛 시장을 장악해 온 농심라면

는 위험 부담이 너무 크다. 그래서 농심은 신라면 자체의 맛을 조금씩 개선하는 노력과 더불어 '오징어짬뽕', '보글보글 찌개면', '육개장', '신라면김치' 등을 통해 매운 맛 시장에서 소비자의 다양한 니즈를 충족시키고, 경쟁 브랜드의 공략에 미리 대응했다.

전략13 경쟁자의 신시장을 열등화시켜라

경쟁 브랜드가 새로운 시장을 개척하면서 시장에 진입해 올 때, 마켓리더는 새로운 시장을 열등화함으로써 대응할 수 있다.

두부 시장에서 CJ가 식사 대용이라는 새로운 시장을 개척하며 리더를 공략한 것처럼, 경쟁자가 시장에 새로운 용도나 제품 컨셉으로 시장을 공략해 올 때, 리더는 세 가지 방향에서 전략을 구사할 수 있다.

먼저 새로운 시장이 미래에 그다지 매력적이지 않은 시장이라면 새로운 시장을 열등화시킴으로써 새로운 시장의 성장을 막아버리는 전략을 구사할 수 있다. 두 번째로 새로운 시장이 핵심 시장으로 성장하지는 않지만 시장 확대에 크게 기여할 시장이라면 이에 편승하여 시장을 확대해 가는 것이 바람직하다. 왜냐하면 마켓리더의 전략은 기본적으로 시장 점유율을 유지, 확대하는 것과 시장의 규모를 키워서 수익을 향상시키는 것, 두 가지 방향성이 있기 때문이다. 세 번째로 새로운 시장이 미래에 핵심 시장영역으로 발전할 수 있다면, 리더는 새로운 시장에 적극적으로 참여하여 도전자를 열등화시키고 경쟁우위를 확보해야 한다. 어떠한 희생이 따르더라도 도전자를 적극적으로 공략하여 경쟁적 위상 확보에 주력해야 한다.

새로운 시장 열등화하기

먼저 새로운 시장을 열등화하는 것은 새로운 시장이 미래 성장시장이 될 수 없다고 판단되는 경우에 적용할 수 있는 전략이다. 경쟁자가 새로 만들어 가는 시장에 신제품을 출시하면서 경쟁자 대비 저가격으로 대응함으로써 해당 시장을 기존 시장 대비 열등화하는 것이다. 이는 시장 자체에 대한 매력도를 하락시키고 소비자의 관심에서 멀어지게 해서 경쟁자가 해당 시장에서 경쟁력을 확보하더라도 주류 시장 진입을 어렵게 만든다. 이는 새로운 시장에서 위상을 구축해 주류 시장으로 경쟁력을 확대하려는 경쟁자의 의도를 약화시키게 된다.

즉, 경쟁자는 새로운 시장에서 성과를 거두어야만 주류시장으로 진출할 여력을 갖게 되므로 이 시장에서의 가격이나 판촉 경쟁이 크게 부담이 될 것이고, 리더는 이 시장에서 다소 손실을 감수하더라도 기존 핵심 시장에서 성과를 창출할 수 있기 때문에 기존의 시장의 성과를 유지하면서 경쟁자를 효과적으로 공략할 수 있다. 만약 새로운 시장이 미래의 핵심 시장으로 발전할 가능성이 있다면, 저가격 대응은 전체 시장을 저가격화할 가능성이 있으므로 리더에게도 부담이 된다.

새로운 시장에 편승해 시장 규모 확대하기

만약 도전자가 만든 새로운 시장이 주류 시장을 위협하지는 않지만 어느 정도 시장 규모로 성장할 가능이 있다면 이 시장에 편승하여 시장의 규모를 확대하는 전략을 구사해야 한다. 새로운 시장에 편승하여 시장 규모를 확대하는 경우, 리더의 입장에서는 크게 부담이 될 수 있다. 왜냐하면 도전자가 먼저 구축한 시장이기 때문에 확고한 경쟁우위를 확보할 수 없다면 도전자의 시장만 키워주는 결과를 초래할 수도 있고, 결과적으로 전체적인 시장 위상이 약화될 가능성도 있다는 것이다.

하지만 이 시장이 미래 핵심시장이 될 것으로 확신한다면, 시장점유율을 일부 포기하더라도 기존 시장에서 위상과 경쟁우위를 최대한 활용하는 방식으로 발 빠르게 움직이는 것이 바람직한 전략이다. 자칫 시기를 놓치면 리더가 오히려 시장의 흐름을 읽지 못하고 전통적인 시장에만 갇혀 있는 상황이 발생할 수도 있다. 시장 환경의 변화로 인해 리더가 바뀌는 사례가 적지 않는데, 대부분의 경우 리더가 소비자의 니즈와 시장의 미래 트렌드를 잘 읽지 못한 결과라고 볼 수 있다.

전략14 핵심 속성의 우위를 앞세운 경쟁자의 공략을 조기에 무력화하라

도전자 입장에서 최선의 경쟁우위 전략은 가장 핵심적인 속성에서 우위를 확보하는 것이고, 마켓리더의 입장에서는 핵심 속성만큼은 우위를 지키는 것이다.

도전자가 어떤 속성으로 시장을 공략할 것인가를 고민할 때, 가장 우선적으로 고려하는 속성은 제품의 가장 핵심적인 속성일 것이다. 말하자면 두통약은 진통 효과, 비누는 세정 효과이다. 도전자 입장에서 가장 성공적인 경쟁우위 전략은 바로 이러한 가장 핵심적인 속성에서 우위를 확보하는 것이다.

가장 핵심적인 속성을 앞세워 시장을 공략할 수 있는 경우는 두 가지가 있다. 먼저 시장이 매우 단순하여 핵심 속성 이외에 뚜렷이 차별화할 속성이 없는 경우와 마켓리더의 경쟁력이 상대적으로 약해서 핵심 속성을 공략하여 경쟁우위를 확보하려는 경우이다. 어떤 경우도 리더 입장에서는 자신의 위상을 위협하는 도전일 수밖에 없다. 핵심 속성을 직접적으로 공략하는 경우는 도전자가 막강한 자원과 역량을 가지고 있거나 경쟁력을 확보할 수 있는 속성이 매우 단순한 시장일 것이다.

따라서 도전자가 핵심속성을 공략해 오면 리더의 위상에 위협을 받거나 핵심 속성을 공유하는 경쟁자를 갖게 되는 셈이기 때문에, 조기에 이를 무력화하지 않으면 지속적으로 위협이 될 수 있다. 섬유유연제 시장에서 독점적인 위상을 가지고 있던 피죤은 LG생활건강 샤프란과 애경 쉐리의 도전을 조기에 무력화하지 못한 결과, 지금은 그들과 시장을 나누어 먹고 있다. 이후에 보다 구체적인 사례로 언급되겠지만, 옥시클린이 오랫동안 지배적인 위상을 지켜온 표백제 시장에 2003년 막강한 자금력을 가진 LG생활건강의 레모닝이 도전장을 냈을 때, 옥시가 전면적으로 대응하여 조기에 무력화한 것이 좋은 예가 된다. 두부시장에서 CJ제일제당의 야심찬 도전에 시장을 내 줄 수밖에 없었던 풀무원의 사례는 조기 무력화에 실패한 경우이다.

Case **다기능 소화제를 앞세운 경쟁자들의 도전에 대한 훼스탈 포르테의 대응**

1985년 소화제 시장에서 리더는 한독약품의 훼스탈이었으나 경쟁자들이 다기능 소화제 신제품으로 공략해 옴에 따라 상당한 수준의 시장점유율을 잃게 되었다. 한독약품은 경쟁자에 맞설 수 있을 정도의 제품 경쟁력을 가진 신제품인 훼스탈 포르테를 발빠르게 개발하여 시장을 다시 평

경쟁자의 공략에 발빠르게 대응한 훼스탈

정했다. 한독약품은 신제품으로 훼스탈의 확장 제품인 훼스탈 포르테를 출시하였는데, 경쟁사의 신제품에 비해 성능은 다소 열세였으나 소비자들이 기존 훼스탈에 대한 기본적인 신뢰가 신제품에 긍정적인 영향을 주어 성능의 열세는 문제가 되지 않았다.

훼스탈을 새롭게 브랜딩한 훼스탈 포르테는 소비자에게 소화제 시장이 새롭게 재편되었다는 인식을 주게 되어 경쟁자의 공격에 대응하면서 자사 브랜드에 오히려 새로움을 가져다주었다. 한독약품은 경쟁자 대비 우월한 제품을 만들기 위해 시간을 지체하기보다는 적정한 제품력을 가진 신제품으로 발빠르게 반격하여 경쟁자의 공격을 효과적으로 방어할 수 있었다. 이러한 결과는 기존 브랜드가 활용할 만한 브랜드 자산을 가지고 있었기 때문에 가능했다.

전략15 경쟁자가 저가로 공략해 올 땐 고가 브랜드로 대응하라

경쟁 브랜드가 저가 포지셔닝으로 공략해 올 때, 리더는 기존 브랜드로 대응하기보다는 저가 브랜드를 새로 출시하거나, 오히려 고가 브랜드를 출시하여 대응하는 것이 바람직하다.

후발 브랜드가 시장의 리더를 공략하는 가장 손쉬운 방법은 저가 포지셔 닝으로 공략하는 것이다. 소비자에게는 동일한 상품에 대해 가격의 이점을 어필하여 가격 민감층을 유인할 수 있으며, 경쟁 측면에서는 리더가 쉽게 대응하지 못하기 때문이다. 즉, 리더가 취할 수 있는 방법은 가격할인에 준하는 판촉 활동을 통해서 경쟁자의 가격 경쟁력을 무력화하는 것이다. 짧은 기간 동안의 판촉 전개로 경쟁자를 물리칠 수 있다면 다행이지만, 대부분의 경우 저가 포지셔닝으로 시장을 공략하는 경쟁자들은 리더의 판촉대응을 예상하고 있을 것이다. 만약 가격할인에 필적할 만한 판촉이 오랫동안 지속된다면 리더 브랜드의 이미지 자체가 하락할 위험이 있고 또한 소비자들이 판촉에 민감해져서, 판촉하지 않을 때에는 구매하지 않으려고 하는 경향이 생겨나게 된다. 그러므로 리더는 저가 포지셔닝으로 공략해 오는 경쟁자에 대한 즉각적인 대응이 어려운 것이다.

저가 포지셔닝 공략에 대한 효과적인 대응 방법은 새로운 저가 제품 라인으로 대응하는 것이다. 그렇다면 기존 브랜드의 라인확장(Line Extension)으로 대응할 것인가, 아니면 저가의 신규 브랜드를 출시할 것인가? 동일한 브랜드로 저가 제품을 출시할 경우, 기존 브랜드의 이미지를 훼손할 우려가 있다. 일반적인 브랜드 전략 수립 시에도, 저가 제품으로의 제품확장은 이러한 이유 때문에 금기시하는 것이다. 따라서 대안은

	저가 시장이 기존 시장을 잠식할 우려가 큰 경우	저가 시장이 기존 시장을 잠식할 우려가 크지 않은 경우
저가 시장이 매력적인 경우	저가 신규 브랜드 출시 측면 공격(Flanking) 전략	저가 신규 브랜드 출시
저가 시장보다 고가 시장이 더 매력적인 경우	고가 시장에 확장 제품 출시	

경쟁 브랜드가 저가로 공략해 올 때의 대응 방안

새로운 저가 브랜드를 출시하여 대응하는 것이다.

리더가 새로 저가 브랜드를 출시한다면 두 가지 전략적 대안이 있다. 하나는 저가 브랜드를 출시하여 도전자의 저가 제품을 기존 시장과는 다른 저가 시장 제품으로 격하시키는 방법이다. 리더가 가지고 있던 기존 시장과는 별개로 새로운 저가 시장을 형성하게 하고 리더의 새로운 저가 제품으로 도전자의 저가 제품에 대응하게 하는 것이다. 시장을 분리해 신규 저가 브랜드로 대응함으로써 리더는 기존 시장을 보호할 수 있을 뿐만 아니라 도전자의 저가 공세로부터 핵심 브랜드를 안전하게 지킬 수 있다. 또 다른 대안은 저가 브랜드를 단지 경쟁자 방어만을 목적으로 런칭하는 것이다. 이러한 전략을 측면공격(Flanking) 전략이라고 한다.

장기적으로 볼 때 저가 시장이 매력적인 시장이고 기존 시장을 크게 잠식하지 않는다고 판단되면, 저가 브랜드를 출시하여 단기적으로는 경쟁자를 적극적으로 방어하고, 장기적으로는 시장을 확대하는 데 활용할 수 있다. 즉 저가 브랜드 출시는 경쟁 브랜드를 저가 시장에 국한된 브랜드로 전락시키면서 경쟁 브랜드가 기존 핵심 시장에 접근하는 것을 효과적으로 막아 준다. 또한 수직적으로 두 개의 세분시장으로 나누어 관리함으로써 장기적으로 시장을 확대하는 효과를 거둘 수 있다.

반대로 저가 시장이 장기적으로 매력적이기는 하나 기존 시장을 크게 잠식하는 시장이라면, 리더가 보유하고 있던 기존 시장의 일부가 저가 시장으로 유입되기 때문에 시장점유율을 그대로 지킨다고 하더라도 전체적인 성과는 하락하게 될 것이다. 그러므로 저가 시장을 성장시키기보다는 시장의 성장 자체를 막는 것이 리더에게는 더 바람직하다. 이 경우 리더는 측면공격 전략을 사용할 수 있다. 새로 출시한 저가 브랜드를 경쟁자를 죽이기 위한 목적으로 사용하는 것이다. 즉, 브랜드 이미지를 고려하지 않고 판촉, 가격할인 등을 활용해 적극적으로 경쟁자를 방어하고 심지어 공략하고, 그럼으로써 궁극적으로 경쟁자를 시장에서 축출시켜 버리는 것이다.

또한 경쟁 브랜드가 저가로 공략해 올 때, 오히려 고가 제품으로 라인을 확대하여 대응하는 방법도 있다. 저가 시장보다는 고가 시장이 보다 매력적이라고 판단되는 경우, 리더는 동일한 브랜드로 고가 제품 라인을 추가함으로써, 고가 시장을 선점할 기회를 가질 수 있으며, 이를 통해 기존 브랜드의 이미지 역시 상승시킬 수 있다. 저가 시장이 매력적이지 않기 때문에 경쟁 브랜드의 잠재 경쟁력은 그다지 크지 않으며 대신 리더는 새로운 시장확대 및 시장 위상 확보의 기반을 마련할 수 있다.

전략16 경쟁자의 다른 핵심 제품군을 공략하라

후발 브랜드 공격으로부터 브랜드를 지키기 위해서는 공략해 오는 제품군의 브랜드만 생각하지 말고, 후발 공격자의 다른 핵심 제품군을 공략함으로써 브랜드를 지킬 수도 있다.

경쟁이란 동일 카테고리 내의 브랜드간 경쟁이 가장 기본적이다. 하지만 우리나라의 경우만보더라도 단일 카테고리에서 경쟁 관계에 있는 기업들도 있지만, 다수 카테고리에서 경쟁 관계를 형성하고 있는 기업들도 많이 볼 수 있다. LG생활건강, 애경, 아모레퍼시픽, 피죤 등의 기업은 샴푸, 세제, 치약, 칫솔, 섬유유연제 등 한 개 이상의 생활용품 분야의 카테고리에서 경쟁을 한다. 삼성전자와 LG전자는, 휴대폰, TV, 냉장고, 에어

컨 등 전자 제품 분야의 다양한 카테고리에서 경쟁하고 있다. 또한 CJ제일제당, 풀무원, 대상 등은 식품 분야의 다양한 카테고리에서 상호 경쟁을 한다.

그렇다면 왜 기업들 간에는 다수 카테고리에서 경쟁을 하게 될까? 기업들이 사업을 확장할 때 기존 사업과 유사한 영역이나 관련된 영역으로 사업을 확장하는 것이 성공 확률이 높기 때문이다. 브랜드를 확장할 때 컨셉이 동일(Concept Consistency)하고 소비자들의 인식 상 유사하다고 인식하는 카테고리(Category Similarity)로 확장하는 것이 가장 성공 확률이 높은 것과 마찬가지로, 사업을 확장할 때도, 동일한 브랜드를 사용하지 않는다고 하더라도, 기존 사업 카테고리와 유사한 카테고리로 확장하는 것이 성공 확률을 높일 수 있기 때문이다.

유사한 카테고리로의 확장이 성공 확률을 높일 수 있는 이유는 제품을 제조하는 기술이나 제조 과정상의 유사성도 존재하지만 제품 사용자나 제품 구매자가 동일하기 때문이다. 소비자들은 자신이 선호하는 브랜드나 기업에서 생산하는 유사 제품에도 긍정적인 관심을 갖는다.

유사한 업종에서 경쟁하는 기업이 특정 카테고리에 도전해 올 때, 해당 카테고리의 경쟁만을 생각하는 것은 매우 근시안적이다. 도전해 오는 카테고리에 대해 맞대응하기보다는 오히려 도전 기업의 가장 핵심적인 사업 카테고리를 공략하는 것이 보다 효과적이다.

Case 세탁세제 시장을 방어하기 위해 표백제 시장을 공략한 LG생활건강

옥시는 표백제 시장에서 독보적인 경쟁력을 자랑하는 '옥시크린'의 후광을 업고 세탁세제 시장에 '파워크린'을 출시하여 LG생활건강의 세탁세제 시장을 위협했다. 이러한 공세는 다국적 기업인 레킷 벤키저(Reckitt Benckiser)가 옥시를 인수하면서 더욱 거세어졌다. LG생활건강은 세탁세제 시장에서 옥시의 공세에 직접적으로 대응하기보다는 옥시의 핵심 사업 영역인 표백제 시장을 공략하는 쪽을 선택했다. 2003년 1월 레몬 표백을 컨셉으로 한 '레모닝'을 출시하여 세탁세제 시장을 우회적으로 방어하는 한편 표백제 시장에서 새로운 기회를 찾기 위해 옥시크린에 도전장을 낸 것이다.

막강한 마케팅과 영업력을 앞세운 LG생활건강의 전면적인 공세에 옥시는 수단과 방법을 가리지 않고 필사적 방어에 나섰다. 옥시로서는 표백제 시장이 회사의 핵심 사업 영역으로 절대 잃을 수 없는 시장이었기 때문이다. 결과적으로 LG생활건강의 '레모닝'은 그다지 성공적이지 못했다. 나중엔 '레몬크린'으로 브랜드명을 변경하고 가격할인에 나섰지만, 옥시의 필사적인 방어에 LG생활건강은 2007년 '레몬크린'을 시장에서 철수시키기에 이르렀다.

레모닝/레몬크린의 실패 원인 중 하나는 옥시크린보다 고가격 전략을 구사했기 때문이다. 소비자가 옥시크린 대비 고가격을 지불하고 오랫동안 써 오던 옥시크린을 대체할 만큼 레모닝/레몬크린의 차별성이 뚜렷하지 않았다. 또한 브랜드력이 강한 옥시의 적극적인 공세에 맞서 브랜드 포지셔닝 구축을 위한 일관성 있는 커뮤니케이션을 전개하지 못하고

세탁세제 시장을 지키기 위해 표백제 시장을 공략한 LG생활건강: 레모닝과 레몬크린

가격할인 등 판촉 경쟁에만 치우친 것도 실패 이유라 할 수 있다. 결과적으로 수년이 지난 후에도 브랜드 포지셔닝이 형성되지 않았다.

비록 LG생활건강은 표백제 시장을 성공적으로 열지는 못하였으나 레모닝/레몬크린을 통해 옥시의 세탁세제 시장 공격을 어느 정도 저지하는 효과를 거두었다. 세탁세제, 표백제 등 생활용품 산업처럼 대부분 경쟁 기업들이 동일한 다수의 카테고리를 운영하고 있는 경우에는, 경쟁자가 공략해 오는 카테고리가 아닌 경쟁자의 다른 핵심 카테고리를 공략함으로써 공략해 오는 카테고리를 방어하는 경우가 적지 않다. 특히 공략해 오는 카테고리가 경쟁자의 핵심 카테고리가 아닌 경우에 더욱 우회 공략의 성공 가능성이 높다.

Case 측면공략으로 코카콜라를 앞지른 펩시

도전자의 입장이고 직접적인 공격은 아니었지만 정면대결보다 측면공략법을 사용한 또 하나의 대표적인 사례는 펩시이다. 브랜드 가치 측면에서는 여전히 코카콜라가 순위평가에서 1위를 차지하고 있고, 콜라 제품 매출만으로 볼 때 코카콜라가 펩시보다 앞서지만 전체 매출 기준으로는 2004년, 시가총액과 순이익 기준으로는 2006년에 펩시가 코카콜라를 넘어섰다.

펩시는 한때 제품의 맛 측면에서 코카콜라와 정면승부를 벌이기도 했다 블라인드 테스트 결과 펩시를 선호하는 소비자가 더 많았는데, 실제 판매에 있어서는 성과를 거두지 못했다. 왜냐하면 소비자들은 맛의 차이보다는 코카콜라 브랜드를 선호하는 경향이 강했기 때문이다. 이후 펩시는 콜라 단일 매출로는 코카콜라를 넘어설 수 없었기 때문에, 스낵, 유통 사업 등을 통해 코카콜라를 넘어서려고 했다. 펩시는 탄산음료 이외에 스낵과 유통 사업 등이 전체 매출의 80%정도를 차지하는 반면 코카콜라는 여전히 탄산음료가 매출의 80%를 차지하고 있다. 펩시는 시장에서 열등화되어 가는 탄산음료 대신 다른 분야의 비중을 높여감으로써 우회적으로 코카콜라를 넘어설 수 있었던 것이다.

전략17 무대응이 오히려 효과적일 수 있다

후발 브랜드의 공격이 시장의 핵심을 건드리는 것이 아니라면 대응하지 않는 것도 좋은 대응 방법이 된다.

코카콜라는 펩시콜라의 '다이어트 펩시'로 다이어트 시장을 공략해 왔을 때, 무려 10년 이상 대응하지 않고 다이어트 시장의 성장 추이를 지켜보고 있었다. 코카콜라는 15년이 지난 후에야 '다이어트 코크'로 다이어트 시장에 진입하였으며 다이어트 시장에서도 여전히 리더의 위상을 지켜갔다.

도전자의 시장 공략에 마켓리더가 대응하지 않는 이유는 두 가지가 있다. 하나는 도전자의 공격이 주류 시장에 크게 영향을 미치지 않을 것으로 보이고 향후 시장 잠재성도 크지 않을 것으로 예상되기 때문이다. 다른 하나는 도전자의 공략이 핵심 시장에 영향을 미치고 향후 잠재성이 있다고 하더라도 자사가 도전자에 비해 경쟁력이 취약하거나 단기간에 경쟁력을 확보할 수 없기 때문이다. 섣부른 대응은 오히려 돌이킬 수 없는 결과를 낳을 수 있다.

또한 마켓리더 입장에서는 도전자의 공격에 매번 대응할 수도 없지만,

대응하는 경우와 대응하지 않는 경우 모두 주의해야 할 점이 있다. 니치 마켓이나 떠오를 가능성이 있는 초기 시장을 공략하는 도전자에 대응할 경우, 오히려 도전자가 만들어 가는 시장을 키워주는 결과를 초래할 수도 있다. 시장 잠재성이 크지 않은 시장이라면 굳이 시장의 존재를 인정할 필요는 없다. 또한 향후 잠재성이 큰 시장이라고 하더라도 자사 입장에서 도전자 대비 확고한 경쟁우위를 확보할 때까지 타이밍을 조절할 필요가 있다. 즉, 경쟁력이 확보되는 시점까지 기다렸다가 도전자를 철저히 공략하여 시장을 확실히 선점하는 것이 바람직한 전략이다.

도전자의 공격에 대응하지 않는 것이 오히려 불편한 상황을 야기할 수도 있다. 도전자가 자칫 리더가 대응할 의지가 없는 것으로 오판하여 강하게 마케팅 드라이브를 걸어올 수도 있기 때문이다. 이런 상황은 리더 입장에서 성가실 수밖에 없다.

도전자의 공격을 방어하는 최선의 방법은 도전자가 공격해 올 의지를 사전에 꺾어 버릴 만큼 막강한 방어장벽을 쌓는 것이다. 그래도 도전자가 공격해 온다면 핵심 시장에 미치는 영향력, 해당 시장의 잠재성 그리고 해당 시장에서 자사의 경쟁력 수준 등을 고려하여 바람직한 대응 방안을 선택해야 할 것이다.

Case 카스의 부드러운 맛 공략에 대응하지 않은 하이트

맥주 시장에서 하이트와 카스는 오랜 라이벌이다. 여전히 하이트가 카스를 앞서고 있지만 카스의 위상이 조금씩 그리고 지속적으로 강화되고 있는 추세이다. 두 브랜드의 대표적인 차이점은 하이트가 모든 연령층이 선호하는 맥주라면 카스는 상대적으로 젊은 층이 선호하는 맥주이고, 하이트가 부드러운 맛의 맥주라면 카스는 톡 쏘는 맛의 맥주로 인식되어 있다는 것이다. 이처럼 맥주 시장은 크게 두 브랜드에 의해 양분되어 있으며, 두 브랜드 모두 자신들이 갖지 못한 시장을 공략하고자 하지만 적극적으로 공략하지 못하는 것도 사실이다.

양사간의 과거 경쟁의 행적을 살펴보면, 먼저 레귤러 맥주 시장에서 OB는 2006년 11월 기존의 '카스프레쉬'보다 다소 도수가 낮은 '카스아이스라이트'를 출시했다. 제품 컨셉은 저탄수화물 맥주로서 포만감이 적고 맛이 부드럽다는 것이다. 이 제품은 한편으로는 젊은 층, 특히 젊은 여성층을 겨냥하는 것이면서 다른 한편으로는 간접적으로 부드러운 맥주 시장에 살짝 발을 들여 놓는 것이었다.

하이트에서는 '카스아이스라이트'에 대한 대응 전략을 모색하고 있었는데, 결국 저칼로리 시장에 대응할 제품을 이미 준비해 둔 상태임에도 불구하고 신제품 출시를 하지 않기로 했다. 제품 컨셉 측면에서 니치 제품으로 판단되었기 때문이다.

출시 1년 4개월이 지난 2008년 3월에 시장점유율은 1.3%를 기록함으로써 니치 시장 공략에는 어느 정도 성공했다고 볼 수 있으나, 부드러운 맛 시장을 위협하는 제품이 되지는 못했다. OB는 또한 2008년 3월 천연 레몬 과즙을 함유한 3.9도의 '카스레몬'을 프리미엄 시장에 출시하여 부드러운 맛 시장을 공략하고자 했다. '카스레몬'은 젊은 층의 맥주라는 카스의 포지셔닝을 강화하는 것과 저도주화를 통해 부드러운 맛 시장에 접근한다는 두 가지 목적을 갖고 있었다. 하지만 OB는 '카스레몬'을 통해 기존 카스 이용자의 로열티를 강화하는 효과를 거두었을지 모르지만 부드러운 맛 시장에 접근하지 못했다.

OB가 카스 브랜드의 확장 제품을 출시하는 동안, 하이트는 OB의 공세에 대응하기보다는 기존 브랜드를 리뉴얼하여 재활성화하고 하이트 브랜드 역시 리뉴얼하여 새로움(Newness)을 전달하는 등 내부 다지기를 하며 독자적인 길을 갔다. 먼저 2006년 9월에 당시 3% 정도의 시장점유율을 기록하고 있는 '하이트프라임'의 리뉴얼을 단행했다. '하이트프라임'은 출시 당시 하이트보다 10% 가격이 높은 프리미엄급으로 출시되었지만 소비자에게 제품에 대한 차별점을 명확히 전달하지 못했기 때문에 시장 성과가 매우 취약했다. 결국 '하이트프라임'의 가격을 레귤러 제품의 수준으로 인하하였으나 가격 질서가 붕괴되는 결과를 가져왔을 뿐, 유통점에서는 '하이트'와 동일시되어 입점이 허용되지 않았다. 결국 '하이트프라임'은 더 이상 성장하지 못했다. 가격 전략과 브랜드 전략의 실패 그리고 컨셉의 불명확성으로 인해 출시 3년이 지난 2006년에도 3%의 시장점유율을 차지하는 데 그쳤다.

하이트는 2006년 9월 '하이트프라임'을 리뉴얼해 재출시하기로 결정했다. '100% 보리로 만든 제품'이라는 뚜렷한 제품상의 차별성이 있다고 판단했기 때문이다. '100% 보리로 만들어 맛 있는 맥주'라는 새로운 컨셉을 도입하고 하이트와 분리하기 위해서 '하이트프라임'을 '맥스'로 브랜드명을 변경했다. 리뉴얼된 '맥스'는 시장점유율이 점진적으로 상승하여 2008년 3월 4.3%의 시장점유율을 기록하였고, 급격한 변화는 아니지만 지속적으로 성장을 이어가고 있다.

또한 하이트는 전체 시장의 12~13%를 차지하는 프리미엄 시장에서

하이트프라임을 리브랜딩한 맥스

에스필을 리브랜딩한 'S'

5.6%의 시장점유율을 차지하고 있던 '엑스필'을 재활성화하기 위해 리뉴얼을 단행했다. 2005년 당시 '엑스필'은 소비자의 인식 속에 브랜드 자산이 거의 남아있지 않았고, 따라서 브랜드명을 포함하여 컨셉에 이르기까지 전면적으로 리뉴얼할 필요가 있었다. '식이섬유를 함유하여 부드럽고 깔끔한 맛의 맥주'라는 컨셉으로 브랜드명도 '(엑스필) S'로 변경했다. 또한 하이트 브랜드도 2006년 소폭 리뉴얼에 이어 2008년 5월 대폭적인 리뉴얼을 단행했다.

하이트와 OB의 브랜드 운영에는 큰 차이가 있다. 우선 하이트는 별도의 세분시장에 독립적인 브랜드를 운영하는 개별 브랜드 전략(House of Brand)을 사용하는 반면, OB는 카스 브랜드의 확장을 통해 다양한 세분시장을 공략하고 있다. 즉, 하이트 브랜드는 1개의 제품만 가진 반면 카스 브랜드는 '카스프레쉬', '카스레드', '카스아이스라이트', '카스레몬' 등 4개의 제품을 운영하는 통합 브랜드 전략(Branded House)을 사용한다. 또한 OB는 소비자의 웰빙 트렌드에 따라 다양한 신제품을 출시하는 반면 하이트는 신제품보다는 기존 브랜드를 재활성화하는 데 전략의 초점을 맞추고 있다. OB의 신제품 공세에도 불구하고 하이트가 대응하지 않는 것은 OB의 신제품들이 시장의 핵심을 위협하지는 못한다고 판단했기 때문이다.

시장 개척자 이점(Pioneer Advantage)

소비재 산업에서 시장에 가장 먼저 진입한 브랜드나 기업이 후발 진입한 브랜드나 기업보다 높은 시장점유율을 보유하고 있는 것은 매우 일반적인 상황이다. 연구에 따르면, 시장 진입 순서와 시장점유율간의 상관 관계는 시장점유율과 ROI(Return on Investment) 관계만큼이나 강한 연관성을 보인다는 것이 지배적인 결론이다. 반면 통계에 의하면, 시장 개척자의 약 50%가 실패했는데, 이는 선 진입 자체만으로는 성공을 보장하지 않는다는 것을 의미한다. 또 다른 연구결과에 따르면, 시장의 성장기를 주도하는 브랜드나 기업(Early Leader)의 성공 가능성이 시장 개척자의 성공 가능성보다 더 높은 것으로 나타났다. 시장에 먼저 진입한 기업이 시장 개척자의 경쟁우위를 유지하려면 지속적으로 기술을 개발하고 시장과 소비자의 변화에 대해 효과적으로 대응하면서 확고한 포지셔닝과 굳건한 진입장벽을 구축해야만 한다.

먼저 새로운 시장에 진입할 것인가의 문제는 기업의 존속과 성패에 있어서 매우 중요하다. 신시장의 개척자가 되는 것은 비용도 많이 들고 위험 부담도 크다. 하지만 그 만큼의 보상이 따르기도 한다. 로빈슨과 포넬(Robinson and Fornell)[1]의 연구에 따르면, 시장 개척자는 후발 진입자보다 원자재 공급을 더 원활하게 받을 수 있고, 제조원가도 더 낮출 수 있으며, 더 많은 소비자 정보를 확보할 수 있다. 또한 품질상의 우위를 확보할 수 있고, 다양한 제품 라인을 구축할 수 있으며, 유통을 선점할 수도 있다. 이것이 바로 시장 개척자의 이점이다. 즉, 시

1　Robinson, William and C. Fornell(1985), "Source of Market Pioneer Advantages in Consumer Goods Industries." J of Marketing Research (August), 305-17.

장 개척자는 후발 진입자보다 주요 경쟁 요소에 있어 우위와 소비자 정보에 있어 우위를 누리기 때문에 경쟁의 유리한 고지에 차지하게 된다.

반대로 리버만과 몽고메리(Liberman and Montgomery)[2]의 연구에 따르면, 후발 진입자가 기술이나 포지셔닝 그리고 브랜드 명성에 있어 경쟁우위를 가지고 있다면, 시장 개척자는 개척자의 이점을 가질 수 없다고 한다. 시장 개척자가 시장점유율에서 장기적인 우위를 가진다는 것이 대부분 연구들의 결론이다. 하지만 그러한 연구들은 연구 대상에서 시장에서 사라진 기업들을 배제한 경우가 많아서 잘못된 결론에 도달했을 수 있다.

시장 개척자 이점의 근간은 대체로 소비자 측면과 생산자 측면에서 살펴볼 수 있다. 먼저 소비자 측면에서 보면, 새로운 카테고리의 신제품을 처음 사용하고 만족하게 된 소비자는 일반적으로 다른 제품보다 그 제품에 특별한 호감을 갖는다는 데 있다. 특히 신제품 카테고리의 경우, 경험해 본 제품에는 확신을 갖지만 경험해 보지 않은 제품에는 확신이 없기 때문에 그런 경향이 강하게 나타난다. 또한 시장 개척자는 소비자가 그 제품을 평가하는 데 직접적인 영향을 미칠 수 있다. 즉 시장 개척자의 제품을 시장의 표준으로 인식하게 할 수도 있고 그렇게 인식될 가능성이 높다. 그리고 시장 개척자는 대체로 시장의 가장 중요한 영역이나 타겟에 대해 포지셔닝을 선점하여 높은 수익을 올릴 수 있고, 고객의 브랜드 전환비용을 높게 하여 고객을 고착시킬 수도 있다.

생산자 측면에서 보면, 시장 개척자는 규모의 경제를 통한 비용 구

---

2 Lieberman, M. B. and D. B. Montgomery(1988), "First-Mover Advantage." Strategic Management Journal, 9(Summer), 41–58.

조상의 우위, 기술 선도, 한정된 자원에 대한 선점 효과 등의 이점을 누릴 수 있다. 시장 개척자가 가질 수 있는 이러한 이점들은 경쟁자들이 시장에 진입하는 것을 어렵게 만든다.

종합적으로 살펴보자면, 시장 개척자가 시장 초기에 사용 경험을 확산하여 소비자의 제품 선택 기준을 개척자에게 유리하게 만들고, 핵심 시장을 선점하고, 고객의 브랜드 전환비용을 높이는 것 등은 후발 진입자에 대한 진입장벽을 구축한다. 그리고 이것이 바로 시장 개척자의 성공에 있어서 중요한 열쇠가 된다. 후발 진입자는 이러한 장벽을 해소할 수 있는지를 면밀히 검토한 후 시장에 진입할 것인가를 결정해야 한다.

시장 개척자 불이익(Pioneer Disadvantage)

대표적인 시장 개척자 불이익은 후발 진입자가 오히려 적은 비용으로 시장 개척자의 기술 수준을 가질 수도 있다는 것이다. 이를 무임승차(Free-rider) 효과라고 한다. 왜냐하면, 신기술은 초기 개발비용보다 모방비용이 훨씬 적기 때문이다. 더구나 후발 진입자는 시장 개척자가 이미 개발한 기술을 기반으로 시장 개척자보다 더 향상된 기술 수준을 더 저렴한 비용으로 개발할 수도 있다. 즉 기술 이전(Shift in technology)의 문제이다.

두 번째 불이익은 소비자 선호가 변화할 수 있다는 것이다. 시장의 트렌드나 소비자 기호가 변화하여 소비자의 선호기준이 바뀌게 되면 오히려 후발 진입자에게 더 좋은 기회가 될 수 있다.

세 번째 불이익은 시장에 진입해 있는 기존 기업은 타성에 젖어 있어 시장의 우위를 지키기 위한 투자를 등한시할 가능성이 있다는 것이다. 시장 개척자는 뚜렷한 경쟁자가 없을 때, 수익을 극대화하기 위해서 비용을 줄이고 투자를 줄이는 경향이 있다.

네 번째 불이익은 시장 개척자가 이상적인 포지셔닝을 못하고 있거나 포지셔닝이 넓게 퍼져 있을 때, 후발 진입자가 가장 핵심적인 시장을 집중 공략하여 이상적인 포지셔닝을 구축할 수도 있다는 것이다. 시장 개척자가 새로운 포지셔닝으로 변경하기 위해서는 오히려 막대한 투자가 필요하기 때문이다.

다섯 번째 불이익은 규모성으로 인해 시장 변화에 신속하게 대응하거나 적응하기 힘들다는 것이다.

골더와 텔리스(Golder and Tellis)[3]가 약 50개 제품군의 500개 브랜드를 대상으로 한 연구 결과에 따르면, 시장 개척자 중 약 47%가 시장에서 실패를 했고 시장 개척 기업의 시장점유율 평균은 약 10%로 매우 낮았으며, 생존한 시장 개척 기업의 평균 시장점유율을 보더라도 19% 정도 수준이었다고 한다. 반면에 시장의 초기 성장기에 시장 개척자보다 시장점유율이 높았던 후발 진입자의 절반 이상이 리더 자리를 유지하고 있었고, 그들의 시장점유율은 평균은 28%이며, 실패율도 8%에 불과했다고 한다. 후발로 진입하여 성공한 리더들은 시장 개척자들보다는 수년 후에 그 시장에 진입한 것으로 분석되며, 그들은 시장을 면밀히 검토한 후 진입하여 수개월 혹은 수년간 기존 기업들과 싸운 것으로 보인다.

그렇다면 후발로 진입한 리더들은 왜 성공할 수 있었던 것인가? 그들은 핵심적인 시장 기회를 찾아내는 능력을 가지고 있었고, 그 시장에 진입하기 위해 막대한 자원을 투입할 의지를 가지고 있었다. 사실상 후발 기업이 시장 성장기에 진입하여 성공하는 경우는 대부분 진

---

[3] Golder, P. N and G. J. Tellis(1993),"Pioneer Advantage: Marketing Logic or Marketing Legend?" J of Marketing Research (May), 158-170.

입 당시 이미 규모가 커진 시장에 진입했기 때문이다.

결론적으로, 시장 개척자가 여러 가지 이점을 가지고 있는 것은 사실이지만 소비자와 시장 환경의 변화를 주시하고, 기술을 개발하고, 시장의 핵심 포지셔닝을 선점하고, 시장 진입장벽을 구축하는 노력을 지속적으로 경주하지 않는다면 리더의 지위를 유지해 나갈 수 없다. 뿐만 아니라, 과거보다 경쟁 환경이 치열해지면서 시장 선 진입의 이점은 점점 더 줄어들고 있다. 시장을 개척하고 시장의 표준을 자사에 유리하도록 만드는 지속적인 노력만이 시장 리더의 위상을 보증할 수 있다. 반대로 후발 도전자는 선발 리더가 갖는 불이익을 전략적으로 활용한다면 효과적인 도전 전략을 수립할 수 있을 것이다.

1. 신규 경쟁자가 뛰어들어 수익을 남길 수 있거나 경쟁력을 확보할 여지가 있는 세분시장이 있는가?

2. 서로 다른 특성으로 정의될 수 있는 세분시장이 몇 개 정도 있는가? 그중에서 전체 시장의 10% 이상을 차지하는 크기의 세분시장에 대해 효과적으로 대응하고 있는가? 세분시장 관리가 효율적인가?

3. 자사의 핵심 세분시장의 규모가 경쟁자가 공략해 올 만큼 매력적인가? 2차적인 시장 세분화가 가능한 시장인가?

4. 경쟁자가 새로운 시장을 개척하고 있는가? 그렇다면 경쟁자가 새로 개척하는 시장이 미래 성장성이 있는 시장인가? 그 시장은 자사가 경쟁우위를 확보하기 용이한가?

5. 경쟁자의 공략은 자사의 핵심 시장을 겨냥하고 있는가? 자사의 핵심시장에 영향을 줄 것으로 예상되는가?

6. 경쟁자가 저가로 공략해 오는가? 그렇다면 시장을 저가 시장과 고가 시장으로 분리할 수 있을까? 저가 시장이 기존 시장을 크게 잠식할 가능성이 있는가?

7. 경쟁자가 공격해 올 때, 경쟁자의 다른 사업을 우회 공격하여 더 효과적으로 대응할 수 있는가? 경쟁자의 어떤 사업 영역을 건드리면 가장 효과적으로 그들의 공격을 저지할 수 있는가?

04
어떻게 시장 위상을 유지하고 성과를 확대할 것인가

Leaders' Market Position & Performance Management

마켓리더는 시장을 체계적으로 관리하고 경쟁자의 공격에 대응하는 방안을 마련하는 것 외에도 장기적 관점에서 시장 위상을 유지하고 성과를 확대하는 방안을 모색해야 한다. 시장의 위상을 유지하기 위해서 리더는 고객의 잠재의식 속에 감춰져 있는 니즈를 찾아내어 고객에게 새로운 가치를 제공하는 혁신을 보여주어야 한다. 변화 없이 고여있는 시장은 매력도가 하락하며, 시장의 매력도가 떨어지면 리더의 지위나 위상도 하락하는 것이 자명하다.

시장이 정체되어 있지 않고 역동적으로 움직일 때, 시장은 훨씬 매력적이고 잠재성이 커 보인다. 그리고 그 시장의 리더는 정체 시장의 리더보다 더 강하고 위력적으로 보인다. 따라서 리더는 지속적으로 새로운 가치를 창출하고 새로운 시장 기회를 모색하여 시장이 역동적으로 움직이도록 이끌어가야 한다. 시장이 매력적이어야 그 시장의 리더도 그 만큼 매력적이 되기 때문이다.

이 장에서는 차별화를 통해 시장 위상을 유지하는 전략과 새로운 고객 가치를 창출하고 새로운 시장 기회를 모색하면서 지속적으로 성과를 확대하는 전략을 소개하도록 한다.

전략18 확고한 브랜드 이미지를 구축하라

브랜드 이미지는 브랜드 연상과 브랜드에 대한 소비자 인식을 포함한다. 브랜드 연상은 소비자와의 관계를 나타내고 다른 브랜드와 차별화된 핵심 이미지 요소이다. 브랜드 연상을 긍정적으로 유지하려면 소비자 인식이 체계적으로 관리되어야 한다.

브랜드에 대한 소비자들의 연상(Association)과 브랜드에 대한 소비자들의 인식(Perception)으로 설명되는 브랜드 이미지는 브랜드 선호의 기반이 되고 구매 결정과 매우 밀접한 상관성을 갖는다. 브랜드 이미지 중에서도 특히 브랜드 연상은 소비자 관계의 정도(Bond)나 질(Quality)을 보여주는 중요한 요소이다. 소비자와 브랜드의 관계가 바로 관련성(Relevance)이고, 이러한 관계가 잘 표현된 것이 브랜드 연상이다. 브랜드 연상, 즉 브랜드 관련성은 소비자들 개개인의 취향과 경험에 따라 서로 다른 연상, 때로는 독특한 연상으로 나타나기도 한다.

브랜드 진화론에 따르면, 브랜드는 사람과 마찬가지로 탄생에서부터 성장과 죽음에 이르는 라이프사이클을 가지고 있다. 브랜드가 노후화되지 않고 활력을 유지하기 위해서는 핵심 소비자를 중심으로 한 브랜드 관련성(Brand Relevance)을 유지해야 한다. 그리고 소비자가 자신의 브랜드라고 느끼는 것은 그 브랜드만의 독특한 이미지가 있기 때문이다. 브랜드 이미지란 브랜드의 색깔이고 아이덴티티이며, 다른 브랜드와 구별해 주는 가장 핵심적인 요소이다. 따라서 리딩 브랜드는 마켓리더의 위상을 획득하면서 구축해 온 브랜드 이미지의 핵심을 유지하고 강화해야 한다. 마켓리더의 입장에서 소비자들에게 연상되는 이미지는 이미 경쟁 브랜드보다 선호되는 이미지이므로 브랜드 연상 이미지를 더욱 강화함으로

써 확고한 차별성을 유지할 수 있다. 다만 시장이나 소비자 트렌드의 변
화에 대응하여 브랜드 이미지의 주변적 요소를 소비자의 감성에 맞게 조
정하는 것에도 늘 신경을 곤두세워야 한다.

브랜드 이미지를 관리한다는 것은 브랜드 연상 이미지를 강화하는 것
이외에도 소비자의 브랜드에 대한 인식을 관리하는 것이다. 왜냐하면 브
랜드 인식이 부정적으로 변화하면 브랜드 연상 이미지 또한 무너질 수밖
에 없기 때문이다.

2009~2010년에 있었던 도요타의 대량 리콜 사태를 생각해 보자. 이
사건은 소비자들의 도요타 품질에 대한 신뢰에 큰 상처를 남겼다. 그리
고 도요타에 대한 브랜드 연상 또한 부정적인 영향을 받지 않을 수 없었
다. 브랜드에 대한 인식을 관리한다는 것은 제품이나 서비스의 품질에
대한 인식 이외에 제품 품질, 전통성 등을 통한 브랜드에 대한 신뢰성, 다
른 브랜드와의 차별성, 혁신성 등 브랜드 접촉 경험을 통해 인식된 모든
이미지들을 관리하는 것을 의미한다.

Case 컨셉 변경으로 확고한 브랜드 이미지를 구축한 말보로

브랜드 컨셉을 변경하여 리딩 브랜드가 된 사례가 있다. '남성의 상징'으
로 인식되고 있는 말보로는 원래 여성용 담배였다. 1920년대 말보로가
처음 출시되었을 때, 주 고객은 남성이 아니라 여성이었다. 당시 말보로
는 타르와 니코틴 함량이 낮았기 때문에 여성 담배로 인식되었으며 여성
들의 립스틱 자국을 가려주기 위해 빨간색 필터가 붙어 있었다. 1950년
대 들어서자 담배의 유해성이 사회적 이슈로 대두되고, 매출이 하락하기
시작했다. 시장조사를 한 결과, 여성 시장이 더 이상 성장하지 않을 것이
라는 예측이 나왔다. 말보로를 인수한 필립모리스는 2차 대전에 참전했
던 화이트컬러층을 주 타겟으로 설정하고 남성적인 이미지와 강렬한 남

성의 아이덴티티를 강조하는 포지셔닝으로 브랜드 컨셉을 변경하는 리포지셔닝을 단행했다. 필립모리스는 '말보로 컨추리(Marlboro Country)'라는 테마를 만들고 '말보로맨(Marlboro Man)'이라 불리는 카우보이로 브랜드를 의인화하는 등 야생미 넘치는 남성다움을 브랜드의 개성으로 발전시켜나갔다. 광고 역시 말보로를 피움으로써 남성으로서의 만족을 얻게 된다는 내용을 담았다. '말보로맨'이 처음 소개된 1955년 말보로 매출은 전년 대비 3,000% 이상 성장하였으며, 매년 급격한 성장을 거듭했고 1972년에는 세계에서 가장 많이 팔리는 담배로 성장하였다.

여성용 담배였던 말보로가 정반대로 포지셔닝을 변경하고도 어떻게 성공할 수 있었을까? 저타르 저니코틴의 특성을 가지면서도 어떻게 남성들에게 어필할 수 있었을까? 당시 미국은 여성해방 운동이 활발하였고 여성들이 남성과 동등해지려는 심리를 가지고 있었기 때문에 오히려 여성들은 말보로가 여성 담배의 이미지를 가지고 있을 때보다 더 선호하였다. 그 당시 여성 시장에 집중한 담배는 거의 없었다. 그리고 말보로가 저타르 저니코틴의 특성을 가졌지만 남성적인 브랜드 이미지를 가지고 있어 남성들에게 어필할 수 있었다.

말보로가 리더의 자리를 차지하고 그 자리를 오랫동안 유지할 수 있었던 것은 브랜드 리포지셔닝을 통해 미국 남성의 가치를 상징하는 브랜드로 확고히 자리 잡았기 때문이다. 그 과정에서 브랜드의 핵심적 연상인 남성성을 강조하는 독특하고 차별화된 메시지가 수십 년 동안 일관되게 전달되었다.

 # 혁신을 통해 새로운 고객 가치를 제공하라

마켓리더가 시장의 리더십을 유지하기 위해서는 혁신을 통해 소비자가 공감할 수 있는 새로운 고객 가치를 제공해야 한다.

소비자들은 제품이나 서비스를 구매하는 것이 아니라 해당 제품이나 서비스가 전달해 주는 가치를 구매하는 것이다. 소비자가 특정 제품을 다른 제품보다 더 선호하고 그 제품을 구매한다는 것은 다른 제품에 없는 독특한 가치가 있기 때문이다. 차별화란 경쟁 브랜드와 다르게 인식되는 그 브랜드만의 고유하고 우월한 고객 가치를 갖는 것을 말한다. 아무리 경쟁 브랜드와 다르다고 하더라도 소비자가 지각하지 못하거나, 소비자가 공감하지 못하는 가치는 차별화된 가치가 아니다. 시장에 획기적인 신제품으로 출시되었다가 곧 바로 사라져 버린 많은 제품들이 있는데, 일부는 기술적으로 뛰어나지만 고객이 원하고 공감하는 가치를 제공하지 못했고, 또 일부는 새롭게 제공된 가치가 고객이 원하는 다른 가치에 부정적 영향을 끼쳤기 때문이다. 고객 가치란 어떤 제품이나 서비스를 소비할 때 지불하는 비용 대비 고객이 얻게 되는 편익을 말하며, 편익에는 제품의 기능적인 편익뿐만 아니라 감성적인 편익과 상징적인 편익 등도 포함된다.

$$\text{고객 가치} = \frac{\text{고객 총 편익}}{\text{비용}}$$

고객 가치를 향상시키기 위해서는 기본적으로 편익을 향상시켜야 하지만 편익을 향상시키지 못하더라도 지불하는 비용이 적으면 고객 가치가 올라간다. 그럼 고객 가치 향상을 위한 다양한 시도들과 실제로 고객 가치 향상에 성공한 사례를 살펴보자.

2001년 9월, 대우전자는 세계 최초로 세제를 사용하지 않는 세탁기를 '마이더스'란 이름으로 선보였다. 이 획기적인 신제품은 세제를 사용하지 않는다는 점만으로도 관심을 끌기에 충분했지만 결과적으로는 성공적이지 못했다. 세제를 사용하지 않기 때문에 수질오염을 줄일 수 있어 매우 친환경적인 제품이다. 세제를 사용하지 않기 때문에 물 소비도 줄일 수 있고 세제 찌꺼기 등으로 인한 피부 질환을 줄일 수 있다는 장점도 있었다.

그런데 이 제품은 왜 성공하지 못했을까? 가장 큰 문제는 세탁 품질에 대한 불신이다. 소비자는 여러 가지 세제를 사용해 본 경험으로 세제 없이도 세제를 넣은 것과 같은 세척력을 확보할 수 있다는 회사측의 주장을 신뢰하지 못했다. 두 번째는 가격이 일반 세탁기의 두 배 정도여서 세제와 물을 절약한다고 하더라도 그러한 가격을 지불하기에는 부담스러웠다. 결국 소비자가 추가적으로 지불하는 비용 대비 얻는 혜택이 크지 않았기 때문에 결국 단종되고 말았다. 획기적인 기술을 도입한 제품임에는 분명하지만 고객에게 제공하는 가치가 명확하지 않았던 것이다. 세탁이 더 잘되는 것도 아니고, 세제와 물을 절약할 수 있지만 제품 구입 비용이 너무 부담스러웠기 때문에 소비자는 그 가치에 공감을 갖지 못했다. 즉, 사용자에게 편익을 제공하지 못했던 것이다.

2006년 세계적인 담배회사인 RJ 레이놀즈(RJ Reynolds)는 '연기 안 나는 담배'를 개발해서 시판했는데, 채 1년도 안 되어 시장에서 사라지고 말았다. 언뜻 보면 연기가 안 나면 매우 좋을 것 같지만, 흡연자 입장에서는 크게 혜택이 없거나 오히려 부정적으로 인식될 수 있다. 흡연자들에게 있어 담배를 피우는 기쁨 중의 하나는 연기를 내 뿜으면서 스트레스를 날

연기 안 나는 혁신적인 담배, NJoy

려버리는 것이다. 연기가 나지 않는 담배는 담배가 주는 혜택, 소비자가 담배로부터 느낄 수 있는 혜택을 없애버린 것이다. 연기가 나지 않는 담배는 흡연자를 위한 것이 아니라 비흡연자를 위한 것이다. 그렇다고 담배를 피우지 않던 사람이 연기 안 나는 담배를 구매해서 사용할까? 물론 흡연에 대한 부정적인 인식이 확산되고 간접 흡연이 사회적 이슈가 되고 있기 때문에, 2006년과 달리 2010년인 지금은 '연기 안 나는 담배'가 소비자의 공감대를 형성할지도 모르는 일이다.

카페라떼와 커피우유는 맛과 성분이 비슷한 제품인데, 단지 포장용기로 인해 이미지의 차이가 발생한다. 소비자들은 커피우유보다는 카페라떼를 마시면서 자신이 업그레이드된 느낌을 갖게 되고 그 대가로 추가적인 가격을 지불한다. 그것이 바로 고객이 지각하고 공감한 가치이다. 물론 소비자마다 취향이 다르기 때문에 카페라떼의 가치를 지각하거나 공감하지 못하는 소비자들도 있다. 그들은 당연히 추가적인 가격을 지불하면서까지 카페라떼를 선택하지는 않을 것이다.

2010년 6월 휴대폰 시장은 스마트폰 경쟁으로 뜨겁다. 6월 8일 스티브 잡스는 네 번째 업그레이드된 i-Phone 4G를 출시한다고 발표했다. 같은 날 삼성은 Galaxy S의 출시를 발표하여 이 시장의 경쟁을 더욱 뜨겁게 달구었다. 특히 i-Phone 4G와 Galaxy S는 우열을 가리기 힘들 정도로 매우 진화된 제품들이다. 애플의 i-Phone은 i-Pad, i-Tunes Store, i-Mac, i-Pod 등을 수직적으로 결합하면서 지속적으로 추가적인 고객 가치를 창출해 왔으며, 삼성은 스마트폰 카테고리에 옴니아 시리즈와 갤럭시 시리즈를 출시하면서 수직적인 결합을 통해 고객 가치를 창출하고 있다.

i-Phone은 출시되기 이전부터 30만 대가 사전 예약될 만큼 인기가 대단했다. i-Phone은 여러 가지 문제점이 보도되었음에도 불구하고 i-Phone을 좋아하는 마니아층이 두텁게 형성되어 있다. i-Phone과 Galaxy S는 각각 소비자들이 지각하고 공감하는 차별적 가치를 제공하고 있으며, 업체간 경쟁우위를 확보하기 위한 치열한 경쟁이 예상된다. 이러한 경쟁의 결과는 그들이 고객에게 제공하는 가치의 향상으로 나타날 것이다.

이처럼 시장의 리더는 시장의 트렌드를 주도하고 고객이 지각할 수 있고 공감하는 새로운 가치를 지속적으로 창출함으로써 차별적 경쟁우위를 유지하고 강화할 수 있어야 한다. 또한 리더 기업은 경쟁 기업 대비 차별적 우위를 확보하는 제품이나 서비스를 만드는 것뿐만 아니라 자사의 기존 제품이나 서비스를 스스로 보잘것 없게 만드는 새로운 혁신을 지속적으로 창출해 나가야 한다. 또한 현재를 기준으로 더 나은 제품을 만들기보다는 미래 지향적인 제품을 만들도록 노력해야 한다. 그것이 고객에게 획기적으로 새로운 가치를 제공하고 경쟁자가 따라오기 힘들게 만드는 방법이기 때문이다.

혁신 과정에서 브랜드 일관성을 유지하라

새로운 가치를 전달하는 혁신적인 제품이라고 하더라도, 제품 특성과 브랜드의 핵심 가치가 일관성이 있어야만 제품의 가치도 상승한다. 강력한 브랜드라고 하더라도 브랜드 컨셉이 흐려지면 브랜드력도 약화되기 때문이다.

제품의 혁신 과정에서 제품의 기능이나 편익, 가치가 특성화된다. 새로운 혁신 제품에 어떤 브랜드를 도입할 것인가를 결정하는 가장 중요한 기준은 신제품이 제공하는 소비자 편익이나 가치가 기존의 브랜드 컨셉(Brand Concept)[1]과 일관성을 갖는가이다. 동일한 브랜드를 사용한다는 것은 해당 제품들이 동일한 특성을 가지고 있다는 것을 의미하며, 그것을 브랜드 컨셉이라 부른다. 새로 개발된 제품의 특성은 이 제품에 도입하려고 하는 브랜드의 특성과 일관성이 있어야 한다. 브랜드 컨셉은 소비자의 인식속에 자리잡고 있는 연상으로 나타난다. 신제품에 부여된 브랜드를 연상하면서 소비자는 제품의 특성을 이해한다. 만약 소비자 인식상의 브랜드 특성과 제품의 특성이 다르다면, 혁신적인 제품이라고 하더라도 제품의 특성을 효과적으로 전달할 수 없다. 뿐만 아니라 브랜드를 연상하면서 다른 특성을 경험하게 되면 소비자가 해당 브랜드에 대해 인식하고 있던 연상이 흐려지게 마련이다. 이는 제품과 브랜드 모두에 부정적인 영향을 미치게 된다.

브랜드가 왜 중요하고 어떻게 관리해야 하는지에 대한 명확한 인식이

---

1 브랜드 컨셉이란 브랜드가 전달하고자 하는 핵심적인 가치를 함축적으로 표현한 개념이다. 브랜드 포지셔닝, 브랜드 커뮤니케이션, 브랜드 네임, 디자인, 브랜드 로고, 심벌 등 브랜딩 요소가 전달하고 표현하는 핵심 개념이다, 브랜드 에센스(Brand Essence)라고 부르기도 한다.

없었던 1990년대까지만 해도 우리나라에서는 대부분 새로운 제품에는 새로운 브랜드를 도입하는 것이 일반적이었다. 1990년대 후반 IMF 경제위기를 겪으면서 브랜드의 중요성이 강조되었고, 무분별한 브랜드 양산이 마케팅의 비효율을 초래한다는 사실을 깨닫기 시작했다. 또한 시장의 경쟁이 더욱 치열해짐에 따라 신제품이 성공할 확률이 점차 줄어들게 되었다. 이러한 영향으로 기업들은 신제품에 대해 가급적 신규 브랜드를 도입하기보다는 기존에 쌓아 온 브랜드 평판을 이용하여 신제품의 실패 가능성을 줄이려는 인식이 강해지기 시작했다. 2000년 이전에 브랜드 남발(over-issue)이 문제되었던 것과 마찬가지로 2000년 이후에는 브랜드 남용(mis-use)이 문제되고 있다.

어떤 브랜드나 제품이 시장에서 성공을 거두게 되면, 더 많은 성과를 창출하기 위해 초심을 잃는 경우가 많다. 여기서 말하는 초심이란 초기 전략, 즉 초기에 수립한 브랜드나 제품의 컨셉, 포지셔닝, 타겟을 지칭한다. 특히 리더의 위상을 차지하고 나면 더 큰 성과를 거두기 위해서 확장을 시도하게 된다. 확장은 제품 확장, 카테고리 확장 그리고 타겟 확장이 대표적이다. 제품, 카테고리, 타겟을 확장해 가는 경우 대부분은 제품과 타겟의 특성을 고려하지 않은 채, 확장된 제품에도 동일한 브랜드를 사용하는 경우가 많다. 확장된 제품이 브랜드 컨셉과 일관성이 있다면 별 문제가 없지만 서로 다른 특성을 가진 제품에 동일한 브랜드를 사용하여 소비자 인식상에 혼란을 유발하여 제품 특성조차 제대로 전달하지 못하는 오류를 범하게 된다.

특히 혁신적인 신제품인 경우 그 제품의 혁신성이 바로 새로 전달하려는 가치이기 때문에, 기존 브랜드와 그 새로운 가치가 일관성이 있는지를 반드시 점검해야 한다. 만약 그렇지 않다면, 그 제품의 특성에 맞는 새로운 브랜드를 도입하는 것이 바람직하다.

한국인삼공사의 대표 브랜드는 정관장이며 이 회사 제품의 90% 이상이 이 브랜드로 판매되고 있다. 정관장은 프리미엄 홍삼 엑기스로 인식되어 있지만 홍삼 음료, 홍삼 젤리, 홍삼 캔디 등에까지 정관장 브랜드를 사용하고 있다. 대부분의 제품에 정관장 브랜드를 사용하는 이유는 정관장 브랜드로 신제품을 출시할 경우 신규 브랜드를 사용하는 것보다 성공확률이 높기 때문이다. 정관장의 브랜드 컨셉은 '(전통을 계승한) 고품격 명품 홍삼'으로, 장인정신과 세계적인 명품의 최고급 이미지를 표방하고 있다. 그렇다면 브랜드 확장의 기본 원칙을 적용해 보자. '카테고리 유사성'과 모 브랜드와 확장 제품간 '컨셉 부합성'인데, 음료, 젤리, 캔디는 홍삼이라는 동일한 원료를 사용한다는 점에서는 정관장 엑기스와 유사성을 갖지만 이들 제품에는 홍삼의 함유량이 매우 적고 효능에 대한 기대치 또한 그다지 크지 않다. 그렇기 때문에 소비자들이 정관장 엑기스 제품과 음료, 젤리, 캔디 제품을 동일한 카테고리로 인식하지는 않을 것이고, 정관장 브랜드를 사용하더라도 정관장 컨셉의 핵심인 명품 이미지를 가질 수 없다. 따라서 이들 제품은 정관장 브랜드의 컨셉을 희석시킬 가능성이 높다.

지금 당장은 정관장 브랜드를 활용해 매출 성과를 창출할 수 있겠지만, 중장기적으로는 '명품 홍삼'으로서 정관장에 대한 연상은 흐려질 수밖에 없다. 브랜드 확장으로 해당 브랜드가 사용되는 제품의 폭이 넓어지면 원래 가지고 있던 브랜드의 독특성(originality)이 상실되고, 결과적으로 브랜드 자산가치가 하락하게 된다.

또 다른 예로서, CJ제일제당 햇반의 브랜드 컨셉은 '집에서 만든 것 같은 정성이 담긴'이다. 햇반 브랜드 하에 검정콩밥, 흑미밥, 발아현미밥 등 다양한 밥 재료로 제품을 확장하였고 밥과 대체성이 있지만 밥을 재료로 하는 죽[2] 카테고리와 즉석덮밥, 즉석국, 그리고 쌀 카테고리까지 제품을 확장하였다. 여기에도 브랜드 확장의 기본 원칙을 적용해 보자. 햇반은 밥 카테고리로서, 흑미밥, 발아현미밥 등 다양한 원료의 밥과는 카테고리가 유사하다. 하지만 죽이나 쌀도 같은 카테고리로 인정할 것인가? 쌀은 밥을 만드는 재료이고 죽은 쌀을 기반으로 만들어지는 것이기 때문에 폭넓게 정의하면 유사한 카테고리로 간주할 수 있다. 다음은 컨셉의 일관성이다. 햇반의 '집에서 만든 것 같은 정성이 담긴' 컨셉이 죽과 쌀에도 적용될 수 있을 것인가? 죽은 어느 정도 컨셉과 일관성을 가질 수 있지만 쌀은 햇반의 컨셉과 일관성이 없어 보인다.

쌀이나 죽보다 더 문제가 되는 것은 즉석국밥과 즉석덮밥으로의 확장이다. 소비자 인식상 즉석밥인 햇반은 그다지 즉석식품(인스턴트 식품)으로 인식되지 않는 반면, 국밥과 덮밥은 즉석식품으로 인식이 매우 강한 카테고리이고, 이 카테고리는 건강에 좋지 않다는 인식과 연결고리가 강하게 형성되어 있다. 소비자 인식을 근거로 판단해 보면, 편의점이나 집 등에서 간편하게 한끼를 해결할 수 있는 국밥과 덮밥이 '집에서 엄마의 정성으로 만든' 햇반 이미지에 부정적인 영향을 미칠 수도 있다. 'Ready to Eat'보다는 'Ready to Cook'을 선호하는 최근의 소비자 트렌드에 비추어 보면 햇반의 국밥과 덮밥은 'Ready to Cook' 특성을 보강해 이미지의 부정적 희석을 상쇄하는 것이 햇반의 브랜드 이미지 관리에 바람직할 것이다.

---

2 햇반 단호박죽, 햇반 단팥죽 등 쌀을 원료로 하지 않은 죽 제품들도 출시 되고 있다.

본아이에프는 2002년 죽 전문 프랜차이즈인 '본죽'으로 처음 시장에 진출하여 2007년에는 '본비빔밥'으로 프랜차이즈 사업을 확장하였다. 최근에는 농식품부가 지원하는 '한식 세계화'에 발맞추어 해외 확장을 추진하여, 2005년에는 일본, 2006년에는 미국, 2008년에는 베트남과 중국에 진출하였다. 본아이에프는 '정성과 사랑으로 건강을 디자인하는 외식문화 선도 기업'으로 비전을 설정하고 2008년에는 한국 고유의 면요리 전문점인 '본국수대청'으로 사업 영역을 확장하면서 웰빙음식의 프랜차이즈화를 지속적으로 추진하고 있다.

본비빔밥이 탄생하기 전까지만 해도 본아이에프는 죽 전문 프랜차이즈를 운영하는 회사 정도로 인식되었지만 차츰 '한국 전통 웰빙 음식'을 전문으로 하는 프랜차이즈 기업으로 영역을 확장하고 있다. 본아이에프의 사업확장은 '본'이라는 대표 브랜드의 확장으로 볼 수 있다. '본'은 초기에 '죽' 카테고리로 인식이 강하게 형성되어 있으나 '전통 웰빙'이라는 새로운 아이덴티티를 기준으로 컨셉의 일관성을 유지하면서 사업을 확장하고 있기 때문에, 확장을 통해 '본' 브랜드의 이미지가 희석되기보다는 더 구체화되고 있다고 볼 수 있다.

사업 영역을 확장하는 과정에서 발생할 수 있는 브랜드 컨셉의 확장은 사업과 브랜드의 확장 범위가 무분별하지 않다면 브랜드가 시장에 안착하는 과정에서 당연히 거쳐가야 할 하나의 단계로 이해되어야 한다. 그

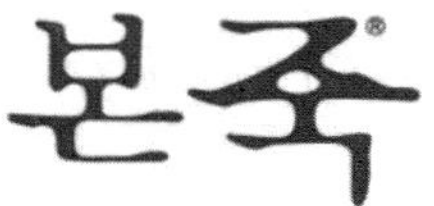 

본아이에프의 '본' 브랜드 확장

렇지 않다면 브랜드의 일관성 유지가 사업 자체의 확장을 필요 이상으로 제한할 수도 있고, 자칫 기존 브랜드의 컨셉을 보호하기 위해서 신규 브랜드를 남발하는 결과를 초래할 수도 있다.

본아이에프의 경우 '본죽'에서 '본비빔밥'과 '본국수대청'으로 확장할 때, 서로 다른 컨셉으로도 해석 가능하므로 '본'이 아닌 다른 브랜드를 도입할 수도 있었을 것이다. 또한 한국인삼공사의 경우, 브랜드 수가 너무 많아져서 브랜드 관리 및 마케팅 비효율성 문제가 발생한다면 정관장 브랜드의 컨셉 희석 문제보다 더 심각할 수도 있다.

브랜드의 일관성을 유지하는 것과 새로움이나 혁신을 추구하는 것은 상반된 이슈처럼 보인다. 일반적으로 브랜드의 일관성을 유지하다 보면 진부해지고 혁신성이나 새로움이 떨어질 수 있기 때문이다. 이는 브랜드 혁신이 브랜드의 핵심 가치, 즉 브랜드 컨셉을 변화시키는 것이라는 사고에 바탕을 두고 있기 때문이다. 브랜드 컨셉의 변화는 브랜드가 진화하는 과정의 일환으로 보일 수도 있고, 자칫 변화의 정도가 크면 소비자들의 인식 속에 기존 브랜드의 연상이 멀어져서 더 이상 그 브랜드가 아니라고 생각될 수도 있다.

반면에 브랜드의 일관성을 유지한다는 것을 잘못 해석하면 브랜드 컨셉을 변경시키지 않고 유지하는 것으로 해석될 수도 있다. 일반적으로 브랜드 혁신은 시장이나 경쟁 환경의 변화에 따라 브랜드에 새로움을 주고 시장 환경에 맞게 브랜드 컨셉을 조정해 가는 것이다. 즉, 브랜드 컨셉의 핵심을 유지하되 '변화된 타겟'이 수용할 수 있는 컨셉으로 시대와 상황에 맞게 재해석하고 변화시키는 과정을 의미한다.

따라서 브랜드 컨셉의 일관성을 유지하는 것과 새로움과 혁신을 추구하는 것은 반드시 상반된 이슈가 아니다. 일반적으로 브랜드 컨셉이 일관성 있게 유지되고 있는지는 브랜드 커뮤니케이션 활동을 통해서 손쉽게 확인할 수 있다. 왜냐하면 소비자 입장에서 브랜드를 가장 직접적으로 그리고 빈번하게 접촉할 수 있는 매개는 광고 등의 커뮤니케이션 활동이기 때문이다.

 브랜드 컨셉을 혁신하면서도 일관성을 유지해 온 카스맥주

브랜드의 일관성을 유지한다는 것은 브랜드 컨셉에 국한된 이슈는 아니다. 타겟을 일관성 있게 유지하는 것 또한 매우 중요한 이슈이다. 왜냐하면 마케팅에서 전략의 핵심은 타겟과 포지셔닝(컨셉)이기 때문이다. '타겟의 일관성 유지'라는 이슈는 앞서 언급된 '변화된 타겟'이라는 개념으로 설명될 수 있다. '변화된 타겟'이란 타겟의 정의가 변화된 것을 의미하지 않는다. 정의는 동일하지만 시대와 시장 환경에 따라 타겟의 특성이 변화할 수 있다는 것을 의미한다.

동일한 타겟을 유지하면서 타겟의 변화된 감성에 잘 접근하여 브랜드의 핵심 컨셉을 일관성 있게 전달해 온 대표적인 예가 '카스맥주'이다. 카스맥주는 십 수년 동안 커뮤니케이션 타겟[3]을 20대, 특히 대학생에 집중하였다. 또한 2001년부터 '톡 쏘는 상쾌한 맛'을 전달하는 '톡'이라는 독특한 개념을 창조하여 지속적이고 다양한 방법으로 커뮤니케이션해 왔다. 2001년부터 '나는 톡', 2002년에는 '톡, 내가 살아 있는 소리, 내가 살아가는 방식', 10년이 지난 지금까지 '톡(TOK)!의 열기 속으로', '짜릿한 이 순간 톡! 카스' 등 일관된 커뮤니케이션을 하고 있을 뿐만 아니라, 각 시기 20대 타겟의 감성에 맞게 새로운 의미를 부여하고 있다. 최근에는 심지어 홈페이지의 구성요소들도 모두 '톡'을 달고 있다.

하이트맥주의 '맥스(Max)'는 '100% 보리와 캐스케이드(Cascade) 호프'

3　물론 커뮤니케이션 타겟과 브랜드 타겟은 다를 수 있다. 하지만 커뮤니케이션 타겟이 바로 그 브랜드가 공략하고자 하는 가장 핵심적인 타겟 집단임은 분명하다.

를 사용한 깊고 풍부한 맛의 맥주'라는 컨셉 하에 '맛있는 맥주'라는 특성을 지속적으로 강조하고 있다. 맥스는 '다양한 음식에 어울리는 맥주', '맛있는 아이디어', '맥주 맛에 눈을 뜨다' 등 다양한 방법으로 핵심적인 개념을 일관성 있게 전달하고 있다.

그렇다면 어떻게 일관성을 유지할 수 있을까? 시대와 시장의 경쟁 환경이 변함에 따라 브랜드 컨셉은 진화가 필요하다. 브랜드 컨셉이 일관성 있게 적용되지 않는 두 가지 대표적인 상황을 알아보자. 먼저 브랜드의 리포지셔닝을 위해서 브랜드 컨셉의 변화가 반드시 필요한 상황이 있다. 많은 소비자들을 보유하고 있는 리딩 브랜드라면 가급적 기존 브랜드 컨셉과의 연계성을 최대한 확보하는 방향[4]에서 컨셉 변화를 모색해야 한다. 세계적인 브랜드인 코카콜라도 '뉴코크'를 출시하면서 '맛'과 브랜드까지 급격히 변화시켜 소비자에게 외면을 당하는 어려움을 겪었다.

브랜드 컨셉이 일관성 있게 적용되지 않는 두 번째 상황은 브랜드 적용에 대한 체계적인 기준이 마련되어 있지 않거나 그러한 기준이 있다 해도 잘 지켜지지 않는 경우이다. 실제로는 첫 번째 상황보다는 오히려 두 번째 상황이 훨씬 더 많이 발생한다. 두 번째 상황을 제거하기 위한 일차적인 조치는 브랜드 컨셉 적용에 대한 체계적인 기준을 마련하는 것이다. 이것이 브랜드 아이덴티티 체계인데, 최근 들어 브랜드를 중시하는 기업들은 앞다투어 브랜드 아이덴티티 체계(Brand Identity System: BIS)를 마련하고 있다.

브랜드 아이덴티티는 브랜드를 관리하는 입장에서 창조하고자 하는 브랜드 연상 이미지(Association)로서, 기업이 브랜드를 통해 표현하려고 하는 목표 이미지이다. 그리고 그러한 브랜드 아이덴티티의 핵심을 함

---

[4] 리더이지만 브랜드 재활성화(Revitalization)가 필요할 정도로 남아있는 브랜드 자산이 없는 경우는 새로운 브랜드 컨셉을 구축해야 한다.

축적으로 표현한 것이 브랜드 에센스(Brand Essence)이다. 브랜드 아이덴티티 체계는 제품, 조직, 서비스, 매장 등 다양한 고객 접점에서 브랜드의 핵심 개념(Brand Essence)을 어떻게 일관성 있게 전달할 것인가를 정의해 놓은 것으로, 브랜드의 핵심 가치와 개념을 나타내는 핵심 아이덴티티(Core Identity)와 이를 표현하는 요소들을 구체화한 확장 아이덴티티(Extended Identity)로 구성된다.

사실 과거와 달리 인터넷이 발달하면서 매체가 다양해지고 소비자들이 접하게 되는 메시지의 숫자도 기하학적으로 늘어나서 웬만큼 강한 인상을 주는 메시지가 아니면 소비자들의 기억에 남아있기 힘든 환경이다. 따라서 최근에 기업들은 여러 가지 메시지를 전달하기보다는 하나의 메시지라도 잘 전달하려고 한다. 고객의 기억 속에 남아있는 메시지가 되려면, 메시지 자체가 매력적이어야 할 뿐만 아니라 메시지가 반복적이고 일관성 있게 전달되어야 한다.

소비자와 커뮤니케이션하는 환경의 변화로 인해, 최근 들어 브랜드 아이덴티티 체계의 중요성이 강화되고 있다. 결국 브랜드 아이덴티티 체계는 브랜드 아이덴티티를 적용하기 위한 기준을 제공하는 체계로서, 브랜드 아이덴티티를 일관성 있게 유지하는 장치가 된다.

결론적으로 최근 기업들이 브랜드 아이덴티티 체계에 관심을 갖는 이유는 브랜드 마케팅의 효과성과 효율성 때문이다. 일관된 메시지를 반복적으로 전달하여 소비자의 인식속에 각인시킴으로써 마케팅 효과를 제고하는 것이고, 여러 가지 메시지를 전달하기보다는 하나의 통일된 메시지를 각인시킴으로써 마케팅의 효율성을 확보할 수 있기 때문이다.

브랜드 커뮤니케이션의 일관성을 유지함으로써 커뮤니케이션 비용을 효율화하는 데는 시간이 소요된다. 맥주 시장의 카스와 맥스처럼 오랜 기간에 걸쳐 일관성 있는 커뮤니케이션을 전개하는 노력을 통해, 브랜드 컨셉이 명확한 브랜드를 육성할 수 있고 그 결과로 브랜드 커뮤니케이션 비용을 절감하여 효율성을 강화할 수 있는 것이다.

이러한 일관성 있는 활동을 통해 마케팅 효율성의 이점을 얻고 있는 브랜드의 예는 다양하다. 1979년에 출시되어 진통제 시장에서 강자가 된 게보린의 경우, '한국인의 두통약, 게보린', '맞다! 게보린'이라는 일관된 커뮤니케이션을 통해 사리돈을 제치고 리더의 위상을 차지하였으며, 30년 가까운 지금까지도 동일한 컨셉의 커뮤니케이션을 전개하고 있다. 동일한 컨셉뿐만 아니라 핵심 메시지, 과거에 사용했던 광고 음악, 로고송 등을 사용하는 경우, 과거 기억을 통해 인지도를 확보하고, 브랜드의 역사성을 통해 신뢰를 형성할 수 있으며, 향수를 불러일으켜 브랜드에 대한 애호도를 형성할 수 있다.

1970년에 출시되어 지금까지 사용되고 있는 '12시에 만나요. 부라보 콘~', '오동통통 쫄깃쫄깃 농심~너구리', '너구리 한 마리 몰고 가세요' 등 과거의 연상을 자극하고 일관성을 유지하는 차원의 광고가 최근에 많이 눈에 띈다. 특히 최근 동아오츠카의 '오란씨'는 1986년부터 CF로 나갔던 CM송 "하늘에서 별을 따다 하늘에서 달을 따다 두 손에 담아 드려요. 아름다운 날들이여 사랑스런 눈동자여 오오오오 오란씨, 오란씨 파인"을 리바이블해서 광고에 활용하고 있다.

1. 강력한 브랜드 구축을 위한 기초이고 근거가 된다. 브랜드 아이덴티티란 기업이 목표 고객에게 심어 주고자 하는 바람직한 이미지로, 경쟁 브랜드와 차별화된 브랜드 아이덴티티의 개념을 명확히 함으로써 강력한 브랜드 구축의 기초가 된다.

2. 일관된 커뮤니케이션 활동의 가이드라인 역할을 한다. 브랜드 아이덴티티는 마케팅 커뮤니케이션 활동의 방향을 제시하며, 일관성 있는 메시지를 전달할 수 있게 하는 가이드라인이 된다.

3. 체계적인 브랜드 관리의 기준이 된다. 브랜드 아이덴티티에 기반하여 브랜드 지향 방향성에 적합한 활동과 그렇지 않은 활동에 대한 판단 기준을 제시해 준다.

4. 내부 구성원에게 브랜드가 추구하려는 가치를 명확히 전달한다. 브랜드 아이덴티티에 기반하여 내부 구성원 모두가 브랜드가 지향하는 방향을 공유함으로써, 브랜드 마케팅 관련 의사 결정의 효율성을 제고할 수 있다.

5. 브랜드 아이덴티티의 실현으로 궁극적으로 소비자의 브랜드 로열티를 제고할 수 있다. 브랜드 아이덴티티는 브랜드가 전달하고자 하는 핵심적인 개념을 소비자가 쉽게 이해할 수 있게 하여, 소비자 태도를 호의적으로 변화시키거나 구매환기 효과를 가져옴으로써 궁극적으로 브랜드 로열티를 제고시킨다.

수직 확장을 통해 수익성을 확대하고 이미지 노후화를 차단하라

성숙 시장에서 오랫동안 안정적으로 리더의 자리를 유지해 왔다면, 축적된 브랜드 자산을 활용한 수직적인 브랜드 확장을 통해 수익성을 확대하고 브랜드 이미지의 대중화나 노후화를 사전에 예방할 수 있다.

시장이 성숙기에 접어들면 시장의 경쟁 구도는 안정화되어 간다. 시장이 안정화된다는 것은 두 가지 의미를 갖는데, 시장 규모가 일정하게 유지된다는 것과 시장의 경쟁 구도가 어느 정도 안정적으로 유지된다는 것이다. 이러한 상황에서 마켓리더의 당면 과제는 추가적인 성과를 창출하는 것과 브랜드가 노후화되거나 식상해지는 것을 차단하는 것이다. 시장이 성숙기에 접어들었다는 것은 제품에 대한 신규 수요보다는 재구매 중심의 수요가 형성되고 있고 제품의 구매 패턴도 안정화되었다는 것을 의미한다. 따라서 물량적인 측면에서 시장의 규모는 큰 변동이 없으며, 다만 이 시기의 시장 성장은 제품 단가 상승에 의한 금액 측면의 성장으로 설명될 수 있다.

금액 시장의 성장은 일반적으로 물가 인상 등의 요인에 의해 제품 가격이 인상되거나 제품의 고급화로 가격을 상승시킨 결과로 나타난다. 금액 시장의 성장을 유도하는 또 다른 방법은 제품을 수직적으로 확장하여 고가 제품 혹은 고가 라인을 만들고, 그쪽으로 수요를 유도하여 제품 가격을 상승시키는 것이다. 이는 고가 제품으로 라인을 대체하는 경우와 기존 라인을 유지하면서 고가 라인을 추가하는 경우가 있다.

CJ제일제당은 '다시다'를 출시하면서 기존의 '미풍' 사용자들이 전이하도록 유도하였다. 또한 최근에는 고가 제품으로 '다시다 산들애'라는 웰빙 다시다를 출시하였다. '다시다 산들애'는 MSG와 화학첨가물을 전혀 사용하지 않은 천연 그대로의 고급 웰빙 다시다라는 컨셉을 내세우고 있다. 다시다로 조미료 시장을 고급화시킨 데 이어 웰빙으로 한층 더 고급화를 시도한 것이다. CJ제일제당은 시장에서 독보적인 위상을 가지고 있는 '다시다'의 수직 확장 제품인 '다시다 산들애'를 통해 추가적인 수익을 기대하고 있다.

수직 확장으로 고가 라인을 추가하는 사례는 흔히 볼 수 있다. 자동차 시장에서 도요타(Toyota)의 고가 라인이 렉서스(Lexus)라는 것은 누구나 알고 있다. 렉서스는 도요타자동차가 고급 자동차 시장에 진입하기 위해 구축한 새로운 차원의 라인이며 이를 통해 도요타자동차는 고급 자동차 시장에서 매출 성과를 창출하고 도요타자동차에 대한 소비자의 이미지를 보다 긍정적으로 바꾸고자 였다. 실제로 렉서스가 출시된 후 도요타자동차에 대한 이미지는 상승하였지만 렉서스 대비 저가 라인인 도요타 브랜드의 이미지가 상승하였는지는 의문이 된다. 하지만 렉서스 출시로 인해 도요타자동차의 이미지 노후화나 정체와 관련된 우려는 충분히 해소되었을 것으로 보인다. 일본의 대표적인 자동차 메이커들은 모두 도요타자동차와 마찬가지로 상향 수직 확장을 시도했다. 닛산 자동차(Nissan Motors)의 인피니티(Infiniti), 혼다 자동차(Honda Motors)의 아큐라(Acura) 등이 그러한 고가 라인 브랜드들이다.

우리나라 가전시장을 살펴보면 제품의 기술이 발달하고 기능이 강화되면서 수직 확장으로 고가 브랜드를 도입하고 있다. 양문형 냉장고에 삼성은 지펠(Zipel), LG는 디오스(Dios), 고급 TV에 삼성은 파브(PAVV), LG는 엑스캔버스(XCANVAS), 고급 세탁기에 삼성은 하우젠(Hausen), LG는 트롬(TROMM)을 도입하였다. 이 경우 각각 상향 수직확장을 통해 새로 도입한 브랜드들은 고가 및 고급 이미지를 형성하게 되었다. 하지만 상대적으로 저가 제품에는 삼성, LG라는 마스터(Master)브랜드를 그대로 사용하고 있기 때문에 기업 브랜드이기도 한 삼성과 LG의 브랜드 이미지는 하락할 수 있다는 점에 유의해야 할 것이다. 자칫 고가 브랜드의 육성이 마스터 브랜드의 자산 가치를 하락시키는 결과를 초래할 수 있다.

브랜드의 수직 확장은 두 가지 방향이 있다. 앞에서 제시하였듯이, 저가 라인에서 고가 라인으로 확장은 신기술 도입이나 품질 향상 등 고가격을 지불할 충분한 근거가 있다면 소비자가 고가 라인을 수용하는 것이 일반적이다. 하지만 너무 저가 이미지가 굳어진 브랜드의 경우에는 소비자가 고가 라인 확장을 신뢰하지 않을 가능성이 있다. 고가 브랜드를 보유한 기업이 저가로 확장을 하는 경우는 제품 사용을 대중화시켜 사용자층을 확대하고 추가적인 성과를 창출하려는 것이거나 특정 계층으로 시장을 확대하려는 것이다. 고가 브랜드의 저가 확장은 단기적으로 성과를 창출하기는 용이하지만 기존 브랜드의 이미지가 하락할 우려가 있음을 유의해야 한다. 저가 라인을 출시할 경우 부가적인 효과로서 기존 라인이 보다 고가의 이미지를 갖게 되는 경우도 발생한다. 저가 출시로 인해 기존 브랜드가 상대적 고가로 인식되는 것이다. 두 라인에 대한 상대적 비교에서 발생하는 이점이다.

고가 라인에서 저가 라인으로 확장을 가장 쉽게 볼 수 있는 산업은 패션 산업과 명품 브랜드들이다. 조르지오 알마니(Giorgio Armani)는 젊은 층을 겨냥하여 알마니 익스체인지(Armani Exchange)라는 저가 브랜드를 탄생시켰다. 캘빈클라인(Calvin Klein)의 저가 라인은 CK(jean)이고, 크리스챤 디올(Christian Dior)의 저가 라인은 CD이며, 도나 카란 뉴욕(Donna Karan New York)의 저가 라인은 DKNY(jean)이다. 그다지 고급 브랜드는 아니지만 망고(Mango)도 저가 라인으로 싱크업(think up)을 출시한 적이 있다. 국내에서도 여성 패션 브랜드 중에서 20대 후반에서 30대 직장인을 타겟으로 하는 고가 라인 브랜드들이 20대 초반에서 중반을 겨냥한 세컨드 라인을 런칭하는 경우가 많이 있다. 예를 들면, 미샤는 '잇미샤', 아니베에프는 '아니스'와 홈쇼핑 브랜드로 '아니베 팜므', 질스튜어트는 '질바이'라는 확장 브랜드를 가지고 있다.

이처럼 시장의 리더는 추가적인 성과 창출과 브랜드 이미지 향상을 위해 수직적 확장을 시도해 볼 수 있으며, 이러한 확장이 성공적으로 이루어질 경우 수직적인 라인업이 구축되어 경쟁자의 시장 진입을 차단하는 효과를 거둘 수 있다. 그리고 시장을 고가와 저가로 구분해 관리함으로써 시장 위상을 더욱 공고히 할 수 있다.

전략22 수평적 사고를 통해 새로운 시장 기회를 모색하라

논리적이고 체계적인 사고, 즉 수직적 사고가 아니라 새로운 용도, 새로운 TPO, 혹은 새로운 타겟을 통해 새로운 카테고리를 창출하여 시장을 재구성하는 수평적 사고를 통해 신상품 등 새로운 시장 기회를 탐색해야 한다.

기업이 성장할 수 있는 기반은 기존 제품의 경쟁력을 강화하여 추가적인 성과를 창출하거나 새로운 제품을 출시하여 매출 성과를 창출하는 것이다. 마켓리더의 경우 기존 시장에서 더 많은 시장점유율을 확보하여 성과를 제고하기보다는 혁신적인 제품으로 새로운 성과를 창출하는 것이 보다 바람직하다. 오랫동안 시장에 머물렀던 기업, 특히 오랫동안 시장의 리더로 군림하던 기업들은 시장에서 새로운 기회를 모색하기가 매우 어렵다고 생각하기 쉽다. 그들은 시장이 포화상태에 있다고 생각하기 때문이다. 하지만 시장에서 놀라운 성과를 내는 기업들은 대체로 시장을 포화상태로 간주하지 않고 항상 새로운 기회가 있다고 생각한다. 스타벅스는 커피 시장이 포화상태라고 보지 않았다. 애플은 MP3, 휴대폰, 컴퓨터 등이 기술적으로 더 진화할 수 있다고 생각했다.

기업의 신제품 아이디어는 대부분 기존의 제품을 조금 변형하거나 기존의 제품을 개선한 것이 대부분이다. 시장에서 완전히 새로운 제품은 전체 신제품 중에서 채 10%도 되지 않는다. 주어진 시장 내에서 현재 제품 요소의 믹스를 변경하여 신제품을 만드는 것을 수직적 마케팅(Vertical Marketing)이라고 한다. 수직적 마케팅의 예는 매우 다양하다.

- 제품의 변형: 우유의 지방을 줄인 저지방 우유처럼 제품의 구성요

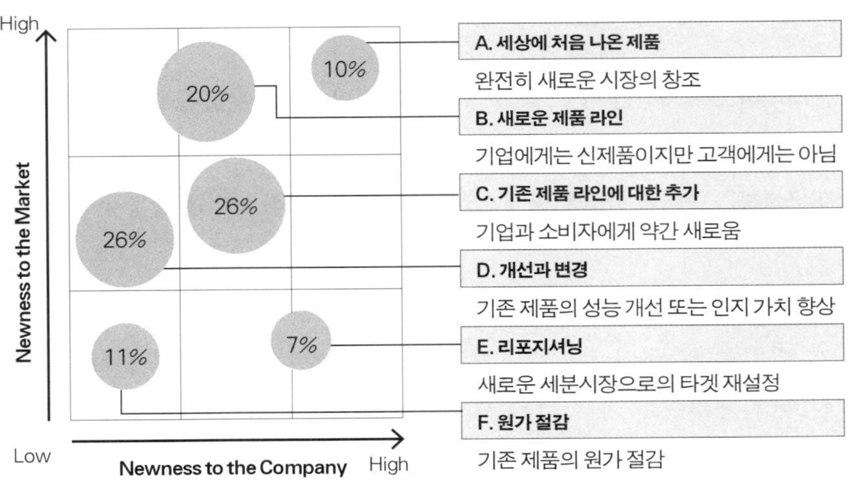

신제품의 유형

소를 변형한다.

- 크기의 다양화: 노래방용 새우깡처럼 제품의 크기를 다양화한다.
- 포장의 다양화: 여러 사람이 먹기 용이하고 무겁지 않은 페트 맥주, 간편하게 들고 다닐 수 있는 팩 소주처럼 포장을 다양화한다.
- 보완적 구색: 초콜릿 우유, 다양한 맛의 프링글스처럼 맛을 다양화한다.

이 외에도 디자인의 다양화, 유통 경로의 다양화 등 많은 접근이 있다. 이러한 수직적 마케팅은 매우 논리적이고 체계적인 이성적 사고에 기반을 둔 접근방법이다. 지금까지 수직적 마케팅은 많은 신제품을 만들어 냈지만, 시장을 지나치게 세분화함으로써 세분시장의 규모가 너무 작아지는 문제를 낳았다. 예를 들면, 맛의 다양화를 통해 각각의 맛을 선호하는 계층이 나누어지게 되므로 각각의 시장은 잘게 쪼개 지는 셈이다. 그렇기 때문에 생산이나 유통 비용도 추가로 투여되고 따라서 기업이 이윤을 남기기가 쉽지 않다. 무엇보다 가장 큰 단점은 제품의 변형이나 개선을 통한 새로운 제품이나 서비스의 발상이 매우 제한적이어서 더 이상의 기회가 많지 않다는 것이다.

수평적 사고에 기반을 둔 수평적 마케팅(Lateral Marketing)은 수직적 마케팅의 그러한 문제점을 보완한다. 수평적 마케팅은 새로운 용도, 새로운 TPO(Time, Place, Occasion), 혹은 새로운 타겟을 통해 새로운 카테고리를 창출하여 시장을 재구성하는 것이다. 기존에 존재하던 정보를 재구성하고, 선택적 사고가 아닌 탐색적, 도발적, 창의적인 사고를 통해 유연하게 접근하는 것이다. 수평적 마케팅은 또한 서로 다른 제품이나 서비스 혹은 아이디어를 연관시켜 새로운 제품을 구상하기도 한다.

전자제품에서는 이미 컨버전스(Convergence)가 1990년대 후반부터 이루어지고 있다. 특히 정보 통신과 개인 휴대용 전자기기 분야에서 컨버전스가 가장 활발하게 도입되고 있다. 디지털 기술과 함께 나타난 개념인 디지털 컨버전스(Digital Convergence)는 하나의 기기와 서비스에 모든 정보통신 기술을 담은 새로운 형태의 융합 상품을 말한다. 이러한 현상은 크게 유선과 무선의 통합, 통신과 방송의 융합, 온라인과 오프라인의 결합 등의 형태로 나타나고 있다. 최근 우리 주변에서 나타나는 이 모든 새로운 기술과 제품 그리고 서비스들이 수평적 마케팅을 통해 발상되고 현실화되고 있는 것이다.

애플의 아이폰(i-Phone) 역시 수평적 사고에서 창출된 제품이다. 아이폰은 휴대폰에 개성(Individuality & Personality)을 결합한 것이다. 사람들은 다른 사람들과 똑같은 것을 사용하기보다는 자신만의 독특한 것을 원한다는 점에 착안한 것이다. 그렇다면 아이폰은 어떻게 소비자의 욕구를 반영하였을까? 아이폰은 개개인마다 스스로 메뉴를 선택하여 꾸밀 수 있도록 하였다. 또한 아이폰에는 많은 애플리케이션이 있고, 앞으로도 계속 생성되기 때문에 사람들마다 원하는 애플리케이션을 스스로 구성하여 사용할 수 있다. 이처럼 메뉴와 애플리케이션 등에서 다른 사람들과 다른 나만의 독특한 개성을 만들어 낼 수 있도록 설계된 것이 아이폰이고 이것이 바로 수평적 사고에 의한 발상전환의 결과이다.

수평적 사고에 의한 발상전환 방법은 여러 가지가 있다. 획기적인 사고를 하려면 기존의 지식이나 경험에서 벗어나 상상력을 발휘할 수 있어야 한다.

1. Substitute(대체하라)

2. Combine(결합하라)

3. Divide(분리하라)

4. Reverse(반전시켜라)

5. Complement(보완하라)

6. Eliminate(제거하라)

7. Modify(수정하라)

8. Opposite(반대 개념을 생각하라)

이러한 발상전환은 비단 제품에만 국한되는 것이 아니라, 타겟, TPO, 사용 용도 등 다양한 측면에 적용할 수 있다.

Substitute(대체하라) 주요 부품이나 주요 기능을 대체할 가능성이 없는지를 생각해 보자. MP3 플레이어에서 터치 스크롤휠은 푸시 버튼의 대체품이다. 애플의 아이팟은 터치패드와 기능이 비슷한 터치 방식의 스크롤휠을 적용하였다. 상황(Occasion)을 대체해 보면 집에서 먹던 새우깡을 노래방의 안주로 활용한다. 선이 있어야만 사용할 수 있었던 전화나 인터넷을 선이 없이(wireless) 이동하면서 사용할 수 있다. 가솔린 없이도 달리는 전기 자동차가 나왔다. 직접 가서 구입하는 대신 인터넷으로 주문하고 배달을 받는 쇼핑 등 다양한 분야에서 무수히 많은 신상품과 새로운 서비스들이 대체의 개념에 기반하여 만들어졌다.

대체: 애플 아이팟

Combine(결합하라) 디지털 컨버전스는 대표적인 결합 사례이다. 웅진의 코디 시스템은 서비스의 결합이다. 즉, 정수기, 비데 등 고가의 생활가전을 구입하는 데 있어 구입비용 장벽을 해소하는 렌탈 서비스와 사전 및 정기적인 방문 서비스가 결합된 것이다. 웅진은 새로운 서비스의 조합을 통해 새로운 가치를 만들어냈고 렌탈 서비스 확대를 통한 매출 성과뿐만 아니라 필터 교체 등을 통한 부가적인 매출 성과를 창출했다. 또한 자기계발(Self Help)과 소설(Fiction)을 결합해서 만든 셀픽션(Selfiction)은 재미와 교훈을 동시에 제공하여 베스트셀러에 등극하기도 했다.

Divide(분리하라) 쪼개서 사고할 수 있는 가능성을 찾아라. 이 접근은 다양한 세분시장에 접근하는 경우에 많이 적용되는 방법이다. 동일한 제품이나 서비스를 서로 다른 니즈나 가치를 가진 집단에게 소구할 때 활용될 수 있다. '좋은 사람들'이 패션 내의 시장을 창출하여, 내의 시장을 일반 내의 시장과 패션 내의 시장으로 분리한 사례, 야마하(Yamaha)가 클래식

결합: 웅진코웨이 비데

결합: 셀픽션

피아노와 디지털 피아노를 분리하여 일반인들이 쉽게 연주하고 재미를 느낄 수 있는 디지털 피아노라는 새로운 시장을 창출한 사례가 여기에 해당된다.

Reverse(반전시켜라) 반전이 될 수 있는 요소를 찾아라. 보즐레 누보(Beaujolais Nouveau)는 '보즐레의 햇 와인'이라는 의미로 보즐레 마을에서 그 해 생산된 포도로 만든 햇 와인을 말한다. 보즐레 마을은 프랑스 와인 생산지 중 특급 중의 특급으로 손꼽히는 부르고뉴 지방의 남단에 위치하지만, 부르고뉴에서 생산되는 와인의 명품 포도 품종인 피노누아(Pinot noir)는 보즐레에서만 잘 자라지 않고 보즐레에서는 피노누아와 정반대로 값이 싼 가메이(Gamay)라는 품종이 잘 자란다. 가메이로 만든 와인은 오래 숙성이 불가능하기 때문에 부르고뉴나 보르도 와인처럼 깊은 맛을 내기가 불가능하고 장기 보관도 힘들다. 따라서 가메이로 만든 보즐레 누보는 몇 년씩 보관하지 않고 바로 마시는 와인으로, 출시된 날로부터 6개월 이내에 마시도록 권장하고 일단 한번 병을 열면 당일로 다 마시기를 권장한다.

1950년대까지만 해도 가난한 프랑스 농부들이 와인잔도 사용하지 않고 아무 그릇에나 마시던 값싼 농주였던 보즐레 누보는 '조르주 드뵈프'

분리: 클래식 & 디지털 피아노

반전: 보즐레 누보

라는 보즐레 누보 생산업자의 남다른 사업 감각 때문에 전 세계적으로 유명해진 것이다. 그는 가메이 품종으로 만든 보즐레 누보의 숙성이 안 되는 약점을 가장 빠른 시간에 와인으로 만들 수 있다는 장점으로 반전시켜 그 해 생산된 포도로 몇 주 만에 만들어 내는 포도주, 보즐레 누보를 탄생시켰다. '그 해에 처음 수확한 포도로 만들어 맛이 상큼하고 신선하다'라는 컨셉으로 약점을 장점으로 전환하고, 보즐레 누보 축제를 통해 전 세계에서 보즐레 누보가 애용되게 한 것이다. 매년 11월 세 번째 목요일에 전 세계에 동시에 보즐레 누보를 판매하기 시작하고 그날 대대적인 페스티벌을 열어 새로운 포도주의 탄생을 축하한다. 제품의 약점을 오히려 장점으로 전환하여 하급품을 신선한 햇포도주로 반전시킨 것이다. 보즐레 누보는 최고급의 맛도 향도 없지만, '새로운', '신선한'이라는 단어로 와인 애호가들을 움직여 세계적인 와인으로 변모하였다.

Complement(보완하라) 상호 보완이 되는 요소를 이용하여 새로운 시너지 효과(Synergy Effect)를 창출하는 것이다. 대표적인 보완 개념은 콜레보레이션(Collaboration)이다. 브랜드와 브랜드가 만나 공동의 작품을 만들어 내는 콜레보레이션은 공동의 이익을 위해 서로 결속하여 여러 가지 기능을 공동으로 수행하는 것을 말한다. 최근 기업들은 명사(Celebrity) 혹은 유명 브랜드와 협업, 공조하는 방식으로 그들의 브랜드에 필요한 이미지(대체로 프리미엄과 고급이미지)를 부가하는 방식을 많이 사용한다. 콜레보레이션을 많이 이용하는 대표적인 기업은 나이키(Nike)이며 오래 전 NBA 프로농구선수인 마이클 조던과 콜레보레이션하여 에어 조던이라는 제품을 출시하여 대대적인 선풍을 일으켰다. 국내에서는 LG전자가 이탈리아의 명품 브랜드인 프라다(PRADA)와 공조하여 고급 이미지를 부가한 프라다폰을 탄생시켜 소비자로부터 좋은 반응을 얻었다. KT&G

보완: 나이키 에어 조던, LG전자 프라다폰, ESSE 골든리프 스페셜 에디션

는 젊은이들의 문화 예술 활동을 지원하는 상상 캠페인의 일환으로 2004년 블라디보스토크에서 국내 최대의 원정 이벤트인 '서태지와 상상체험단'을 운영하였고, 에쎄 골든리프 스페셜 에디션의 담뱃갑에는 패션 디자이너 이상봉씨가 한글 캘리그라피로 김소월의 시 '님과 벗'을 디자인해 넣었다. 이처럼 브랜드에 부족한 이미지를 추가하기 위해서 콜레브레이션 방식을 도입하는 사례가 점점 늘어나고 있다.

Eliminate(제거하라) 주요 속성을 제거함으로써 해당 속성의 중요성을 더 강조하는 방법이다. 포스코는 기업 이미지 광고에서 '철이 없다면…'을 강조해 '철'의 중요성을 인식시키고, 철의 경직된 이미지에서 꿈과 희망이 있는 친근한 기업 이미지로 변화하는 데 성공했다. 풀무원은 '일체의 MSG를 사용하지 않았습니다'라는 광고 메시지를 통해 친환경 기업 이미지를 강화하는 단서로 활용하였다.

LG생활건강의 섬유유연제 '샤프란'은 2005년 국내 최초로 기존 섬유유연제에서 방부제 성분을 없애고 브랜드 컨셉을 변경하였다. 무방부제 섬유유연제는 녹차성분의 미생물 억제 기능과 올리브 성분의 피부보호 기능을 더욱 강화한 특징을 가지고 있다. 한국화학시험연구원으로부터

'무방부제 마크'와 피부 '비자극 마크'를 획득했다. '섬유유연제에 방부제가 없다면…' 광고를 통해 다른 섬유유연제에는 방부제가 있지만 샤프란에는 없음을 강조하며 스스로를 차별화하였다. 시장의 리더인 피죤 입장에서는, 리더이기 때문에 방부제를 넣었다는 사실을 인정하기 쉽지 않았다.

라면에는 MSG(L-글루타민산나트륨)가 들어있을까? 대부분의 소비자들은 라면에는 당연히 MSG가 들어있다고 생각할 것이다. 하지만 라면업계의 리더인 농심은 2007년 2월부터 국내에서 생산되고 판매되는 모든 라면에 MSG를 사용하지 않고 있다. 적극적으로 홍보하지 않았기 때문에 대부분의 소비자들은 이 사실을 잘 모른다. 농심의 입장에서 'MSG가 없다'는 점을 홍보하면 지금까지 MSG를 넣었다는 것을 시인하는 결과

제거: 포스코 "철이 없다면…"

제거: 풀무원 "일체의 MSG를 사용하지 않습니다."

가 된다. 대부분 소비자들이 알고 있다고 하더라도 오랫동안 시장의 리더 자리를 지켜온 농심 입장에서는 사실을 밝히는 것 자체가 석연치 않았을 것이다.

Modify(수정하라) 사이즈, 형태, 색깔, 개념 등 주요 속성을 고정시키지 말고 변할 수 있다고 가정하는 방법이다. 자동차는 반드시 사각형이어야 하는가? 둥근 자동차는 없을까? 건물은 왜 사각형으로 곧게 뻗어야 하는가? 트위스팅 모양의 건물은 세울 수 없는가?

Opposite(반대 개념을 생각하라) 반대의 개념을 이용하는 방법이다. 자일리톨껌이 나오기 이전에는 '자기 전에는 껌 씹지 말아라'라는 말을 많이 들어 왔다. 자일리톨껌은 오히려 자기 전에 껌을 씹으라고 한다. '껌은 기호식품이 아니라 오히려 약이다'라고 한다. 롯데 자일리톨껌은 소비자들의 인식에 반하는 개념을 도입하면서 소비자들에게 보다 강하게 어필할 수 있었다. 유선과 무선, 온라인과 오프라인, 실내용과 실외용 등 우리 주변에 반대의 개념은 무수히 많다. 고정관념 속에 갇혀있던 사고(thinking)의 문을 활짝 열고 기존의 관념에 반대가 되면 어떻게 될까를 고민해 보면 오히려 굉장한 인사이트를 얻을 수 있을지도 모른다.

수정: 랜도르 빌딩과 다양한 모양의 건물들

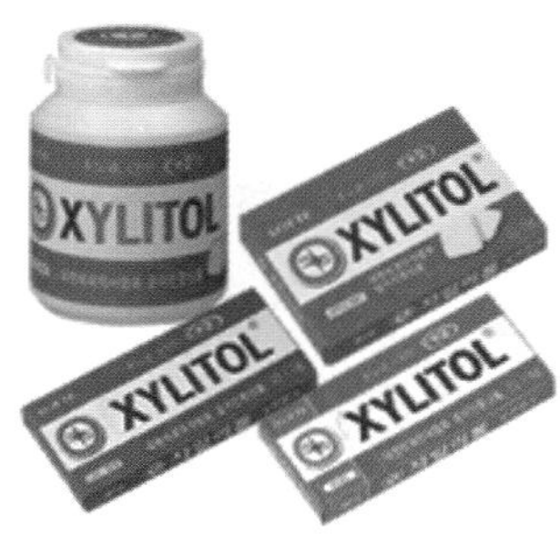

반대: 롯데 자일리톨껌

2002년 ㈜SK는 주유소 사업의 확장성이 제한적이라는 점을 인식하고 그들이 가지고 있는 최대 자산인 전국 주유소 네트워크를 기반으로 한 신사업을 구상하고 있었다. 당시 필자도 그 프로젝트에 참여했었는데, 주유소를 기반으로 해결할 수 있는 운전자의 니즈를 찾는데 프로젝트의 초점을 두었다. 운전자의 니즈를 탐색하기 위해서 인류학적(Ethnography) 접근을 시도하였다. 그 결과 주유소를 기반으로 제공할 수 있는 서비스 아이디어로, 택배 물품을 수령하고 보관해 주는 택배 포스트(Post), 드라이브인(Drive-in) 커피나 패스트푸드 판매, 비디오나 도서 대여, 티켓팅/모바일뱅킹/ATM, 자동차 운전용품 판매, 교통정보 서비스 및 텔레메틱스(현재의 네이트 드라이브 서비스), e-mail이나 팩스를 보내고 받을 수 있는 비즈니스 센터 등이 도출되었다. 이는 주유소가 기름을 넣고 자동차를 수리하는 곳이라는 고정관념을 버리고 주유소를 기반으로 운전자의 니즈를 충족시킬 수 있는 서비스를 찾는 수평적 사고의 결과로 도출된 것이다.

인류학적 접근은 고객의 일상생활을 직접 관찰하는 방법이기 때문에 실 생활 속에서 수평적 사고를 통해 고객 인사이트(Customer Insight)를 찾고 새로운 제품이나 서비스 그리고 비즈니스 아이디어를 얻는 매우 유용한 방법이다. 앞에서도 언급했듯이 수평적 마케팅은 수직적 마케팅과 상반된 개념이 아니라 상호 보완적인 개념이다. 혁신을 이루고자 하는 기업들은 수직적 마케팅과 수평적 마케팅 두 가지를 모두 활용하는 체계적인 접근이 요구된다.

앞에서 설명한 나누고 결합하는 방법은, 버저닝(Versioning)과 번들링 (Bundling)이라는 용어로 사용되기도 한다. 이 용어들은 소프트웨어 등의 분야에서 많이 사용하는 용어인데, 마케팅에서도 이를 도입하여 다양하게 사용되고 있다. 간단히 말하면 기존 제품의 버전을 다르게 하거나 묶음을 다르게 해서 새로운 상품으로 차별화하는 것이다.

버저닝은 기본적으로 고객들마다 추구하는 니즈와 가치가 서로 다르다는 점에서 출발한다. 서로 다른 유형의 고객들을 유인하기 위해서 서로 다른 버전의 가치를 제공하는 전략으로, 고객의 개인적인 선호와 필요에 맞는 맞춤형 제품을 제공하고 사양이 다른 상품별로 서로 다른 가격을 책정하여, 회사의 수익성을 제고하고 경쟁사와 차별화한다. 즉 소비자에게 제공하는 가치의 차이를 가격의 차이로 반영하는 것이다.

이 버저닝은 디지털 상품에 많이 활용되는데 소프트웨어의 경우 다양한 버전을 내놓고 있고, 이동통신 서비스, 유무선통신 서비스 등도 다양한 버전이나 옵션(Option)을 활용한다. 자동차의 경우에 버저닝은 아주 오랜 전통이다. 그 외에도 성능이나 사양을 차별화한 버저닝, A/S를 추가하는 버저닝 등 다양한 형태가 있다.

기존의 연구와 경험에 의하면, 버전을 나눌 때는 3개로 나누는 것이 가장 바람직하다고 한다. 고객 심리에 따르면 고객은 양극단을 피하려는 심리를 가지고 있기 때문에 중간 버전이 필요하고 자사의 타겟 고객을 이 버전에 맞추는 것이 바람직하다. 결과적으로 타겟 고객은 자신의 선택이 합리적이었다고 확신하게 된다.

최근 케이블 TV와 초고속 인터넷, 초고속 인터넷과 무선랜, 유선 전화와 무선전화 서비스를 함께 묶어 싸게 판매하는 마케팅이 활발이 전개되고 있다. 이처럼 두 개 이상의 상품을 하나로 묶어서 서비스하는 것이 바로 번들링인데, 번들링을 적절하게 구사하면 고객에게 새로운 가치를 제공할 수 있다.

　기업 입장에서는 기존의 제품으로 새로운 가치를 제공하여 신상품 출시 효과를 거둘 수 있고, 소비자 입장에서는 동일한 가치를 싼 가격에 이용할 수 있는 이점이 있다. 하지만 기업은 소비자들이 원하는 상품만으로 번들링하지는 않는다. 때로는 매출 성과를 창출하기 위해서 소비자에게 불필요한 상품을 넣어 번들링하기도 한다. 예를 들면 백과사전, 전집도서, 음악 CD, 공연 시즌 입장권 등이 여기에 해당된다. 싸게 구입하는 대신 불필요할 수도 있는 추가 상품을 구입하게 되는 것이다. 할인점에서 많이 경험하게 되는 묶음 판매의 경우, 단위 가격 측면에서 싸게 구입할 수 있는 반면 재고 비용이 발생하거나 사용하지 못하고 버리게 되는 경우가 발생한다.

　또한 마케팅에서는 하나 이상의 브랜드를 갖는 제품도 존재한다. 그 좋은 예가 복합 브랜딩(Co-Branding)이다. 복합 브랜딩은 둘 이상의 잘 알려진 브랜드를 결합해서 공동 제품을 만들거나 공동으로 마케팅하는 것으로 듀얼 브랜딩(Dual Branding)이나 브랜드 번들(Brand Bundle)으로 불린다. 르노삼성 자동차, GM대우 자동차, LG IBM 노트북, 오리온 프리토레이, KT의 Cook & Show, 삼성테스코 등이 여기에 속한다. 이처럼 버저닝과 번들링은 마케팅에서 다양하게 응용되고 있으며 향후에도 다양한 방면으로 응용되리라고 본다.

혁신을 창조하는 일반적인 방법은 주어진 시장의 내부로부터 혁신을 이끌어 내는 것이다. 크기나 맛 등의 변화에 기반한 혁신, 패키지에 기반한 혁신, 디자인에 기반한 혁신, 보완적 요소 개발에 의한 혁신, 생산에 들이는 노력이나 비용을 줄이는 혁신 등, 제품이나 서비스의 본질은 건드리지 않고 이를 변경하거나 개선하는 것이다. 이것이 수직적 마케팅이다.

반면 수평적 마케팅은 새로운 용도, 새로운 TPO, 혹은 새로운 타겟을 개발해 새로운 카테고리를 창출하여 시장을 재구성하는 것이다. 시장에 대한 고정관념에서 벗어나 탐색적, 도발적, 창의적인 사고를 통해 유연하게 접근하는 것이다.

수평적 마케팅을 좀더 명확히 이해할 수 있도록 수평적 접근을 위한 몇 가지 가이드라인을 소개한다.

Guideline1 소비자들에게 내재해 있는 중요한 속성을 끄집어 내라

우선 소비자들에게 내재해 있는 매우 중요한 속성을 끄집어 내는 것이다. 구체적인 접근방법으로서 소비자의 구매패턴과 사용패턴을 관찰하고 분석하는 방법이 있다. 1970년대 펩시는 350가구를 대상으로 소비자 조사(in-home consumer research)를 시행하였다. 그 결과 '소비자는 구매량만큼 소비한다'는 사실과 '소비자는 집으로 들고 가기에 무리가 없을 양만큼 구매한다'는 사실을 발견하고 병을 캔(Glass to Plastic)으로 변경하고 6개 묶음을 12개 혹은 24개 묶음으로 확대하여 성과를 창출하였다.

함께 움직이는 니즈를 확인하라. 스타벅스는 소비자들이 커피 전문점을 찾을 때, 커피만을 소비하는 것이 아니라, 커피의 맛(taste), 커피의 향

(aroma), 분위기(atmosphere) 등을 같이 소비한다고 생각하였다. 커피를 오감으로 느낀다는 것이다. 최근 제품 디자인에 많이 신경쓰는 이유는 소비자들이 제품 자체의 기능도 소비하지만 디자인도 함께 소비되는 요소라고 생각하기 때문이다. 중국에서 맥도널드가 성공한 것도 함께 움직이는 니즈를 반영했기 때문이다. 중국 소비자들의 취향을 반영한 햄버거와 국(탕)의 세트 메뉴나 중국인들이 좋아하는 맛의 햄버거를 개발한 것이 성공의 중요한 요인이 되었다.

구매 패턴을 확인하라. 할인점과 인터넷의 발달은 우리나라 소비자들의 쇼핑 행동에 지대한 영향을 미쳤다. 이들의 발달로 인해 이전에 제품에 대한 불완전한 정보 상태에서 거의 완전한 정보 상태로 변화하게 되어 구매패턴이 확연히 달라진 것이다. 해당 카테고리의 모든 제품이 진열되어 있고 제품의 가격을 직접 비교할 수도 있다. 이전의 구매보다는 대규모 구매가 일어나므로 자동차로 쇼핑하게 되면서 대용량 제품, 묶음 제품이 발달하였다. 판촉에 민감해지고 가격을 꼼꼼히 따지는 스마트 소비가 늘어나고 있다.

이러한 소비자 주변 환경의 변화로 인해 소비자의 구매패턴이 변화하고, 이는 소비자의 새로운 니즈를 발현하거나 이전에 그다지 중요하지 않았던 요소들을 중요하게 부각시키기도 한다. 최근에는 할인점에서의 과소비 경험과 제품 품질에 대한 불신, 대량 구매에 따른 재고를 기피하는 현상 등으로 인해 오히려 근거리 소매점을 선호하는 경향이 나타나고 있다. 유기농 식품에 대한 선호가 강해지면서 생산자를 확인하고 산지에서 직접 배송되는 것을 선호하는 경향도 나타나고 있다. 제조업체나 서비스 업체 입장에서는 소비자의 구매 환경 변화에 의한 이러한 소비자들의 구매패턴 변화를 항상 주목해야 한다.

실제로 제품을 사용하는 상황을 관찰하라. 실제 소비자들이 제품을 사용하는 상황을 면밀히 관찰하면 소비자들의 미충족 욕구를 찾아낼 수도 있다. 소비자들은 습관적으로 제품을 사용하기 때문에 경우에 따라서는 불편한 상황을 당연한 상황으로 받아들이는 경우가 많이 있기 때문이다. 요즈음 우리가 쓰고 있는 대부분 빨대는 가운데가 변형되어 방향과 높이 조절이 가능하다. 소비자들이 빨대에 맞추어 얼굴을 가져가야 하는 불편함이 관찰되어 만들어진 제품이다. P&G에서 처음 선보였던 걸어놓는 샴푸는 소비자가 샤워 중에 눈을 감고 바닥에 위치해있는 샴푸를 더듬어서 찾는 장면을 보고 고안된 제품이다. 물론 요즈음은 샤워실 내에 샴푸 등을 놓을 수 있는 장소가 별도로 마련되어 걸어 둘 필요가 없었지만 그 당시에는 소비자의 불편을 해소해 주는 획기적인 제품이었다.

소비자가 위험을 느끼는 상황을 이해하라. 최근 소비자들은 식품 위생과 관련한 관심과 걱정, 비만과 콜레스테롤 등에 대한 관심, 신종 플루 등으로 인한 위생 관념 증가로 오프라인 매장을 기피하고 친환경, 웰빙 반조리 식품을 선호하고 있다. 이처럼 소비자가 염려하고 관심을 갖는 이슈를 잘 이해하고 해결하는 방법을 찾음으로써 신상품 아이디어를 얻을 수 있다.

Guideline 2 고객의 경험을 분석하라

고객들은 동반하는 사람, 제품을 사용하는 시기(Time), 장소(Place), 상황(Occasion) 등에 따라 서로 다른 태도와 행동을 보이며, 이것들은 서로 상호작용을 한다. 다음과 같은 질문에 답을 해보면서 고객의 경험을 재조명해 보는 것도 의미가 있을 것이다.

What: 고객이 무엇 때문에 그 제품을 사용하는가?

Where: 고객은 어디에서 그 제품을 사용할까? 고객은 다른 어떤 장소에서 그 제품을 사용하고자 할까?

Who: 어떤 고객이 그 제품을 사용할까? 고객은 누구와 함께 그 제품을 사용할까?

When: 고객은 언제 그 제품을 사용할까? 또 다른 기회는 없는가?

How: 고객은 어떤 방법으로 그 제품을 사용할까? 함께 사용하는 제품은 없는가?

기존의 시장 내에서 새로운 상품이나 서비스 아이디어를 찾는 것은 쉬운 일이 아니다. 따라서 신시장 영역을 찾기 위해서는 새로운 패턴의 전략적 사고가 필요하다. 해당 시장 혹은 해당 산업이라는 제한된 테두리 내에서 경쟁 방안을 찾기보다는 현재 점유하지 않은 시장이나 관련된 시장 등으로 영역을 넓혀서 새로운 가치를 창출할 수 있는 기회를 모색할 필요가 있다. 대체성이 있는 산업, 새로운 유통 경로, 새로운 소비자 그룹을 탐색해 보거나 소비자에게 새로운 기능적, 감성적 소구점을 탐구해 보는 것 등이 여기에 해당된다.

Guideline 3 대체 산업이나 대체 가능성을 고찰하라

먼저 소비자가 인식하는 대체 산업간의 트레이드 오프(Tradeoff) 관계에서 새로운 기회를 탐색해 볼 수 있다. 대체 산업으로부터의 혁신 기회, 대체 제품을 생산하는 기업으로부터의 혁신 기회, 대체 산업간 트레이드 오프로부터의 혁신 기회 등 다양한 기회가 있다.

건축자재 전문 아울렛인 홈데포
(Home Depot)는 1979년에 설립되
었는데, 가정이나 상업용 건축과
수리가 크건 작건 대부분 건축업
자와 계약에 의해 이루어지고 있
다는 점을 주시했다. 특히 가정에
서 작은 가구나 선반 하나를 만드

DIY시장에 주목한 홈데포

는 데도 건축업자를 불러야 하기 때문에 비용이 많이 든다는 점에서
시장 기회를 포착하였다. 건축업자와 DIY(do-it-yourself) 시장이 대체
관계라는 점에 착안하여 신사업의 기회를 잡은 것이다.

홈데포는 주거 수리에 대한 잠재 수요를 실 수요로 전환시켰다. 홈
데포는 건축과 관련된 장비와 공구, 집을 스스로 꾸밀 수 있는 다양한
건축 재료를 필요에 맞는 형태와 사이즈로 판매할 뿐만 아니라 이와
관련된 소비자 교육 서비스도 제공하고 있다. 집에서 고장난 곳을 직
접 수리하고 필요한 것을 새로 만들 수 있는 지식을 제공하는 것이다.
한국에서도 2009년 10월 한샘 인테리어가 서울 송파구 삼전동에 국
내 최초로 대규모 토털 홈 인테리어 유통매장을 열었다.

Guideline 4 전략 소비자 집단을 활용해 신시장을 창출하라

신시장을 창출하기 위해서는 한 전략집단에서 다른 전략집단으로의
트레이드업(Trade-up)이나 트레이드다운(Trade-down)을 유발하는 결
정 요인을 탐색해야 한다. 전략집단이란 한 산업을 기준으로 유사한
전략을 추구하는 집단으로, 대부분의 기업들은 이 전략집단 내에서
그들의 경쟁적 포지셔닝을 향상시키려 한다. 예를 들면 자동차 산업

의 경우, '가격'과 '성능'의 향상은 같이 움직인다. 하지만 이러한 가격과 성능이라는 두 차원을 두고도 위계를 정해서 다양한 집단으로 분류할 수 있다. 도요타의 렉서스는 메르세데스 벤츠, BMW 등의 고성능과 고가격보다는 다소 낮은 가격과 성능에 맞추어 새로운 영역을 개발하였다. BMW는 고급 승용차를 선호하는 집단 중에서 메르세데스 벤츠의 편안함과 중후함보다는 '우수한 운전성능'이라는 고기능을 중시하는 층을 겨냥해서 전략집단을 분리해냈다.

패션 시장에는 고가 패션을 지배하는 두 가지 부류의 전략집단이 있는데, 디자이너 고급의류(haute couture) 선호층과 보다 낮은 가격의 클래식 의류(Classic Line) 선호층이 있다. 폴로랄프로렌(Polo Ralph Lauren)은 두 집단에 매력적인 요소를 기본으로 하고, 그 외 요소는 모두 배제하는 식으로 두 전략집단 사이에 침투하여 새로운 시장 기회를 만들어냈다.

Guideline 5 구매에 영향을 미치는 고객사슬을 고찰하라

대부분의 산업에서는 타겟 고객에 집중하는 것이 일반적이지만, 실제로는 구매결정 과정에 직접 혹은 간접적으로 영향을 미치는 고객사슬이 존재한다. 즉 구매자와 사용자가 다르기도 하고, 구매에 영향을 미치는 사람이 다르기도 하다. 이 경우 고객 가치에 대한 정의를 다르게 할 필요가 있다. 즉 구매 집단 분석을 통해 기존에 간과되었던 고객 집단에 집중함으로써 새로운 가치를 창출하는 통찰력을 얻을 수 있다.

조명 기구 전문 메이커인 필립스(Philips)는 실 구매자보다는 구매에 영향력을 행사하는 집단에 초점을 전환하여 산업 조명시장을 창출했다. 산업 조명시장은 일반적으로 전구의 가격과 수명이라는 두 가지 축에 의해 움직이고 기업의 구매 담당자에 의해 구매가 결정되는 시장이다. 필립스는 수은 함유에 따른 폐기 비용을 감안하여 환경 친화적인 전구를 개발하고 기업의 CFO와 홍보팀을 공략함으로써 단기간에 높은 마진을 창출하고 25%의 시장점유율을 차지하는 성과를 만들어 냈다. 최근 전 세계적으로 녹색혁명이 일어나고 있기 때문에 이러한 사회적 이슈를 활용한 접근은 다른 산업에서도 고려할만한 가치가 있다.

Case 최종 고객을 겨냥한 인텔의 'Intel Inside' 전략

B2B 제품의 브랜드화로 유명한 인텔의 '인텔 인사이드'는 마이크로프로세스를 내장하는 제품을 구매할 때, 마이크로프로세스의 브랜드를 따져서 구매하게 하는 획기적인 계기를 만들었다. 1980년부터 컴퓨터 시장이 급격히 팽창하면서 많은 부품업체들이 시장에 경쟁하기 시작하였고 이들은 인텔의 제품을 복제해서 저렴한 가격으로 시장에 공급하였다. 인텔은 'Intel Inside' 전략으로 자사 제품을 최종 고객에게 직접 노출시키는 마케팅 전략을 구사하였다. 컴퓨터 제조업체에서 마이크로프로세서를 구매하는 경우, 구매자는 컴퓨터 제조업체이지만 최종 고객은 일반 소비자이다. 인텔을 브랜드화 하는 전략은 마이크로프로세스 구매자인 컴퓨터 제조업체가 아니라 최종 고객인 소비자를 직접 겨냥한 것이었다. 즉 기존의 구매자 기준에서 최종 고객 기준으로 마케팅의 방향을 바꾸어 성과를 창출한 좋은 예이다.

Guideline 6 보완적 제품을 통해 시장 기회를 창출하라

기업은 그들의 원래 제품이나 서비스가 아닌 보완적인 제품이나 서비스로부터 새로운 시장 영역을 창출할 수도 있다. 예를 들어 영화관에서 놀이방이나 주차 서비스를 제공하는 것은 영화관에 대한 인식 가치를 향상시키는 데 기여할 수 있다. 인스턴트 커피 회사는 커피 제품

뿐만 아니라 커피, 크림, 설탕을 혼합한 커피 믹스라는 제품을 만들어 신시장을 개척했다. 또한 크림을 없애거나 설탕의 양을 조절하는 방법으로 새로운 제품을 만들어 냈다. 소주와 맥주를 섞어 마시는 폭탄주 문화가 확산되면서, 소주와 맥주는 상호 보완적인 제품이 되었고 새로운 시장이 열렸다. 이런 예는 주변에서 많이 찾아볼 수 있다.

Guideline7 기능적, 감성적 특성을 부가하여 새로운 기회를 창출하라

소비자가 제품이나 서비스를 선택하고 호감을 형성하는 기준이 되는 기능적(Functional) 측면과 감성적(Emotional) 측면을 모두 고려함으로써 새로운 시장 기회를 발견할 수 있다. 기업들은 크게 가격과 성능, 품질을 중심으로 한 기능적인 어필과 감정에 기반을 둔 감성적 어필을 무기로 경쟁을 한다. 일반적으로 감성 중심적인 산업은 감성적 가치를 제공하는 것만으로 가치를 만들어낼 수 있다고 생각한다. 감성적인 가치를 통해 가격 인상이 가능하다는 측면에 착안하여, 기능 중심 산업에서는 기능적 향상뿐만 아니라 새로운 감성을 불어 넣음으로써 신규 수요를 자극해 볼 수 있을 것이다.

Case 기능 대신 감성, 감성 대신 기능을 어필한 스타벅스와 바디샵

1980년대 후반 업체들이 과당 가격경쟁으로 최악의 수익 구조를 가지고 있을 때, 스타벅스는 단지 좋은 품질의 커피만이 아니라 오감을 만족시키는 감성적 경험을 제공함으로써 프리미엄 가격을 받을 수 있었다. 그 결과 광고 없이도 산업 평균보다 5배 가량의 마진을 확보하는 메가 브랜드로 도약하였다.

반면에 패키지와 광고가 제품 선택에 85% 이상 기여한다는 대표적인 감성 산업인 화장품 시장에서, 바디샵(Body Shop)은 기능적 측면을 어필하여 새로운 시장을 창출한 경우이다. 바디샵은 제품의 패키지와 광고로는 소비자에게 새롭고 실질적 가치를 제공하기 힘들다고 판단하고, 리필 가능한 패키지를 사용하는 등, 제품의 진정한 가치만을 제공하는 화장품 회사로 어필하여 성공을 거두었다.

Guideline 8 시간을 앞서가는 통찰력을 발휘하라

'오늘 시장이 전달해 주는 가치'에서 '내일 전달해 줄 가치'로 시간간 분석을 통해 적극적으로 소비자의 미래를 기획하고 새로운 시장영역을 발굴할 수 있다. 대부분의 기업들은 신기술 출현이나 법규의 변경 등 현 트렌드에 중점을 두지만, 새로운 시장 영역을 발굴하는 핵심은 그러한 시장 트렌드가 고객 가치 변화에 어떻게 영향을 미칠 것인지에 대한 비즈니스 통찰력을 갖는 데 있다.

1. 소비자들은 우리 브랜드에 대해 어떤 명확한 연상을 가지고 있는가? 이러한 연상을 강화하기 위한 지속적이고 체계적인 노력을 경주하고 있는가?

2. 시장의 트렌드나 소비자 트렌드 변화에 부응하여 브랜드 이미지의 주변적 요소를 소비자의 감성에 맞게 조정하는 브랜드 관리 활동에 신경을 쓰고 있는가?

3. 지속적으로 혁신하고 있는가? 이를 통해 새로운 고객 가치를 제공하고 있는가? 우리가 제공한 고객 가치는 고객들이 지각하고 공감할 수 있는 가치인가?

4. 특정 브랜드에 신제품을 새로 도입할 때, 제품의 특성과 브랜드 컨셉의 일관성을 먼저 확인하는가? 브랜드 컨셉과 부합하지 않는 특성을 가진 제품은 없는가?

5. 주요 브랜드에 대해, 브랜드 아이덴티티 시스템(BIS)이 갖추어져 있는가? 브랜드 마케팅 활동을 기획할 때, BIS 가이드라인에 부합하는지를 체크하고 있는가?

6. 우리 제품은 수직적 제품 확장이 가능한가? 소비자들이 고가격을 지불할 충분한 근거를 만들어 낼 수 있는가?

7. 수평적 사고를 기반으로 새로운 용도의 제품, 새로운 TPO의 제품, 혹은 새로운 타겟을 향한 제품이나 제품 카테고리가 없는지를 고민해 보라.

8. 대체,분리,결합.반전.보완.수정,반대 등의 개념으로 새로운
   제품의 아이디어를 발상해 보라.

9. 버저닝과 번들링을 활용해서 차별화 방법이나 새로운 제품
   을 착안해 보라.

PART2
도전자 전략

하이트맥주, 신라면, 옥시크린, 게보린, 다시다
는 어떻게 기존의 시장 리더를 제치고 새로운 시장 리더가
될 수 있었을까? 카스맥주, 세탁세제 비트, 2080치약은 어떻게 기존 리더를
지속적으로 위협하며 그와 대등한 위상을 유지할 수 있었을까? 대부분의 시
장에서 오랫동안 시장의 리더를 유지해 온 브랜드는 소비자가 선택할 이유를
가지고 있기 때문에 리더의 자리를 넘보기는 쉽지 않다. 결국 아주 획기적인
제품을 개발한 경우가 아니라면 도전자는 리더가 제공하지 못하는 차별화된
가치를 창조해야 한다.

도전자는 어떻게 리더와 차별화하여 경쟁우위를 확보할 수 있을까? 한번 탈
환한 고지를 어떻게 오랫동안 지켜나갈 수 있을까? 그리고 반드시 1등이 되
어야만 시장에서 살아남을 수 있는 것인가? 리더가 아닌 추종자로 잘 살아남
고 수익을 남기는 방법은 없을까? 이런 의문을 이 장에서 풀어 보고자 한다.

제5장에서는 리더를 뛰어넘기 위해서 도전자가 갖추어야 할 조건은 무엇인
지, 시장 위상과 다양한 경쟁 환경에 따른 도전자의 여러 가지 전략 유형을 개
괄적으로 살펴보고, 제6장부터는 실제적인 사례와 함께 세부적인 전략들을
소개한다. 제6장은 도전자가 차별적인 경쟁우위를 확보하기 위한 다양한 접
근 방법, 제7장은 도전자가 획득한 경쟁우위를 강화하고 장기적으로 유지하
기 위한 단계적 전략 접근 방법, 그리고 제8장에서는 리더가 되지 않더라도
시장에 편승해서 성과를 창출할 수 있는 전략 방안에 대해 살펴본다.

05
도전자 전략의 방향은
무엇인가

Challengers' Strategy Overview

도전 기업의 궁극적인 목표는 리더의 위상을 달성하는 것이다. 하지만 기존 리더를 무너뜨리고 마켓리더로 등극한 사례는 그다지 많지 않다. 리더는 쉽게 시장을 내주지 않는다. 도전자가 리더에 맞서 경쟁우위를 확보하는 것은 결코 쉬운 일이 아니다.

도전 기업이 리더가 되기 위한 가장 필수적인 조건은 리더보다 우월한 경쟁우위를 확보하고 유지하는 것이다. 관건은 리더보다 우월한 고객가치를 얼마나 차별적으로, 그리고 얼마나 오랫동안 제공할 수 있는가이다.

경쟁우위를 확보하고 유지하는 전략은 도전자와 리더의 상대적인 시장 위상에 따라 달라진다. 일반적으로 리더가 되고자 하는 도전자의 전략적 목표는 리더 대비 차별화를 이루어 시장점유율 등에서 우월한 경쟁우위를 확보하는 것이다. 하지만 도전자의 전략 목표가 반드시 시장 리더가 되는 것이 아닐 수도 있다. 확고한 2위 자리를 굳히는 것일 수도 있고 니치 시장에서 우위를 유지하면서 한정된 성과를 창출하는 것일 수도 있다. 따라서 도전자의 전략은 반드시 리더가 되기 위한 전략은 아니다.

이 장에서는 리더가 되기 위해서 도전자가 갖추어야 할 조건을 소개하고, 핵심적인 경쟁전략으로서 경쟁우위를 확보하고 유지하는 것이 얼마나 중요한지, 그리고 상대적인 시장 위상과 경쟁 환경에 따라 달라지는 다양한 도전자의 전략에 대해 살펴본다.

마켓리더를 공략하기 위한 조건

일반적으로 리더는 시장에서 뚜렷한 경쟁우위를 갖고 있기 때문에, 가격을 인하하거나 지속적으로 새로운 제품을 내놓고 엄청난 양의 광고를 쏟아붓는 등의 방법으로 경쟁자들의 접근을 막으려고 한다. 리더는 어떤 경쟁자가 시장에 침투하더라도 수익성이나 경쟁력 측면에서 경쟁자를 무력화시키기 위해 꾸준히 노력한다. 그렇다면 어떻게 리더를 효과적으로 공략할 수 있을 것인가?

도전자가 리더를 공략하는 방법은 시장의 경쟁 구조가 어떻게 형성되어 있는지, 시장에서 리더의 위상이 어떠한지, 또한 리더와 비교할 때 도전자의 위상은 어떠한지, 제품은 차별화가 가능한지, 시장은 성장 시장인지 성숙 시장인지 등, 시장을 구성하는 여러 가지 조건에 따라 달라져야 한다. 따라서 전략의 유형이 매우 다양할 뿐만 아니라 최적의 공략 방법을 찾기도 쉽지 않다.

강한 마켓리더를 성공적으로 공략하려면 도전자는 적어도 세 가지 조건을 갖추고 있어야 한다.

조건1. 지속적으로 유지 가능한 경쟁우위를 갖고 있어야 한다

리더가 반격해 오기 전에 리더와 시장점유율의 격차를 줄일 수 있는 충분한 시간이 필요하므로, 도전자의 경쟁우위 요소는 오랫동안 유지될 수 있는 것이어야 한다.

경쟁우위에는 두 가지 유형이 있다. 비용 경쟁력(Cost Competitiveness)과 차별화(Differentiation)이다. 경쟁우위는 일반적으로 고가격을 받을 수 있는 근거를 제공한다. 만약 도전자가 리더 대비 제조원가 측면에서 경쟁우위를 가지고 있어 저비용 구조가 가능하다면, 두 가지 전략 대안이 있

다. 하나는 리더가 가진 고객을 유인하기 위해 저가격으로 공략하는 것
이고, 다른 하나는 리더와 동일한 가격을 유지하여 리더보다 큰 이익을
남기고, 이를 마케팅이나 R&D에 투자하여 이 부문에서 우월한 경쟁력
을 확보하는 것이다.

만약 주요 제품 속성 또는 시장에서 중요하다고 인식하고 있는 요소에
대해 도전자가 차별적인 경쟁우위를 확보할 수 있다면, 고가격 전략을
구사하고 이를 통해 발생한 이익으로 리더의 마케팅 경쟁력을 무력화하
거나 자사 제품의 가격을 인하하는 데 투자할 수 있다. 마케팅 전략의 대
가인 마이클 포터(Michael Porter)의 말처럼 "경쟁 전략의 핵심은 경쟁자와
다른 확고한 차별화 포인트이다."

조건2. 핵심 요소 이외에 주변적 요소에서도 리더를 무력화할 수 있어야 한다

도전자는 핵심적인 경쟁우위 요소를 갖추는 것 이외에 리더가 우위를 갖
고자 하는 요소와 그 외의 부수적인 요소에 대해서도 일정 정도 경쟁력을
확보해야 한다. 일반적으로 리더는 리더라는 후광을 이용할 뿐만 아니라
경쟁력 있는 이차적 요소를 앞세워 경쟁우위를 지키려고 하므로 도전자
는 이러한 리더의 전략을 사전에 방어해야 한다. 이차적 요소는 제품의
디자인이나 감성적인 특성, 규모의 경제를 통한 가격 경쟁력, 마케팅 자
금력, 유통력 등 다양하다. 가격은 특히 브랜드나 제품의 이미지에 직접
적인 영향을 주기 때문에 상당한 주의를 요하는 요소이다.

도전자가 차별화 요소를 확보하고 있다면, 리더보다 너무 형편없이 낮
은 가격으로 승부해서는 안 된다. 리더는 유사한 수준의 제품을 내놓고
도 더 높은 가격으로 이익을 얻어 마케팅 비용으로 이용하거나, 가격을
인하해서 상대적으로 도전자의 가격이 고가로 인식되게 만들 것이다. 결
과적으로 도전자가 리더보다 터무니없이 낮은 가격을 제시할 경우, 단기

적인 성과를 기대할 수는 있으나 장기적으로 경쟁우위를 확보하기는 더욱 어려워진다.

최근에는 제품 디자인이나 감성적인 특성을 활용한 차별화 사례를 자주 접하게 된다. 제품의 품질이 평준화되고 개성 소비 경향이 뚜렷해짐에 따라 소비자들은 점차 제품을 통해 감각적인 개성을 표현할 수 있는 제품을 선택하는 경향이 나타나고 있다.

조건3. 리더의 반격에 대비한 일련의 방어장벽을 갖추고 있어야 한다

리더는 다양한 방법으로 도전을 방어하려고 할 것이기 때문에, 리더의 반격을 미리 예측하고 적절한 대응 방안을 구축해야 한다. 효과적인 방어장벽은 리더의 환경이나 상황으로부터 이끌어낼 수 있다. 예를 들면, 리더가 과도한 사업 다각화로 인해 자금의 어려움을 겪고 있을 수도 있고 생산공장을 건설하는 등 새로운 투자를 하느라 자금 운용에 압박을 받고 있을 수도 있다. 도전자는 이러한 리더의 취약한 상황이나 환경을 잘 활용해야 한다.

리더의 반격에 효과적인 방어장벽을 만들기 위해서는 한 가지 방어장벽에 만족해서는 안 되고 일련의 대응 시나리오를 구축할 필요가 있다. 도전자가 공략할 때, 리더가 어떻게 대응해 올 것인지에 대한 단계적 대비책을 마련해야 한다. 너무나 당연한 이야기라고 생각되지만 대부분의 도전자들은 그들 제품에 현혹되어 시장 진입에만 관심을 가지게 되고 리더의 반격에 대해서는 그다지 심각하게 고민하지 않는 경우가 많다.

리더는 말 그대로 시장을 이끌 만한 힘을 가지고 있고 그 동안 많은 도전들을 이겨냈을 만큼 강하다는 점을 명심해야 한다. 한번의 공격으로 무너뜨릴 수 있는 리더는 절대로 존재하지 않으며 2차, 3차 공격을 미리 준비하지 않으면 도전은 결국 실패로 돌아가고 말 것이다.

· · · 어떻게 경쟁우위를 확보할 것인가

도전자이든 리더이든 모든 기업은 경쟁우위(Competitive Advantage)를 확보하고 이를 지속적으로 유지하려고 한다. 일반적으로 경쟁우위의 확보는 우월한 경쟁적 포지셔닝을 만들어낼 수 있는 기업의 역량(Capability)과 자산(Asset) 규모에 달려 있다. 특히 변화하는 시장 환경 하에서 기업은 보유하고 있는 경쟁우위를 시장 환경의 변화에 맞게 어떻게 새롭게 할 것인지, 어떤 새로운 경쟁우위를 확보할 것인지를 계속 고민해야 한다.

경쟁 전략의 핵심은 현재의 경쟁력을 지속적으로 유지하면서 새로운 핵심 경쟁력 요인(Competitive Edge)을 찾는 것이다. 어떤 경쟁우위도 영원히 지속될 수는 없다. 시장 환경과 경쟁 관계가 변화함에 따라 현재의 경쟁우위는 언젠가 사라지게 된다. 시장 환경의 변화가 빠르게 진행되는 시장일수록 경쟁우위는 그만큼 빨리 소멸된다. 경쟁우위가 빠르게 소멸되는 시장이라면, 시장 환경의 변화에도 유지될 수 있는 난공불락의 경쟁력 요인을 찾기보다는 시장 환경의 변화에 순응하면서 신속히 새로운 경쟁력 원천을 찾는 것이 더 나은 전략일 것이다.

핵심 경쟁력 요소가 빠르게 변화하는 것은 양날의 칼이 될 수 있다. 즉 빠르게 변화하는 시장 환경은 새로운 경쟁력 요인을 구축하는 기회를 제공하는 반면, 그러한 경쟁력 요인은 빠른 시장 환경의 변화로 인해 항상 공격받거나 소멸되기 쉽기 때문이다. 따라서 경쟁력 요소가 빠르게 변화하는 시장은 도전자 입장에서는 긍정적일 수도 있지만 그 도전자가 리더가 되면 바람직한 상황은 아니다.

그렇다면 경쟁우위는 어떻게 만들어 내고, 지속적으로 유지할 수 있을까? 경쟁우위에 대한 두 가지 관점이 있다. 하나는 포지셔닝 관점에서의 경쟁우위이고, 다른 하나는 보유 자원(Resources)을 활용한 경쟁우위이다. 경쟁우위는 차별적인 경쟁력(Differentiated Competitiveness)을 가지고 있는 것을 말하는데, 가장 매력적인 세분시장에서 차별적인 포지셔닝(Differentiated Positioning)을 확보하고 있거나 풍부하고 배타적인 자원을 가지고 있는 경우이다. 자원이란 보유 자산(Assets)과 역량(Capabilities)을 말하며, 금전적 자원, 브랜드 파워, 유통력, 우수 인력 등 유무형의 자산은 차별적인 위상을 가능하게 한다.

현실에서는 차별적인 포지셔닝과 자원의 보유 정도가 상호 연계되어 있다. 시장에서 차별적인 포지셔닝을 갖고 있으면 비용을 효율적으로 쓸 수 있기 때문에 경쟁우위를 유지하기가 용이하다. 반대로 풍부한 자원을 가지고 있으면 차별적인 포지셔닝을 유지하고 더 우월한 포지션을 구축하는 기반이 되기도 한다.

하지만 경쟁우위 포지셔닝과 그에 따른 시장점유율과 수익은 경쟁자의 시장공략과 시장 자체의 변화로 인해 차츰 소멸되어 간다. 현재의 경쟁우위를 오랫동안 유지하는 가장 일반적이고 보편화된 전략은 경쟁자의 공략에 대비한 방어장벽을 만들어 가는 것이다. 하지만 시장 환경이 변하면 이러한 방어장벽 역시 효능이 약해지고 경쟁자에 의해 허물어지기 때문에, 궁극적으로는 경쟁우위 요인을 새롭게 하거나 새로운 경쟁우위 요소를 찾는 방법밖에 없다.

마이클 포터의 저비용과 차별화 전략

1980년 마이클 포터(Michael E. Porter)[1]는 포지셔닝 관점에서 경쟁우위 전략의 두 가지 방향을 제시했다. 저비용(Low Cost)과 차별화(Differentiation)가 그것이다. 비용 문제는 가격 전략과 직접 연결되어 있다. 고가격 전략을 구사하기 위해서는 고객이 지불하고자 하는 가격 프리미엄이 추가적인 가치를 제공하는 데 드는 비용보다 크거나 적어도 동일해야만 한다. 그래야 수익성을 확보할 수 있다. 반대로 저비용-저가격 전략은 경쟁자의 가격 대비 최소한 평균 정도의 가격 수준은 유지하면서 고객이 수용할 수 있는 품질을 제시하는 것이다. 저가격 전략을 수행하면서 품질을 너무 희생시키는 것은 비용상의 경쟁우위를 상쇄시킬 위험이 있다.

그런데 포지셔닝 관점에서의 경쟁우위 전략은 몇 가지 중요한 점이 간과되고 있다. 먼저 기업들은 일반적으로 저비용과 차별화 중 하나를 채택하는 것이 아니라 저비용과 차별화 모두를 추구하는 경우가 많다는 사실이다. 실제로 제품 품질이 우수하면 간접적으로 비용을 절감할 수 있기 때문이다. 즉, 품질이 우수하면 시장점유율이 상승하고 경험 효과(Experience Effect)와 규모의 경제(Economy of Scale) 등으로 인해 전체 비용이 줄어든다.

품질과 비용은 모두 고객 가치(Customer Value)라는 개념에서는 하나의 맥락으로 해석된다. 고객 가치란 고객이 제품이나 서비스를 소비하면서 갖게 되는 전체적인 가치를 의미하며, 구조적으로는 '고객에게 인식된 편익(Benefit)'에서 '고객이 지불한 비용'을 뺀 개념이다. 소비자에게 제공한 편익이 동일하다면 지불 비용, 즉 가격이 낮을수록 고객 가치는 커진다. 하지만 소비자에게 가격만 중요한 것은 아니다. 소비자들은 브랜드

---

1 Porter, Michael E., Competitive Advantage, (New York : Free Press, 1980)

나 제품을 선택할 때 가격 외에도 여러 가지 다른 속성들을 고려한다. 가격이 아니라 고객 가치에 주목하는 것이다.

마이클 트레이시와 프레드 위어스마의 3가지 가치 전략

또 다른 포지셔닝 관점에서의 경쟁우위 전략으로 마이클 트레이시(Michael Treacy)와 프레드 위어스마(Fred Wiersma)[2]의 가치 전략(Value Disciplines)이 있다. 이들의 가치 전략은 내부 지향적(운영, 자산 등)이기보다는 다분히 외부 지향적(고객, 시장, 경쟁 등)이다. 이들은 모든 전략의 승패가 핵심 고객 집단에게 경쟁자보다 우월한 핵심 가치를 지속적으로 제공할 수 있는가에 달려 있다고 말한다.

이들의 가치 전략에는 세 가지 유형이 있는데, 각 전략은 각기 다른 핵심 가치 제안(Core Value Proposition)을 갖는다. 이때 핵심 가치는 다른 경쟁자보다 월등한 수준으로 제공되어야 하며, 그 외의 다른 가치들은 소비자들이 수용할 만한 수준에서 제공되면 된다. 기본적인 전제는 서로 다른 소비자는 서로 다른 가치를 요구하고 있기 때문에 모든 소비자를 만족시키는 전략을 수립하는 것은 불가능하다는 것이다. 예를 들면 어떤 소비자 집단은 자동차의 성능, 다른 소비자 집단은 가격 가치, 또 다른 소비자 집단은 감성적인 가치인 디자인을 핵심 가치로 생각한다는 것이다.

세 가지 가치 전략은 운영우수(Operational Excellence) 전략, 고객밀착(Customer Intimacy) 전략, 제품 리더십(Product Leadership) 전략이다. 운영우수 전략은 가장 좋은 가격으로 일관성 있는 품질을 제공하는 데 중점을 둔다. 이 전략을 원활하게 수행하려면, 비용을 최소화하고 고객이 제품

---

2   Treacy, Michael and F. Wiersma, The Discipline of Market Leaders (Reading, MA : Addison-
    Wesley, 1995)

을 구입하는 데 어려움이 없도록 체계화된 비즈니스 시스템을 갖추고 있어야 한다. 이 전략은 유통업체 등 서비스 기업에서 주로 채택하는 전략이다. 서비스 기업은 아니지만 삼성전자의 경우 제품의 내구성, 혁신성 등의 제품 품질, 제품의 구입 과정뿐만 아니라 서비스에 이르기까지 전반적인 운영에서 우수성을 인정받고 있다. 삼성전자뿐만 아니라 삼성생명, 삼성화재, 삼성에버랜드, 래미안, 삼성의료원 등 삼성계열의 대부분의 사업은, 어느 경쟁자보다 이러한 측면에서 경쟁우위를 보이고 있다. 이러한 전략은 시장의 경쟁우위가 상대적으로 오래 유지되는 안정적인 시장에서 흔히 볼 수 있다.

고객밀착 전략은 철저히 고객이 원하는 것을 정확히 맞춰주는 것을 가장 중요한 가치창출 방법으로 간주한다. 이를 위해 조직구조는 개별화된 고객의 독특한 니즈에 대해 지속적으로 고민하도록 체계화되어야 하고, 고객과 장기적인 관계를 형성하도록 체계적으로 움직여야 한다. 고객유지 관리가 중요한 금융 기업이나 호텔, 레스토랑 등의 서비스 기업이 주로 채택하는 전략이다.

제품 리더십 전략은 첨단 기술 기반을 지속적인 혁신을 통해 경쟁사 대비 우수한 품질이나 성능의 제품을 계속 출시하여 제품 성능과 기능상의 경쟁우위를 유지하고 고객의 제품 사용가치를 지속적으로 향상시켜가는 전략이다. 이러한 전략을 구사하는 기업들은 삼성전자, LG전자, SONY 등과 같은 첨단 전자 기업 이외에도 3M, 질레트 등과 같이 새로운 아이디어를 추구하고 고객의 잠재 니즈를 지속적으로 찾아내고자 하는 기업들이다.

하지만 기업이 반드시 앞에서 제시한 세 가지 전략 중 어느 하나만을 선택해야 하는 것일까? 그리고 세 전략은 반드시 서로 상충되는 것일까? 대체로 기업들은 구조적인 문제로 인해 세 가지 중에서 두 가지를 동시에 추구하려고 한다. 때로는 전략을 선택할 여지가 없는 경우도 있고, 때로는 자사의 장점을 활용하는 방향성에서 전략을 선택하기도 한다. 핵심적인 자원이 생산 능력(Capacity)이라면 효율성의 이점을 최대한 활용하는 운영우수 전략을 채택하고, 자산가치가 높은 브랜드를 가지고 있거나 고객과의 관계가 우수한 기업들은 자연히 고객밀착 전략을 활용하려고 할 것이다. 만약 지식기반 산업이거나 특허, 누적된 노하우나 기술이 중요한 산업인 경우, 제품 리더십 전략이 가장 바람직할 수 있다.

경쟁우위를 유지하기 위한 조건은 무엇인가

경쟁우위가 위협받는 상황은 시장 게임의 규칙(Rules of the Game)이 변하는 경우와 경쟁자들에 의해 새로운 경쟁우위가 창출되는 경우이다. 또한 막강한 자산과 역량을 보유하고 있는 기업이 시장에 새로 진입하여 경쟁우위가 사라지는 경우도 있다.

경쟁우위가 지속되는 기간은 시장마다 매우 다양하다. 경쟁우위가 유지되는 기간이 가장 짧은 시장은 아마도 첨단기술 신제품이 경쟁적으로 출시되는 시장일 것이다. 예를 들면 개인 휴대용 전자제품 시장이 대표적이다. 휴대폰 시장의 경우 6개월이 멀다고 느낄 정도로 경쟁력의 핵심이 바뀌고 있다. 반대로 경쟁우위가 가장 오랫동안 지속되는 시장 중의 하나는 제약시장이다. 제약시장은 특허로 경쟁우위가 일정기간 보호되는 시장이다. 윈도우즈, 마이크로소프트 오피스 같은 사무용 소프트웨어 시장은 시장의 선발진입자가 선발 기업의 이점(First Mover Advantage)을 이용하여 시장의 표준(Standard)을 만들고 고객들이 타사 제품으로 전이하는 비용(Transfer Cost)을 상승시킴으로써 경쟁우위를 유지한다. 또한 투자

은행과 같이 고객과의 밀접한 관계가 경쟁우위를 유지하는 방편이 되기도 한다.

경쟁우위가 소멸되는 속도는 시장의 환경이나 사업의 특성 등에 따라 차이가 난다. 경쟁우위가 소멸되는 속도, 즉 사이클이 느린 경우는 독특한 자원이나 역량에 기초를 두고 있거나, 경쟁자의 공략에 대비한 강한 보호막이 구축되어 있는 시장이다. 특히, 특허나 특정지역을 연고지로 선점하고 있는 시장, 관련 영역에 강한 브랜드를 보유하고 있는 시장, 구매자와 공급자의 관계가 강하게 형성되어 있는 시장 등이 이런 유형에 속한다. 느린 사이클의 장점은 가격을 안정적으로 유지할 수 있고 상대적으로 높은 수익성을 확보할 수 있다는 것이다. 경쟁우위가 소멸되는 사이클이 빠른 경우, 제품의 라이프사이클도 짧고 마진이 적으며 수익성에 대한 압박이 심하고, 신제품의 보편화가 빨리 일어나서 신제품 효과가 오래가지 않는다. 기본적으로 제품의 컨셉, 기술과 아이디어에 기반한 제품 중심 시장이 그런 경우이다.

그렇다면 기업이 의도적으로 경쟁우위가 소멸되는 것을 지연시키고 경쟁우위를 오래 유지할 수 있는 방법은 없을까? 그러기 위해서는 어떤 조건이 필요한가?

- 자산이나 역량이 매우 가치 있는 것이어야 한다. 즉 고객 가치 향상에 명백히 기여할 수 있어야 한다.
- 그러한 자산이나 역량은 오래 지속될 수 있는 것이어야 한다. 기술의 변화, 고객의 니즈와 요구 조건의 변화 등으로 인해 단기간에 가치가 하락하거나 진부화되지 않아야 한다.
- 경쟁자가 보기에, 경쟁우위의 원천이 어떻게 경쟁력으로 작용하는지가 분명하지 않고, 경쟁력 요소간의 인과 관계가 모호하면 경쟁우

위가 지속될 수 있다. 그런 경우, 경쟁자가 경쟁우위 요소에 대한 경쟁력을 확보하기가 어렵기 때문이다.

- 경쟁자들이 경쟁우위 요소의 실체를 분명히 이해하고 있다고 하더라도, 동일한 자산이나 역량을 가질 수가 없거나 동일한 목적을 수행할 수 있는 다른 자원을 찾기가 쉽지 않아야 한다. 즉 따라 하기 어려워야 한다.

이러한 조건들, 특히 '인과관계의 모호성'이나 '따라하기 어려운' 조건은 경쟁자의 모방에 대한 방어장벽이 될 뿐만 아니라 경쟁우위를 지속적으로 유지할 수 있게 하는 매우 호의적인 조건이다.

경쟁이란 근본적으로 역동적인 프로세스이다. 경쟁 전략에 능숙한 경쟁자들은 스스로의 약점을 극복하고 끊임없이 새로운 경쟁우위를 찾는다. 경쟁우위를 가진 리더는 현재의 경쟁우위를 계속 강화하고 확장함으로써 경쟁자가 모방하거나 경쟁력을 확보하지 못하도록 새로운 방어장벽을 계속 만들어간다. 그것이 경쟁우위를 지속적으로 유지하는 방법이기 때문이다. 그리고 무엇보다도 가장 오랫동안 지속될 수 있는 경쟁우위는 시장 환경 변화에 적응하여 새로운 경쟁우위의 원천을 만들어 낼 수 있는 능력을 갖추는 것이다.

시장 위상에 따른 전략 방향은 어떻게 다른가

도전자 전략의 방향은 도전자의 시장 위상에 따라 다르게 설정되어야 한다. 기업은 자사가 시장에서 어떤 위치에 있는지를 명확히 분석한 다음에 경쟁시장에서의 전략을 수립해야 한다. 필립 코틀러(Kotler)[3]는 시장 점유율에 따라 기업들을 시장 리더 기업(Market Leader), 시장 도전 기업(Market Challenger), 시장 추종 기업(Market Follower), 시장 틈새 기업(Market Nicher)으로 분류한다.

시장 도전 기업과 시장 추종 기업의 전략 방향

시장 도전 기업은 시장 리더 기업 다음으로 시장점유율이 큰 기업으로, 시장 도전 기업의 목표는 시장점유율을 확대하여 리더 기업을 앞지르는 것이다. 이를 위해서는 리더 기업에 대한 차별화 전략이 모색되어야 한다. 제품 차별화로 리더 기업의 지위를 무너뜨리는 방법과 가격 차별화를 통해 경쟁우위를 유지하는 방법이 있다. 물론 시장 리더 기업보다 비용측면에서 경쟁우위에 서 있지 못하는 상황에서는 저가격 정책을 장기적으로 유지할 수가 없기 때문에, 지속적으로 시장점유율을 획득하기 위해서는 일시적인 가격할인 정책은 무의미하다. 새로운 경쟁력 요인을 찾는 경우가 아니라면 도전 기업은 리더 기업의 경쟁력이 약한 부분을 찾아내 공격하는 것이 효과적이다.

시장 추종 기업은 시장점유율 경쟁도 중요하지만 안정적인 시장 지위 확보와 적정 이윤을 유지하는 것이 더 중요하다. 시장에서 생존해야 하기 때문이다. 시장 추종 기업은 일반적으로 시장 리더 기업을 모방하는 경우가 많다. 제품을 모방할 수도 있고 전략을 모방할 수도 있다. 모방 전략의 원천은 무임승차 효과(Free-Rider Effect)이다. 시장 리더 기업을 모방하면 개발 비용이 적게 들기 때문에 저가격으로 시장에 진입할 수 있고 실패할 가능성도 낮다. 디자인, 가격 등 주변적인 요소에서만 부분적으

---

3 Kotler, Philip, "Marketing Management", 7th ed. Prentice-Hall, 1990 pp. 374-398.

로는 차별화하고 핵심적인 부분에서는 시장 리더 기업이나 도전 기업을 모방하는 것이다. 하지만 단지 모방만 하는 경우 장기적인 성과를 기대할 수 없다. 특히 모방 제품의 경우 일부 도전 기업을 제외하고는 성공 사례가 거의 없다. 모방에만 그치지 말고 선발 제품의 약점을 연구하고 개선하여 새로운 시장을 창출하려는 노력이 수반되어야 한다.

시장 도전 기업이나 시장 추종 기업의 전략 방향에는 크게 다섯 가지가 있다.

- 니치 시장 공략: 마켓리더가 간과하고 있는 시장을 공략하여 해당 시장에서 위상을 구축하고 이를 기반으로 점차적으로 주류 시장으로 영역을 확대한다.
- 저가 포지셔닝: 마켓리더가 고가격/고품질의 위상을 형성하고 있다면 저가격/저품질로 대중에게 어필하고 지속적으로 품질을 향상시켜 저가격을 핵심적인 경쟁력 요인으로 부각시킨다.
- 고가 포지셔닝: 경쟁자들이 프리미엄 시장으로 인정하는 고가격 포지셔닝을 개발하여 경쟁자를 저가 시장으로 리포지셔닝한다.
- 경쟁자 리포지셔닝: 시장에 새로운 경쟁력 요소를 제시하여 소비자들의 관심을 변화시키고 경쟁자의 핵심 경쟁력 요인을 열등한 요소로 인식되게 한다.
- 시장 재편: 기술, 제품 혹은 서비스의 혁신을 통해 시장을 완전히 재편한다.

이러한 전략들은 대부분 경쟁이 미약하거나 주 경쟁 기업의 방어가 약한 세분시장을 타겟으로 하거나, 혹은 기존 경쟁자가 활동하지 않는 새로운 세분시장을 타겟으로 하는 경우에 성공 확률이 높다.

시장 틈새 기업의 전략 방향

시장 틈새 기업은 매출규모가 작은 기업으로, 대기업이 뛰어들지 않는 한두 개의 세분시장에서 독자적인 지위를 구축한다. 시장 틈새 기업의 전략적 목표는 수익성을 제고하는 것과 틈새 시장에서 선도 기업 이미지를 구축하는 것이다. 틈새 시장 마케팅(Niche Marketing)의 핵심은 너무 특화되어 있어 규모가 작은 세분시장에 강력한 포지셔닝(Niche Positioning)을 구축하는 데 있다.

틈새 시장을 공략하기 위해서는 우선 큰 업체가 진출하지 않은 시장을 찾아서 그 시장에 자원을 집중해야 한다. 그리고 반드시 틈새 시장에 맞는 특화된 상품을 개발해야 한다. 시장의 규모가 크지 않기 때문에 전문성으로 승부해야 하며 나름대로의 브랜드 파워를 유지해야 한다. 마케팅 전략은 시장 선도 기업의 마케팅 전략을 그대로 실행할 수 있다.

니치 포지셔닝은 해당 시장에 한정적으로 적용될 수도 있고, 다른 시장으로 확대하는 교두보가 될 수도 있다. 후자의 경우에는 니치 포지셔닝이 주류 시장으로 진입하기 위한 측면 공략(Flanking)의 기초가 되기도 한다. 하지만 시장에서 4위 혹은 5위 정도 하는 것과 특화된 니치 포지셔닝은 뚜렷한 차이가 있다. 니치 포지셔닝의 특징은 다음과 같다.

- 소비자와 유통업자에게 니치 기업으로 명확하게 인식된다.
- 한정된 소비자 집단에 특화하여 포지셔닝한다. 가격 포지셔닝이 독특하고 대부분 프리미엄이며, 수익률이 시장 평균보다 높다.

현재 시장 리더의 위상을 갖고 있지만 초기에는 니치 포지셔닝을 한 사례도 적지 않다. 예를 들면, 마이크로소프트(Microsoft)는 초기 PC에 랭귀지 컴파일러(Language Compiler)를 제공하다가 차츰 IBM PC의 오퍼레이

팅 시스템(Operating System)을 공급하는 니치 브랜드로 발전하였고, 1990
년대 초 오퍼레이팅 시스템 소프트웨어(Operating System Software) 등 애플
리케이션웨어(Application Ware)가 컴퓨터 시장을 지배하면서 시장의 강자
로 부상했다.

이 책에서는 시장 도전 기업, 시장 추종 기업 및 시장 틈새 기업의 전략
을 총칭하여 도전자 전략이라고 부르기로 한다.

● ● ● ●
리더를 공략하는 구체적인 전략은 무엇인가

일반적으로 리더는 지속적으로 새로운 제품을 내놓고, 가격을 인하하고,
엄청난 양의 광고를 쏟아붓는 등의 방법으로 경쟁자들의 접근을 막으려
고 한다. 리더는 경쟁자가 시장에 침투하면 수익성 측면이나 경쟁력 측
면에서 경쟁자를 무력화시키려고 한다. 시장이 급격히 성장하고 있을 때
는 경쟁자들에게 시장의 일부를 내어 주겠지만, 시장이 성숙기에 접어들
면 리더는 시장점유율을 확대하기 위해 도전자들을 압박할 것이다. 이러
한 리더를 성공적으로 공략하는 방법은 시장의 형태, 리더와 도전자의
상대적인 역량, 그리고 제품의 특성에 따라 달라진다.

하지만 충분한 자원과 힘을 가지고 있는 도전자라도, 단순한 모방 전
략으로 리더를 정면 공격하는 것은 피하는 것이 좋다. 대신 리더의 전면
적인 보복을 피하면서 리더의 경쟁우위 요소를 무력화하는 것이 바람직
하다. 만약 모방 전략을 도입한다면 단기적으로는 리더가 될 수 있을지
는 모르나, 장기적으로 리더의 지위를 유지하기가 어렵다. 또 리더의 지
위를 유지한다고 하더라도 막대한 마케팅 투자가 필요하게 된다.

도전자가 새로운 리더가 되고, 또 그 자리를 지속적으로 유지하

기 위해서는 반드시 차별적인 경쟁우위 요소를 가져야 한다. 진정한 리더는 단기간 시장을 장악하는 리더가 아니라 장기적으로 시장우위를 유지하는 리더이다. 이런 관점에서 도전자가 취할 수 있는 효과적인 전략 유형을 알아보자.

재조정 전략

첫 번째 유형은 제품의 가장 본질적인 속성의 재조정(Reconfiguration) 전략이다. 본질적인 속성에는 제품 자체와 제품의 구성요소, 생산, 유통, 마케팅 등의 요소들이 포함된다. 재조정 전략 중에서 가장 손쉬운 방법은 제품의 품질이나 형태, 기능, 디자인 등의 제품 요인에 대한 재조정이며, 그 외에 마케팅 활동의 재조정, 타겟을 축소, 집중하는 타겟 재조정 등이 있다.

제품 핵심 속성의 재조정. 도전자가 리더를 공략할 때 가장 효과적인 방법은 제품의 핵심 속성을 재조정하는 것이다. 리더가 오랫동안 지배적 위상을 유지하고 있는 시장의 경우 소비자들이 리딩 브랜드에 매우 익숙해 있기 때문에 핵심 속성에서 우위를 확보하기도 어렵고, 확보한다고 하더라도 큰 효과를 거두지 못할 때가 많다. 이런 경우 도전자는 새로운 핵심 속성을 제시함으로써 경쟁의 판 자체를 바꿀 필요가 있다.

카스맥주는 '부드럽고 순한' 맛으로 대표되던 맥주 시장에 '톡 쏘는 맛'이라는 상반된 맛을 내세우면서 제품 속성을 재조정하여 시장을 이원화하였다. 십 수년 동안 광고를 통해 일관된 메시지를 전달한 결과, 시장은 소비자 인식 속에 '부드러운 맛' 시장과 '톡 쏘는 맛' 시장으로 뚜렷이 구분되게 되었고 카스맥주는 '톡 쏘는 맛' 시장에서 절대 강자로 위상을 확보하게 되었다.

제품의 핵심 속성에서 우위를 확보하는 방법으로 원료 성분을 차별화하여 리더를 공략하는 방법도 있다. 조미료 시장에서 '미원'에 대해 절대적인 열세의 위치에 있던 CJ의 '미풍'은 화학 조미료가 아닌 천연 조미료(다시다)라는 제품 원료의 새로운 속성을 제시하였다. 조미료의 핵심 속성을 화학 성분에서 천연 성분으로 바꿈으로써 CJ는 조미료 시장의 판도를 뒤집었다. 최근에는 웰빙 열풍을 타고 오리온이 천연 원료로 만든 '마켓오'를 출시하여 새로운 시장 기회를 모색하고 있다.

제품 주변 속성의 재조정. 도전자가 제품의 핵심 속성에서 경쟁우위를 확보하기 어렵다면, 디자인, 서비스, 유통 채널, 타겟 등, 제품의 주변적 속성을 재조정하여 리더를 공략할 수 있다. 디자인의 재조정은 제품의 성능을 중시하는 시장에서 디자인과 같은 감성적 요소를 새로운 경쟁력 속성으로 부각시키고 그 속성에 승부수를 띄우는 것이다. 기아자동차는 '디자인 기아'를 슬로건으로 내세우며 디자인을 새로운 경쟁력 요소로 제시하였다.

서비스의 재조정은 서비스 편의성을 향상시켜 소비자 인식상의 브랜드 가치를 제고하는 것이고, 유통 채널의 재조정은 기존에 관심을 갖지 않았던 유통 채널이나 새로 부각된 유통 채널을 활용해 소비자 편의성을 높여줌으로써 경쟁력 요소로 활용하는 것이다. 타겟 재조정은 시장을 의도적으로 나누는 것으로, 도전자가 리더의 타겟과 완전히 다른 타겟을 정의하거나 리더의 제품을 구매하는 소비자층의 일부를 타겟으로 선정하여 경쟁력을 확보하는 방법이다.

박카스를 공략하면서 시장에 엄청난 반향을 일으킨 비타500은 유통 채널과 타겟을 재조정하여 성공한 사례이다. 당시 박카스는 피로회복제 시장의 절대 강자로 군림해 왔으나 브랜드가 노후화되어 젊은 층과의 관련성이 하락하고 있었다. 비타500은 이러한 박카스의 약점을 공략하여 젊은 비타민 음료로 스스로를 포지셔닝하고, 효리, 비, 원더걸스 등을 광고 모델로 기용해 젊은 층을 대상으로 집중화된 마케팅을 전개하였다. 비타500은 젊은 층을 위한 피로회복제로, 박카스는 부모님 세대의 피로회복제로 포지셔닝해 버린 것이다. 또한 비타500은 약국에서만 판매되는 박카스와는 달리 슈퍼마켓에서도 구입할 수 있도록 하여 유통 채널에서도 차별화하였다.

가격 포지셔닝의 재조정. 재조정 전략의 세 번째 방법은 가격 포지셔닝의 재조정으로, 가격 측면에서 시장의 기존 제품들과 수직적 하이어라키를 형성하여 스스로를 다른 시장으로 차별화하는 것이다. 일반적으로 도전자는 가격 경쟁력을 확보해 저가 포지셔닝을 하지만 니치 세분시장의 경우 고가 포지셔닝을 하는 경우도 종종 있다. 도전자가 고가 포지셔닝을 하는 것은 기존의 리더 브랜드를 범용화하고 상위 포지셔닝을 구축하기 위한 것으로, 소비자가 프리미엄 가격을 지불할 확실한 근거를 제공할 수 있어야 한다. 특히 제품이 경제적(Economic), 기능적(Functional), 감성적(Emotional) 혹은 사회적(Social) 가치 등에서 차별화가 가능하고, 소비자들의 관여도가 높은 제품군이어야 한다.

반면 도전자가 저가 포지셔닝으로 차별화하기 위해서는 두 가지 조건이 충족되어야 한다. 우선 도전자가 리더 대비 원가 경쟁력에서 확실한 우위를 확보해야 하고, 리더 브랜드가 가격을 인하하기 어려워야 한다. 도전자의 저가 포지셔닝에 대응하기 위해 리더 역시 가격을 낮추는 출혈경쟁으로 맞설 수 있기 때문이다.

화장품 시장에서는 미샤와 더페이스샵이 저가 포지셔닝으로 시장을 공략하여 확고한 위상을 확보했다. 이들은 유통이나 마케팅 비용의 거품을 이용해서 비용 경쟁력을 확보했는데, 리더를 포함한 기존 브랜드들은 가격 수준을 단기간에 무너뜨릴 수 없었기 때문에 이들 도전자의 공략에 효과적으로 대응할 수 없었다.

도전자가 저가 포지셔닝할 수 있는 두 번째 조건은 보급형 제품 생산이 가능해야 한다는 것이다. 다기능 고가 제품의 경우 기능의 일부를 포기함으로써 저가 포지셔닝이 가능해진다. 휴대폰 시장에서 2000년대 초반 한국모토로라는 경쟁자들과의 기술 경쟁에서 우위를 차지할 수 없었기 때문에 시장 평균 수준의 기능을 가진 스타텍을 출시하였고, 디자인을 핵심 경쟁력으로 내세웠던 레이저(Razr) 모델 역시 첨단 기능을 배제하여 가격 경쟁력을 강화했다.

세분시장의 재조정. 특정 세분시장에 특화하거나 니치 시장을 공략하는 것으로, 도전자가 시장에 효과적으로 침투하기 위한 방편으로 활용된다. 리더는 일반적으로 넓은 사용자층을 확보하고 있기 때문에 특정 타겟을

재조정 전략 Re-configuration	제품 핵심 속성 재조정	본질적 제품 속성에서 우위 확보 (동일 포지셔닝에서의 우월화) 새로운 경쟁 속성 제시 (리더의 리포지셔닝)
	제품 주변 속성 재조정	제품의 주변적 요소 차별화 (포장방법/디자인/서비스/유통 채널 등)
	가격 포지셔닝 재조정	고가 포지셔닝 (Premium Positioning)으로 전환 저가 포지셔닝(Value Positioning)으로 전환
	세분시장 재조정	특정 세분시장 특화 (Specific Segment Focused Positioning) 니치 시장 공략

도전자의 재조정 전략

향한 집중된 마케팅 활동을 전개하기 어렵다. 따라서 리더의 위상이 확대되어 범용화되면 일부 소비자들은 자신들과 관련성(Relevance)이 떨어진다고 인식하고 자신들만의 브랜드를 추구하는 경향이 나타난다. 도전자는 이러한 리더의 약점을 이용하여, 특정 타겟을 집중 공략함으로써 경쟁우위를 확보할 수 있다. 일반적으로 리더의 위상이 확대되면 브랜드 노후화 징후가 나타나는데, 이 경우 도전자들은 특정 세분시장을 집중 공략함으로써 리더의 위상을 약화시킬 수 있다. 앞에서 설명한 가격 포지셔닝의 조정 역시 세분시장의 조정으로 볼 수 있다.

재정의 전략

도전자가 리더를 공략하는 또 하나의 전략은 비즈니스 요소를 조정하지 않고 그 정의를 새롭게 하는 것(redefinition)이다. 경쟁 시장, 경쟁 영역 등 경쟁 범위를 재정의하는 것이 일반적이며, 제품 사용 용도의 변경이나 복합화를 통해 제품군 자체를 재정의할 수도 있다.

경쟁 범위의 재정의. 도전자는 경쟁 범위를 재정의함으로써 시장의 정의를 변화시킬 수 있다. 리더가 경쟁력을 확보하고 있는 시장을 보다 포괄적인 시장으로 정의함으로써 리더의 경쟁력을 희석시키는 것이다. 리더가 특정 영역에서 경쟁우위를 확보하고 있다면 도전자가 이 영역을 포함한 보다 폭넓은 시장으로 경쟁 범위를 확대하는 것이다. 예를 들면, 녹차, 홍차 등 특정 제품 시장의 리더를 공략하기 위해서 도전자가 차음료 전체 시장을 경쟁 영역으로 정의하거나, 음료 시장 전체를 경쟁 범위로 정의하여 시장에 도전하는 것이다. 경쟁 범위를 재정의하는 또 하나의 방법은 시장을 나누어 재정의하는 것이다. ㈜좋은사람들은 내의 시장을 일반내의와 패션 내의 시장으로 재정의하면서 시장에 진입하였다.

경쟁 범위를 재정의하는 또 다른 방법은 기존에 소비자가 다른 카테고리로 인식했던 카테고리를 경쟁 대상으로 정의하는 것이다. 예를 들면, 커피 시장을 공략하기 위해서 기분전환용 차나 음료 전체 시장으로 경쟁의 범위를 설정하는 것이다. 사우스웨스트 항공은 단거리 항공 시장의 경쟁 범위를 경쟁 항공사뿐만 아니라 열차와 고속버스까지 포함하여 정의하였다.

대체로 경쟁 범위를 넓게 재정의하는 경우는 TPO(Time, Place, Opportunity)가 동일한 제품 카테고리로 경쟁 범위를 확대하는 것이고, 경쟁 범위를 좁게 정의하는 경우는 특정 소비자의 니즈를 반영하여 새로운 시장으로 재정의하는 것이다. 도전 기업이 막강한 자본력이나 강력한 브랜드력을 가지고 있지 않다면, 시장의 경쟁 범위를 좁혀야 성공 가능성이 높아진다.

사용 용도의 재정의. 제품의 사용 용도에 대한 고정관념을 없애고 다양한 용도로 확대하는 방법이다. 대형 할인마트에서 매출 상위 5위 이내에 들어가는 물티슈는 사용 용도가 매우 다양하다. 도전자의 입장에 있던 맥주 시장의 OB는 페트 맥주를 개발하여 맥주의 사용 TPO를 확대하였다.

재정의 전략 Re-definition	경쟁 범위 재정의	시장 및 경쟁 영역 등 경쟁 범위 재정의
	사용 용도 재정의	새로운 사용 용도 제시를 통한 신시장 창출
	제품군 재정의	제품군을 새롭게 정의하여 신시장 창출

도전자의 재정의 전략

껌은 왜 자기 전에 씹으면 안 될까? 두부는 반찬으로만 먹어야 할까? 우리가 고정관념으로 가지고 있는 제품의 사용 용도를 다시 한번 돌아 볼 필요가 있다.

제품군의 재정의. 시장을 재정의하는 마지막 방법은 제품군을 새롭게 정의하는 것이다. '레드망고'는 아이스크림 시장으로부터 '얼린 요거트(Frozen Yokult)' 시장을 새롭게 정의하여 새로운 제품 카테고리를 만들었다. 한스킨은 화장품 시장에서 기초 화장과 베이스 메이크업을 한번에 해결하는 비비크림이라는 새로운 제품을 만들었다. 빙그레는 요플레를 앞세워 '떠먹는 요구르트' 카테고리를 만들었고, 남양은 불가리스로 '마시는 요구르트' 시장을 개척하였다.

비용의 확대

도전자가 리더를 공략하는 세 번째 전략은 단순히 비용을 확대하는 것(Pure Spending)이다. 예를 들면, 제품 가격을 인하하거나 광고 비용을 확대하는 것이다. 이러한 비용 확대는 비용만 많이 소요되고, 실패하는 경우가 종종 있다. 일반적으로 리더는 자금 여력이 우수하므로 경쟁자들을 물리치기 위해 훨씬 막대한 비용을 쏟아부을 것이기 때문에, 비용 확대의 성패는 도전자의 자금력이 얼마나 풍부한지, 리더의 비용 확대 여력이 얼마나 되느냐에 달려 있다. 리더의 경우, 전반적인 자금 압박이나

비용 확대	가격 인하	가격 인하를 통한 가격 경쟁력 확보
	마케팅 비용	광고 등 마케팅 비용 확대를 통한 경쟁우위 확보

도전자의 비용 확대 전략

비즈니스의 우선 순위 때문에, 비용 확대를 할 수 없는 경우가 있다. 결국 이러한 비용 확대 전략은 시장 자체의 규모가 작아서 리더가 충분한 자금을 투입하기 힘든 경우에 가능한 전략이다.

국내 건설 회사의 원조라고 할 수 있는 현대건설이 2006년 9월 힐스테이트 브랜드를 런칭하였다. 이미 삼성래미안, LG자이, 대우 푸르지오 등 경쟁 브랜드들이 소비자의 연상 속에 깊이 각인되어 있었기 때문에 후발 브랜드로서 소비자에게 각인시키기가 매우 어려운 상황이었다. 현대건설은 단기간 내에 브랜드 위상을 확보하기 위해서 런칭 직후 월 평균 광고비로 43억, 런칭 후 10개월 동안 총 390억을 광고에 쏟아부었다. 그 결과 10개월 만에 브랜드 최선호율 7.2%, 비보조 총상기율 12.7%라는 성과를 거두었다. 2006년 도급 순위 3위였던 현대건설은 2009년 브랜드 런

과감한 마케팅 투자로 단기간에 브랜드 위상을 확보한 현대건설 힐스테이트

칭 3년 만에 삼성물산과 대우건설을 제치고 도급 순위 1위에 등극했다.

　제품 속성이나 가격 포지셔닝의 재조정, 또는 경쟁 범위나 사용 용도의 재정의를 통해 경쟁우위를 확보하기 힘든 경우, 자금력을 가진 도전자라면 단기간에 집중된 마케팅 투자를 통해 경쟁우위를 확보하는 것도 좋은 전략일 수 있다.

1. 경쟁자인 리더의 경쟁우위 요소는 지속적으로 유지할 수 있을 만큼 차별적이고 자사가 경쟁력을 확보하기 어려운 요소인가?

2. 경쟁자인 리더는 어떤 차별적인 포지셔닝을 확보하고 있는가? 리더는 자사 대비 어떤 자산과 역량에 월등한 경쟁력을 가지고 있는가?

3. 도전자로서 리더를 성공적으로 공략하기 위한 조건을 갖추고 있는가? 그렇지 않다면 어떤 조건을 보완해야 할 것인가?

4. 경쟁자인 리더가 고객에게 제공하는 핵심 가치는 무엇인가? 경쟁자인 리더 대비 월등한 수준으로 제공할 수 있는 고객 가치가 있는가? 어떤 고객 가치로 리더와 차별화할 수 있는가?

5. 도전자는 리더 대비 경쟁우위를 확보하기 위해서 어떤 경쟁력 요소를 육성해야 하는가?

6. 시장의 경쟁 구조, 경쟁적 위상, 라이프사이클 등을 감안했을 때, 리더인 경쟁자를 공격하기 위한 가장 적합한 전략은 무엇인가? 어떤 요소를 재조정해야 하는가? 아니면 어떤 요소를 재정의해야 하는 가?

7. 자사의 핵심 시장은 경쟁우위가 유지되는 기간이 어느 정도인가? 경쟁우위를 확보한 경우, 그 경쟁우위가 소멸되지 않도록 어떤 방어장벽을 만들 수 있을까?

06
도전자로서 어떻게 차별적 경쟁우위를 확보할 것인가

Challengers' Strategy for Competitive Superiority

도전자는 어떻게 리더를 넘어서는 경쟁우위를 확보할 수 있을까? 경쟁 환경이나 제품 특성, 시장 위상 등에 따라 다르겠지만, 가장 간단한 방법은 시장의 핵심 속성에서 우월성을 확보하는 것이다. 하지만 도전자가 시장의 핵심 속성에서 경쟁우위를 확보하기는 매우 어렵다. 시장의 핵심 경쟁 요소는 리더가 이미 우위를 확보했거나 특정 경쟁자가 우위를 확보하기 힘든 상황이 대부분이기 때문이다.

하지만 경쟁 환경의 변화에 따라 시장의 핵심 속성이 바뀌기도 하고, 디자인과 같은 주변적인 속성이 오히려 중요한 속성으로 부각되기도 한다. 따라서 시장에서 경쟁력 있는 차별화 속성을 찾아내기 위해서는 다양한 측면을 고려할 필요가 있다. 리더가 간과하고 있는 속성은 없는가? 리더가 숨기고 싶은 속성은 없는가? 소비자의 기존 인식을 바꾸어 놓을 수 있는 속성은 없는가? 서로 다른 제품을 융합하거나 시장을 나눔으로써 차별화할 수는 없는가? 프리미엄 제품 또는 열등한 제품으로 차별화할 수는 없는가?

도전자가 차별화된 속성을 찾는다는 것은 소비자의 잠재 의식을 일깨워서 반응하게 할 그 무엇인가를 찾는 것이다. 시장에서 경쟁우위를 확보하기 위해서는 이런 요소를 찾기 위한 남다른 발상과 사고의 전환이 필수적이다. 이 장에서는 도전자가 어떻게 차별적인 경쟁우위를 확보할 수 있는지에 대한 다양한 접근을 알아 보도록 하자.

가장 핵심적인 속성에서 경쟁자를 열등화시켜라

후발 도전 기업이 리더 기업과 차별화하는 방법으로는, 해당 제품군의 본질적인 속성에 대해 우월성을 강조하여 리더 혹은 기존 경쟁자를 열등화시키는 방법이 있다. 하지만 성숙 시장에서는 차별화하기 매우 어려운 방법이기도 하다.

소비자가 후발 브랜드를 받아들일 때는 기존 브랜드와 비교하고 평가하는 과정을 거친다. 후발 브랜드가 제안하는 가치 속성이 기존 브랜드의 핵심 가치 속성과 같은 경우에 후발 브랜드를 더 잘 기억하며 선택할 확률도 높아진다(Zhang & Markman, 1998)[1]. 후발 브랜드가 리딩 브랜드의 핵심 경쟁력 요인과 다른 속성으로 어필할 경우, 직접 비교가 어렵기 때문에 소비자는 명확하게 차별성을 인식하지 못할 수도 있다.

따라서 소비자에게 후발 브랜드의 차별성을 명확히 인식시키고자 한다면 기존 브랜드가 내세우는 핵심 속성에서의 우위를 강조하는 것이 보다 효과적이다. 이러한 전략은 기술 집약적인 제품군에 적합하며, 새로운 신제품이 계속 출시되고 기술 발달이 진행되고 있는 시장이나, 도입기나 성장기에 있는 제품군에 주로 적용된다. 또한 비내구재 제품 중에서는 소비자가 가치를 느끼는 속성이 매우 단순한 제품군에 적용되기도 한다.

---

1 Zhang, Shi & Arthur B. Markman (1998), "Overcoming the Early Entrant Advantage : The Role of Alignable and Nonlinear Differences", J. of Marketing Research 35(November) 413-26.

1979년 진통제 시장은 사리돈이 절대적 지위를 차지하고 있었다. 그 당시 삼진제약은 규모가 작고 잘 알려지지도 않은 회사였는데, 게보린이라는 신제품으로 사리돈에 도전장을 냈다. 진통제 시장은 진통 효과 이외에는 별다르게 어필할 요소도 없고 브랜드간 효과 차이에 대한 인식도 뚜렷하지 않은 특징이 있다. 세분화된 타겟이 없고 용도에 따른 세분화만 존재한다.

게보린은 진통 효과의 우위를 전달하기 위해서, 진통 증상 중 '두통, 치통, 생리통'에 좋다는 커뮤니케이션을 전개하였다. 물론 다른 진통 증상에 효과가 없는 것은 아니지만, 한국인들이 가장 자주 진통제를 사용하는 용도에 초점을 맞추어 해당 용도에는 우월한 효과가 있다는 점을 강조함으로써 사리돈 대비 진통 효과가 우수하다는 것을 표현하였다.

게보린의 진통 효과는 여러 가지 경로로 입증이 되었고, 국내에서는 게보린이 '진통 효과가 가장 빠른 두통약'으로 인식되게 되었다. 물론 게보린의 성공에는 소비자 인식을 바꾸어 놓은 '맞다, 게보린'이라는 일관되고 지속적인 커뮤니케이션이 큰 공헌을 했다. 하지만 게보린의 핵심 성공 요인은, 특정 용도에서 전문성을 확보하고, 시장의 핵심 속성인 진통 효과에서 기존 리더 대비 우월성을 인정받았기 때문이다.

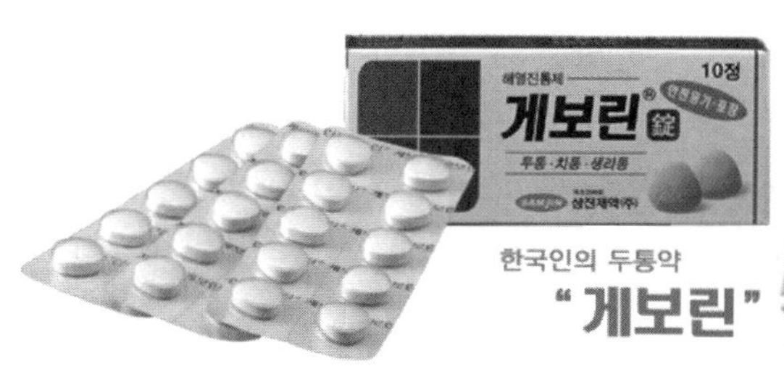

핵심 속성에 집중해 온 '맞다, 게보린' 광고

그러나 한 가지 주의해야 할 점이 있다. 리딩 제품과 동일한 속성에 대해 우월함을 강조하는 경우, 도전자가 차별적으로 포지셔닝되기보다는 오히려 리딩 브랜드의 위상을 더욱 공고히 해 주는 결과를 초래할 수도 있다. 이러한 상황은 리딩 브랜드가 절대적인 위상을 갖고 있거나 도전자가 우월성을 효과적으로 어필하지 못하는 경우에 발생한다.

전략2 차별적 특성에 대한 과학적이고 객관적인 근거를 제시하라

차별적인 특성에 대해서 일방적인 커뮤니케이션보다는 소비자가 공감대를 형성할 수 있도록 과학적이고 객관적인 근거를 제시하라. 특히 시장에 새로 출시되는 독특한 제품 카테고리나 차별적 특성으로 확고한 제품 우위를 모색하는 후발 브랜드의 경우 차별적 특성에 대한 공감대 확보가 필수적이다.

'차별화'라는 단어는 더 이상 마케팅에서만 사용되는 용어가 아니다. 이제 우리 사회 전반에서 통용되는 상용어가 되었다. 그만큼 많은 제품과 서비스가 차별화를 주장해 왔기 때문에 차별화 자체가 일반화된 것이다. 따라서 기존 제품이나 서비스 대비 소비자가 확실하게 인식할 수 있는 차별화 근거를 제시하지 않으면 소비자들의 관심을 끌기 어렵다. 특히 시장에 새로 출시되는 새로운 카테고리의 제품이나 후발 브랜드의 경우에는 누구나 신뢰할 수 있는 차별화 근거를 제시하는 것이 필수적이다. 공인기관의 인증이나 실험 결과, 소비자들이 공감할 수 있는 기능이나 성분, 설득력 있는 컨셉, 사용자들의 증언 등이 차별화 근거에 해당된다.

Case 효능, 효과에 대한 과학적 근거를 제시해 성공한 자일리톨껌, 헬리코박터
프로젝트 윌, 메치니코프

롯데제과의 자일리톨껌은 1997년에 처음 출시되었을 때는 초기 성과가 그다지 우수하지 못했다. 그 이유는 자일리톨의 충치 예방 효과를 소비자에게 직접적으로 전달할 수 없었기 때문이다. 왜냐하면 식품에 대해서는 질병 치료에 효능이 있다는 내용이나 의약품으로 혼돈의 우려가 있는 내용의 표시와 광고를 할 수 없도록 규정한 식품 위생법 때문이었다. 롯데제과는 이러한 실패 원인을 철저히 분석하고 재출시(Re-launching)를 준비했다.

무엇보다 기존 껌 제품 대비 차별화 요소인 충치 예방 효과에 대한 과학적이고 객관적인 근거 확보에 주력했다. 핀란드, 스웨덴, 노르웨이 등의 치과의사협회에서 받은 인증을 홍보에 적극 활용하였다. 대한치과의사협회로부터도 인증을 받았고, 세계치과의사연맹 회장인 윤홍길 박사에게 자일리톨 관련 서적을 출간하도록 하였으며, 충치예방연구회를 발족시키는 등 다양한 활동을 전개하였다. 이러한 활동들은

'소비자 증언식 광고'를 처음 선보인 화이트 광고

기존 제품 대비 자일리톨의 차별적 효능, 효과에 대한 과학적이고 객관적인 근거를 제시하기 위한 노력들이었다. 롯데제과 자일리톨껌의 엄청난 성공의 이면에는 이러한 노력들이 있었던 것이다.

과학적이고 객관적인 근거를 제시하는 방법으로, 광고에서는 증언식 광고(Testimonial Advertising)의 형태로 나타나고, 제품 포장에서는 인증마크를 내세우는 형태로 나타나는 것이 일반적이다. 증언식 광고는 소비자가 증언하는 방식과 신뢰할 만한 전문가가 증언하는 방식이 있다. 소비자가 증언하는 방식의 장점은 소비자가 실제로 제품을 사용해 본 소감을 이야기해 주기 때문에 정확한 평가로 인식된다는 점이다. 소비자들은 연예인 광고 모델보다는 자신과 같은 일반인의 평가가 보다 친근하고 객관적이라고 느끼기 때문에 더 신뢰하게 된다. 국내에서 처음 선보인 소비자 증언식 광고는 1980년대 말 순수한 이미지의 여대생을 등장시킨 유한킴벌리의 '화이트' 광고였다. 대학 재학 중인 일반인 모델이 "깨끗해요!"라고 말하는 광고는 제품의 깨끗한 이미지를 전달하고도 남음이 있었다.

전문가를 내세운 증언식 광고의 예로는 한국야쿠르트의 '윌'이 대표적이라고 할 수 있다. 아마 대부분 '헬리코박터 프로젝트 윌'이라는 광고 문

'전문가 증언식 광고'를 선보인 헬리코박터 프로젝트 윌

구가 생각날 것이다. 한국야쿠르트는 기존의 발효유와 차별화하기 위해 3년간의 연구기간과 임상실험을 거쳐 과학적인 근거를 만들어 냈고, 발매되기 한달 전부터 언론을 통한 홍보로 엄청난 효과를 얻었다. 특히 헬리코박터를 발견한 배리 마셜(Barry J. Marshall) 박사를 등장시킨 광고는 헬리코박터균에 대해 생소했던 일반인에게 충분히 헬리코박터균의 위험성과 더불어 윌의 효능에 대해 알릴 수 있는 효과적인 방법이었다. 이 회사의 메치니코프 라이프 역시, 유산균 발효유의 우수성을 널리 알림으로써 노벨상을 수상한 메치니코프(Elie Metchnikoff) 박사의 이름을 제품명에까지 적용하면서 유산균의 정통성에 대한 신뢰 근거를 제시하였다.

Case 설득력 없는 근거를 제시한 니코엑스

무엇보다 유의해야 할 것은, 과학적인 근거를 제시한다고 하더라도 소비자들이 공감할 수 있는 근거이어야만 한다는 것이다. 아무리 엄청난 근거가 있더라도 소비자들이 관심이 없거나 공감할 수 없는 것이라면 커뮤니케이션 효과는 기대할 수 없다. 소비자의 공감을 얻지 못해 실패한 사례로는 니코엑스를 들 수 있다.

니코엑스는 롯데제과의 자일리톨껌에 자극받아 동양제과에서 출시한 제품이다. 이름에서 알 수 있듯이 이 껌을 씹으면 니코틴이 줄어든다는

소비자 설득에 실패한 니코엑스

것이다. 니코엑스의 광고물에는 이렇게 쓰여 있다. "한국보건산업진흥원 임상 결과, 니코엑스 속의 니코엔 성분이 흡연 후 체내 축적되는 유해물질을 코티닌이라는 물질로 전환시켜 소변을 통한 배출 효과가 일반 껌에 비해 40% 증가됨이 입증되었습니다." 상식적으로 일반 껌에 니코틴 제거효과가 있다고 생각하는 소비자는 적었고, 그 때문에 '일반 껌 대비 40% 증가'라는 주장은 설득력을 얻기 어려웠다. 결국 니코엑스는 별다른 성과를 거두지 못한 채 시장에서 사라지고 말았다. 과학적인 근거를 제시하더라도 소비자의 공감을 얻는 것이 얼마나 중요한지를 잘 설명해주는 사례이다.

Case 신뢰감을 주는 컨셉으로 소비자와 공감대를 형성한 팻다운

CJ제일제당은 1996년 혈중 지방 농도를 개선하는 체지방개선제인 '뷰랩'을 출시하였는데, 뷰랩을 하루 2~3병씩 1개월 정도 마시면 체중이 3kg 정도 빠진다'고 홍보하였다. 출시 이전 소비자 조사 결과는 매우 긍정적이었으나 정작 출시 이후 반응은 당혹스러울 정도로 냉담하여 결국 제품 판매를 중지할 수밖에 없었다. 그렇다면 뷰랩에는 무슨 문제가 있었을까? 뷰랩은 소비자와의 공감대 확보에 결정적인 문제를 안고 있었다. 뷰랩을 사용한 소비자가 1개월 후에 체중이 줄더라도 그것이 뷰랩 때문인지 판단하기 어렵다는 것이다. 제품의 효능을 공감할 수 있는 근거가 부족했던 것이다.

이와는 반대로 2003년 CJ제일제당이 출시한 '팻다운'의 경우 제품 유형은 뷰랩과 유사하지만 성과에서는 엄청난 차이를 보였다. 출시 8개월 만에 500만 병이 팔린 것이다. 성공 요인으로 웰빙 트렌드와 시기적으로 맞아 떨어졌다는 점, 제품 용기와 유통이 차별화되었다는 점 외에도 제품 컨셉이 소비자와 공감대를 형성했다는 점을 빼놓을 수 없다. '마시기

소비자와 공감대를 형성한 팻다운

만 하면 살이 빠진다'는 뷰랩과 달리, '운동 전에 마시면 체지방 분해에 도움을 준다'는 팻다운의 컨셉은 소비자가 충분히 공감할 수 있는 것이었다. 또한 한국음용약물 학회에서 실시한 인체실험 결과를 언론을 통해 알리는 등 과학적 근거를 제시한 것이 신뢰확보의 근거가 되었다.

전략3   품질이 평준화된 시장에서는 디자인으로 차별화하라

제품의 품질 및 성능의 차별화가 용이하지 않은 성숙된 시장의 경우, 제품의 본질적인 속성보다는 디자인 등 제품 주변적인 속성으로 차별화할 수 있는 방안을 모색하라. 특히 기술이 평준화된 시장에서는 디자인이 오히려 제품의 핵심 속성이 된다.

디지털 카메라 시장에서 1위로 나선 캐논은 경쟁업체들이 화소 경쟁에 몰두하던 2000년 당시, 업계에서 5~6위에 불과했지만 제품 디자인을 차별화 포인트로 전면에 내세우면서 단숨에 1위로 뛰어올랐다. 디지털 카메라의 생명이 화소로 정의되던 시장에서 캐논은 디자인이라는 새로운 속성을 부각시켜 시장의 핵심 경쟁력 요소로 바꾸어 놓았다. 캐논을 단숨에 1위로 뛰어오르게 한 제품은 'IXY 시리즈'(국내에는 Ixus시리즈)이다. IXY 시리즈가 출시되면서 디지털 카메라 시장은 소형, 간편성 그리고 고품격을 추구하는 소형 경량화의 시대로 넘어가게 되었다.

과거에 시장의 핵심 경쟁력 요인이 품질과 가격이었다면, 최근에는 고객의 감성적인 니즈를 충족시키는 요소가 오히려 경쟁력의 원천이 되고 있다. 감성적 니즈를 충족시키는 방법으로 최근에는 디자인이 가장 큰 축으로 자리잡고 있다. 이러한 트렌드에 따라서 기업들은 디자인 경영을 경영 전략의 핵심으로 간주하고 브랜드 이미지와 기업 문화에 긍정적인

Canon IXY Series(Ixus Series)

스티브 잡스: "모든 제품을 디자인에 맞춰라"

변화를 불러 일으키고 있다. 최근의 디자인 경영은 제품 디자인을 넘어서 기업의 비전과 조직, 프로세스 등 전사적인 변화를 전제로 하고 있다. 애플의 스티브 잡스는 "모든 제품을 디자인에 맞춰라"라고 할 만큼 디자인의 중요성을 강조했다. 그는 디자인에 대한 뛰어난 감각으로 웹 2.0의 선두 주자인 아이팟의 신화를 만들어 냈다.

Case 삼성전자와 LG전자의 디자인 경영

삼성은 2005년부터 디자인 경영에 본격적으로 착수하였다. 디자인의 메카라고 할 수 있는 이태리 밀라노에 삼성 디자인 연구소를 만들고 디자인 경영 전략 회의를 개최하였다. 당시 이건희 회장은 삼성 수뇌부 임원들을 모두 이 회의에 불러들여 디자인과 같은 창의력으로 세계 시장을 공략하겠다는 의지를 표명하였고, 디자인을 중심으로 경쟁자와 차별화한다는 새로운 경영전략을 수립하였다. 이건희 회장이 직접 주재한 이 회의에서는 백색 가전을 비롯해 휴대폰, 패션 의류, 건축 디자인에 이르기까지 미래의 새로운 경쟁력 제고 방안을 모색하였다.

삼성전자는 2001년 지펠 양문형 냉장고에 인테리어 개념을 도입하여 주방 가전의 품격을 강조하기 시작했다. 또한 백색 가전에 다양한 컬러를 적용하여 컬러 열풍을 일으켰다. 2005년에는 페이즐리, 디마스크 등의 문양과 음양각 인쇄기법을 채택하여 생활가전에 패션 개념을 도입하였고, 2006년에는 사용자 연령층별로 차별화된 디자인을 적용하였다. 2008년에는 김치냉장고 '하우젠 아삭'에 테두리 없는 트림리스 디자인을 적용하여 지펠 양문형 냉장고와 패밀리룩을 연출하는 등 끊임없이 디자인 차별화를 모색해 왔다.

LG전자 역시 2006년 디자인 경영을 선포하고 첫 프로젝트로 예술과 가전을 접목한 아트플라워 냉장고를 선보였다. 이어서 '아트 플라워' 가

삼성전자 디자인 가전

전 시리즈로 트롬 세탁기, 디오스 냉장고, 디오스 스탠드형 김치 냉장고, 휘센 에어컨, 디오스 광파오븐, 휘센 공기청정기, 디오스 식기세척기 등을 출시하였고, 프로젝트를 시작한 지 3년도 채 되지 않은 2009년 3월 누적 판매량 100만대를 돌파하였다.

　LG전자와 삼성전자는 현재까지도 생활 가전 분야에서 디자인을 최우선적인 경쟁 요소로 치열한 경쟁을 벌이고 있다.

Case 전 산업에 걸친 디자인 경쟁 열풍

디자인 경쟁은 휴대폰 시장에서도 치열하다. 휴대폰 시장의 특징은 기술 경쟁과 함께 디자인 경쟁이 일어나고 있다는 점이다. 휴대폰의 디자인 경쟁을 촉발시킨 브랜드는 모토로라의 '레이저폰'이다. 2006년 당시 국내에서 시장점유율 5%도 안 되는 꼴찌 브랜드였던 모토로라는 디자인 중심으로 과감한 리포지셔닝을 단행했다. 국내 경쟁자들의 첨단 기술은 세계적인 수준인 데 비해 모토로라는 경쟁자와 기술 경쟁을 할 수 있는 첨단 제품을 본사로부터 제공받지 못하는 한계에 직면해 있었다. 주어진 불리한 여건 하에서 새로운 경쟁력 요인을 찾아야 하는 과제를 안고 있었던 것이다. 이에 모토로라는 핵심 경쟁력 요인으로 디자인 기술(Design Technology)을 설정하였다. 기술 성능은 경쟁자인 애니콜과 싸이언 등에 비해 열세이지만, 복잡한 기능을 없애고 심플한 디자인으로 차별성을 강화한 '레이저폰'를 출시하면서 시장 3위 브랜드로 부상하게 되었다.

LG전자는 2006년 말 독특한 디자인의 초콜릿폰을 출시하여 적자 위기의 LG전자를 흑자로 돌려 놓았고, 이어 블랙라벨 시리즈, 샤인폰, 와인폰, 프라다폰, 뷰티폰, 컬러홀릭 등 디자인을 강조한 제품을 연이어 출시했다. 2009년 3월에는 혁신적인 풀터치 기술과 세련된 디자인이 적용된 쿠키폰을 출시하는 등, 디자인을 제품 개발의 핵심으로 활용하고 있다.

삼성전자 역시 2007년 미니스커트폰에 이어 2008년에는 투톤 컬러의 슬라이드형 패션폰인 시크릿 컬러폰과 혁신적인 디자인이 적용된 햅틱 시리즈를 출시했다. 기술이 주도하던 휴대폰 시장도 어느덧 디자인이 핵심 경쟁력 요소로 변한 것이다.

국내의 디자인 경영 열풍은 IT, 가전, 자동차 분야에서 활발하게 진행되어 왔다. 건설업계는 1990년대 후반부터 아파트에 브랜드가 도입되면서 브랜드 경쟁의 시대를 거쳤고, 이제는 외관, 조경, 인테리어 등의 디자인 경쟁으로 경쟁의 축이 옮겨가고 있다. 삼성물산 래미안은 2006년 패

휴대폰의 디자인 경쟁을 촉발시킨 모토로라 레이저폰

션 디자이너인 앙드레김에게 인테리어 디자인을 맡기고, 디자인 마스터 제도를 도입하는 등 본격적인 디자인 경영에 돌입했다.

자동차 시장에서는 기아자동차가 2006년 디자인 경영을 선포하고 '디자인 기아'라는 모토 하에 디자인 경쟁력 강화에 노력하고 있다. 세계적인 자동차 디자이너 '피터 슈라이어(Peter Schreyer)'를 영입하여 본격적인 디자인 경영에 돌입하였다. 2008년 출시된 로체 이노베이션, 포르테, 소울은 기아자동차 디자인 경영의 첫 번째 산출물이라고 볼 수 있다. 그 결과로 기아자동차는 2009년에 사상 최대의 흑자를 기록하기도 했다. 그 이후에 출시된 K7과 K5는 기아자동차의 디자인 경영이 기존의 디자인과 얼마나 획기적인 차이를 만들어 냈는가를 보여 주는 확실한 결과물이었다.

아파트 브랜드의 디자인화

기아자동차의 디자인 경영: K5 & K7

최근에는 신용카드사들도 창의적인 카드 디자인을 선보이며 디자인 경쟁에 열을 올리고 있다. 천편일률적인 디자인에서 탈피하여 현대적 감각에 맞는 독창적인 디자인을 가진 카드를 내놓는 등 디자인 마케팅을 적극적으로 펼치고 있다. 신용카드 시장에서 디자인 마케팅은 현대카드가 선도해 가고 있다. 알파벳 마케팅, 컬러 마케팅과 더불어 창의적인 카드 디자인을 통한 체계적이고 독창적인 마케팅을 전개하고 있다.

전략4 사용 상황과 트렌드에 기반한 소비자의 잠재된 니즈에서 차별화 요소를 찾아내라

소비자들이 입으로 표현할 수 있는 불만과 니즈는 경쟁사도 모두 잘 알고 있기 때문에, 차별화할 수 있는 근거를 찾기 위해서는 사용 환경에 대한 관찰을 통해 직관을 가지고 찾아내거나 시장의 트렌드를 선행적으로 적용하여 니즈를 자극하는 방법을 활용해야 한다.

신제품을 개발해 본 마케터들은 누구나 경험했듯이, 소비자로부터 신상품의 아이디어를 구하기는 어렵다. FGI(Focus Group Interview) 등을 통해 아무리 조사해도 상식 이상의 아이디어는 나오지 않는다. 최근에는 어떠한 자극에 의해서 소비자의 잠재된 니즈를 찾아내거나 소비자의 사용 상황이나 사용 환경에 대한 관찰 등을 통해 신상품의 아이디어를 얻는 방법이 많이 사용되고 있다.

과거 한때 샤워기에 걸어놓고 사용할 수 있도록 고리가 달린 샴푸가 일본에서 처음으로 출시되었다. 신제품을 개발하기 위해서 소비자들이 샴푸를 사용하는 상황을 연구하기로 하고, 40여 명의 소비자들이 샴푸를 사용하는 상황을 비디오로 녹화했다. 물론 자신들이 샴푸를 사용하는 상황에 대해 비디오 촬영을 해도 좋다는 승낙을 받은 소비자들을 대상으로 리서치를 진행한 것이다. 소비자들이 샤워를 할 때 몸을 굽혀 샤워실 바닥에 놓여 있는 샴푸를 집어서 사용하는 상황, 어떤 경우는 얼굴에 비누칠을 한 채 눈을 감고 샴푸를 더듬어 찾는 상황 등이 관찰되었고 이러한 소비자의 불편함을 해소하기 위해서 샤워기에 걸어놓고 사용할 수 있는 샴푸 용기를 만들었다고 한다.

이런 상황이 있음에도 불구하고 소비자들은 이런 불편을 표현한 적이 없었다. 왜냐하면 그러한 불편은 샴푸로 인한 불편이라고 생각하지 않기 때문이다. 하지만 새로운 상품의 기회를 찾고자 한다면 그 제품을 사용하는 전반적인 상황을 포괄적으로 이해함으로써 더 많은 새로운 기회를 찾을 수 있을 것이다. 제품 영역이 제한되어 있다는 고정관념에서 벗어나 생각을 폭넓게 열어둠으로써 새로운 기회를 찾을 수 있다. 걸어놓고 사용하는 샴푸를 제시하면 소비자들이 샴푸가 아니라고 생각할까?

특히 소비자들을 효과적으로 자극할 수 있는 방법은 그들이 현재 관심을 가지고 있는 이슈를 건드리는 것이다. 소비자들이 제품을 사용하는 상황은 늘 관심 속에 있을 것이고, 특히 시장에 만연해 있는 트렌드에 부합하는 새로운 니즈를 찾아낸다면 소비자를 유혹하는 것은 전혀 어려운 일이 아닐 것이다. 그리고 이러한 니즈를 충족시키는 제품이 있다면 급속도로 확산되는 이점도 누릴 수 있을 것이다.

내의 시장은 쌍방울과 백양(BYC) 두 브랜드에 의해 오랫동안 안정적으로 지배되어 왔다. 하지만 1990년 '좋은사람들'이 디자인 감각을 기본으로 한 패션 내의 '제임스딘'을 출시되면서 시장의 일대 변혁이 시작되었다. '속옷도 패션이 될 수 있다'는 새로운 컨셉에 의해 시장이 새롭게 정의되기 시작한 것이다. '제임스딘'은 20~30대 층을 중심으로 제품 디자인을 중시하고 개인용품들이 점차 패션 아이콘화하는 트렌드를 활용하여 속옷 시장에서도 그들의 내재된 욕구를 자극함으로써 폭발적인 반응을 이끌어 냈다. '제임스딘'은 내의는 편하게 입는 속옷이라는 기존의 인식을 자신만의 패션을 연출하는 패션 액세서리로 전환시켰다.

'제임스딘'의 돌풍에, 기존에 시장을 주도했던 브랜드들은 본연의 시장을 지키지 못하고 새로운 시장에서 뛰어들었고, 결국 새로운 시장이 시장의 주류로 변화해 버렸다. 그리고 시장의 주도권은 '좋은사람들'에게 넘어가게 되었다.

초기에는 '제임스딘'으로 제한된 타겟에 집중하고 철저히 차별화하는 전략을 취했던 '좋은사람들'은 경쟁 브랜드들이 체계적으로 대응하지 못

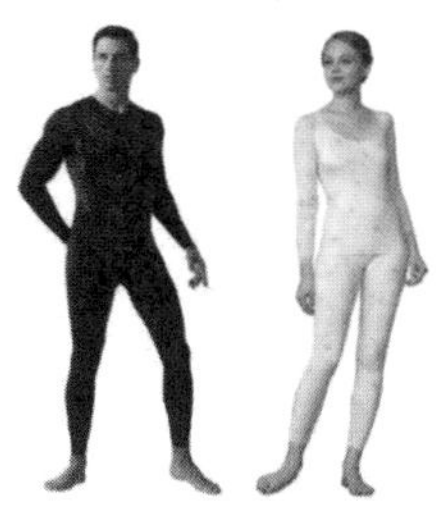

패션 내의 '제임스딘'

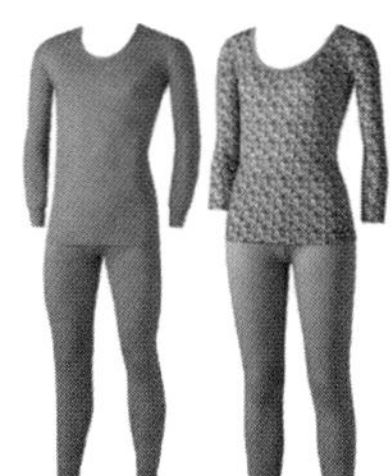

편안한 내의 '보디가드'

하고 '서제스트', '스콜피오', '엑스죤' 등을 앞세워 신시장에 끌려 들어오자, 오히려 편안한 가족 내의라는 컨셉의 '보디가드'를 출시하여 기존 경쟁자들의 핵심 시장인 편한 속옷 시장까지 공략하였다. 결과적으로 도전자는 소비자의 트렌드를 기반으로 내재된 욕구를 자극해 시장 진입에 성공했고, 기존 리더는 신규 도전자의 시장 공략에 효과적으로 대응하지 못함으로써 시장 방어에 실패하고 말았다.

신규 도전자가 신규 시장을 창출하여 진입할 경우, 리더는 공격적으로 도전자의 신규 시장을 니치 시장화시키는 것이 바람직한 전략이다. 이때 리더는 반드시 자신들의 핵심 시장을 철저히 방어하는 것이 우선 과제이다. 자신의 시장을 공고히 하지 않은 채 도전자의 신규 시장에 뛰어들게 되면, 신규 시장을 니치화하기보다 오히려 신규 시장을 주류 시장으로 성장시켜 주는 결과를 초래하기 때문이다.

Case 건강 웰빙 트렌드로 인해 활성화된 차 음료 시장

트렌드에 민감한 또 하나의 시장은 음료 시장이다. 음료 시장은 식품 시장의 전반적인 트렌드를 반영하는데, 메가 트렌드인 웰빙 트렌드를 비롯해 슬로푸드(Slow Food), 로하스(Lohas), 웰루킹(Well-Looking) 트렌드 등이 나타나고 있다. 음료 시장에서는 2000년대 초중반 웰빙, 로하스 트렌드에 따라 건강에 좋고 다이어트에 도움이 되는 제품들이 앞다투어 출시되어 선풍적인 인기를 끌었다. 저칼로리이면서 산뜻하고, 깔끔한 맛을 추구하는 소비자 입맛의 변화가 그러한 제품에 대한 선호로 나타난 것이다.

특히 차 음료 시장에서는 남양의 '몸이 가벼워지는 시간 17차', '맑은 피부로 돌아가는 시간 17차', '롯데칠성의 '오늘의 차', '옥수수 수염차', 웅진식품의 무가당, 무카페인 음료 '하늘보리', 우리쌀과 현미로 만든 쌀

웰빙 트렌드를 주도하는 차 음료, 17차

음료인 '아침햇살' 등이 출시되어 기능성 차 음료가 음료 시장에서 큰 비중으로 자리잡게 되었다.

향후에는 웰빙 열풍이 계속되는 가운데 새로움과 신선함을 추구하고 자신만의 독특한 개성을 중시하는 트렌드가 강화될 것이고, 먹거리 안전에 대한 불안으로 제품의 원료와 성분을 꼼꼼히 따지는 경향 또한 강하게 부각될 것이다. 이에 따라 건강을 위한 제품, 새로운 컨셉의 제품, 고급 원료를 사용한 프리미엄 제품들이 지속적으로 확산될 것으로 보인다.

전략5 제품의 융합이나 제품 재정의를 통해 신시장을 창출하라

전문화의 결과로 다양한 제품을 사용하는 불편함을 없애기 위해서 오히려 제품의 융합을 통해서 편리성을 강화하거나 새로운 시장 트렌드에 부합하도록 기존 시장을 재정의함으로써 새로운 시장의 기회를 마련할 수 있다.

2000년대까지 신제품 개발의 핵심적인 방향성은 전문화였다. 전문화는 새로운 기술의 발달에 의한 시장의 진화와 분화로 나타나는데, 시장 트렌드에 따라 다양해지는 소비자 니즈를 반영하는 것이다. 이러한 전문화는 다양한 제품을 창조하게 되었고 소비자들은 여러 제품을 구비하거나 가지고 다녀야 하는 불편함을 감수해야 했다. 즉 과거와 달리 집안에도 계속 제품들이 늘어나게 되었다. 이전에 없었던 드럼세탁기, 식기세척기, 공기청정기, 음식물 처리기 등이 추가로 집안으로 들어오게 되었다. 실내 공간은 점점 더 협소해지고 집의 공간을 늘리는 것은 한계가 있다. 컴퓨터, 휴대폰, MP3 플레이어, PMP 등 이전보다 개인이 사용하거나 가지고 다니는 물건도 많아지게 되었다. 결국 알게 모르게 소비자들은 기술의 발달에 의한 편리함과 제품 수의 증가로 인한 불편함을 함께 겪을 수밖에 없는 상황에 이르렀다.

이제 소비자들은 사용 제품의 수를 줄이는 노력을 하고 있다. 그것이 바로 제품의 융합이다. 카메라, MP3 등과 융합된 휴대폰이 대표적인 제품이다. 제품뿐만 아니라 서비스도 융합되고 있다. 대형 할인마트는 식료품과 생활용품뿐만 아니라 가전제품, 애완용품, 스포츠용품 등, 이전에는 서로 다른 전문화된 점포에서 구매해야 하던 제품들을 모두 구비하고 있다. 또한 최근에는 여행, 세탁, 병원 등 종합적인 유통 서비스를 제공하는 대형 할인마트 체인도 등장하고 있다.

그렇다면 융합화가 일어난 시장은 이제 다시는 전문화가 일어나지 않을 것인가? 그렇지는 않을 것이다. 아마도 융합화와 함께 다시 전문화가 일어날 것이고 이를 보완하기 위해서 또다시 융합화가 일어날 것이다. 결국 시장은 전문화와 융합화를 반복하면서 발전하게 될 것이다.

또한 이전에 신상품 개발에 많이 적용되었던 방식이 기존 제품의 변형이나 업그레이드라면, 이제는 시장 및 소비자의 변화와 트렌드를 반영하고 시장의 본질을 새롭게 정의함으로써 새로운 제품이나 서비스를 만들어 내고 있다. 최근에 가장 중요한 트렌드인 웰빙으로 인해 신제품이 개발되어 기존 제품을 대체하는 경우도 있고 신제품과 기존 제품이 공존하는 경우도 있다. 밀가루 대신 쌀을 원료로 한 면제품, 유기농 야채와 과자, 화학 성분대신 천연 성분으로 만든 제품, 저칼로리 제품 등 많은 제품들이 시장 트렌드에 부응하여 진화하고 있다.

Case 다양한 기능을 융합한 한스킨의 비비크림

한스킨의 비비크림은 제품의 융합을 통해 새로운 시장을 만들어냈다. 2006년 초, 당시 노메이크업 트렌드가 급속히 확산되고 인터넷 상에 연예인들의 노메이크업이 공개되면서 생얼에 대한 관심이 고조되기 시작했다. 피부관리실에 블레미쉬 밤(Blemish Bam)을 납품하던 한스킨은 블레미쉬 밤이 연예인들의 노메이크업 제품으로 입소문이 나자 비비크림이라는 명칭으로 온라인 판매를 시작했다. 비비크림은 신세계몰에 입점하여 하루 10,000개 이상이 팔리는 히트 상품으로 자리잡았다. 독일에서 개발된 블레미쉬 밤은 원래 피부 박피나 시술 뒤에 민감해진 피부를 외부 자극으로부터 보호하기 위해 개발된 제품으로 손상된 피부를 진정시키고 결점을 보완해 주는 기능을 갖고 있다. 하지만 무겁고 답답한 사용감이 문제였는데, 한스킨은 가볍고 산뜻한 사용감으로 다양한 소비자층을 흡수하였다.

비비크림은 손상되고 노화된 피부나 트러블 피부를 진정시키는 천연 성분뿐만 아니라 다량의 보습 성분, 자외선 차단 성분, 항균 성분 등을 함유하고 있다. 이로 인해 비비크림은 하나의 제품에 피부 세포를 건강하게 만드는 재생 기능과 외부 자극으로부터 피부를 보호하는 진정 기능뿐만 아니라 결점을 가려주고 보정시켜주는 파운데이션 기능까지 포함하

기능 융합으로 차별화에 성공한 한스킨의 비비크림

고 있다. 이 제품은 바쁜 아침 시간에 기초 케어와 베이스 메이크업을 한 번에 해결할 수 있게 하여 새로운 시장을 열었을 뿐만 아니라 기존의 무거운 베이스 메이크업에서 벗어나 생얼 피부를 연출할 수 있게 하여 폭발적인 인기를 얻었다.

비비크림은 한스킨에 의해 대중화되어 짧은 기간에 급속히 성장하였다. 2009년 40여 개의 화장품 회사가 제품을 내놓고 있고 수입 제품을 포함하면 100여 종 이상이 판매되고 있다. 한스킨 비비크림의 성공 요인으로는 먼저 여러 기능을 융합한 제품이라는 점과 시장의 트렌드를 잘 활용했다는 점을 들 수 있다. 피부과에서 판매되고 연예인들이 사용했다는 데서 오는 신뢰감도 빼놓을 수 없는 성공 요인이다.

이러한 기능 융합 제품은 샴푸와 린스가 하나로 된 제품, 표백 성분이 들어 있는 세탁세제, 복사, 프린터, 팩스, 스캔 기능을 하나로 통합한 복합기, 그리고 최근 여러 기능이 융합된 개인용 디지털 전자 제품 등 여러 산업군에서 나타나고 있다.

Case 새로운 컨셉의 아이스크림 시장을 창출한 레드망고

레드망고는 시장 트렌드에 맞춰 프리미엄 아이스크림 시장을재정의함으로써 시장 진입에 성공했다. 2000년대에 접어들면서 프리미엄 아이스크림 시장은 '베스킨라빈스31', '하겐다즈', '나뚜루' 등 세 브랜드가 시장의 80% 이상을 차지하고 있었다. 2003년 '레드망고'는 고객의 미충족 욕구를 공략하여 저지방 요거트 아이스크림이라는 카테고리를 창출했다. 살찌는 대표적인 식품으로 인식되어 온 아이스크림 시장에서, 레드망고는 기존의 아이스크림과 차별화하는 '저지방 얼린 요거트(Frozen Yogurt)'라는 새로운 컨셉을 제시하였고, 웰빙 열풍을 타고 20~30대 연령층의 여성 고객을 핵심 타겟으로 공략하여 단기간에 프리미엄 아이스크림 시장에서 3위의 지위를 얻게 되었다.

전략6 시장을 분리하여 새로운 카테고리를 만들어 내라

시장에 새로운 축을 만들어 리딩 브랜드를 열등화시키고 상위 포지셔닝을 구축하는 전략과 유사한 전략으로, 기존 시장의 핵심 속성과는 다른 새롭고 혁신적인 속성을 제시하여 시장을 이원화하거나 새로운 카테고리를 창출할 수도 있다.

1983년 스와치(Swatch)가 나오기 전까지 시계 시장은 시계의 본질적인 속성에 기반한 기능적인 제품이 중심이 된 시장이었으며 로렉스(Rolex), 오메가(Omega), 라도(Rado) 등의 고가 명품 브랜드로 구성된 시장이었다. 스와치 브랜드는 시계 제품에서는 처음으로 패션을 도입하여 패션 시계라는 새로운 카테고리를 창출하였다. 스와치는 브랜드의 핵심 가치인 패션을 연상하게 하는 다양한 활동들을 전개하여 패션 시계의 대표 브랜드

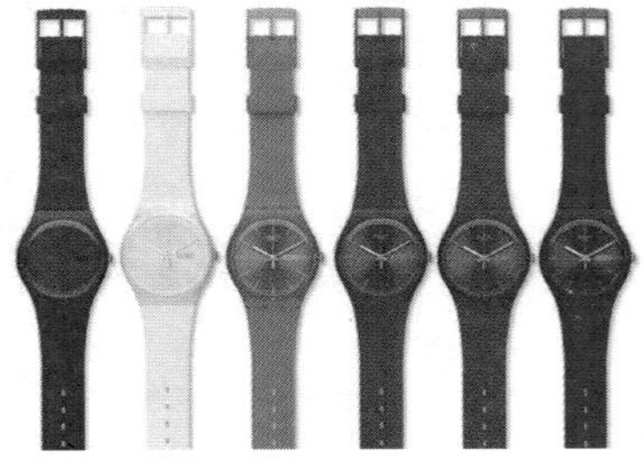

패션 시계, 스와치

로 자리잡았다.

앞에서 제시된 '좋은사람들'도 시장을 이원화하여 성공한 좋은 예가
된다. 디자인을 중심으로 액티브한 컨셉의 '패션 내의 시장'을 새롭게 창
출하여 시장을 '패션 내의 시장'과 '편안한 가족 내의 시장'으로 시장을
재편하여 이원화시켰던 것이다. 이에 따라 브랜드도 '제임스딘'과 '보디
가드'로 이원화되었다.

Case 요구르트 시장을 이원화한 '마시는 요구르트 불가리스'

차별화를 통해 시장을 이원화시킨 또 다른 사례는 요구르트 시장이다.
빙그레는 1983년 국내 최초로 떠먹는 요구르트 제품을 출시하여 시장의
절대적인 지위를 유지해 왔고, 빙그레 요플레는 떠먹는 요구르트를 통칭
하는 카테고리의 대명사로 불리게 되었다. 1990년 남양유업의 불가리스
를 시작으로, 1995년 한국야쿠르트의 메치니코프 등 마시는 요구르트가

출시되면서 요구르트 시장은 이원화되었다. 마시는 요구르트는 제품 형태에 있어 떠먹는 요구르트와 차별화했을 뿐만 아니라 새로운 기능성 용도를 제시하여 또 다른 시장을 창출했다.

남양유업의 불가리스와 한국야쿠르트의 메치니코프는 장 운동 활성화 기능을, 빙그레의 닥터 캡슐, 한국야쿠르트의 헬리코박터 프로젝트 윌, 매일유업의 구트 등은 위장 운동 활성화 기능을 소구하면서 떠먹는 요구르트와는 다른 기능성 음료군으로 포지셔닝하였다. 소비자에게도 마시는 요구르트는 기능성 제품으로 연상되는 반면 떠먹는 요구르트는 '맛있는 간식'으로 연상된다.

요구르트 시장은 마시는 요구르트에 힘입어 큰 폭으로 성장하여 2007년 현재 시장 규모가 1조 1,000억 원에 이르렀다. 2008년부터 떠먹는 요구르트 시장도 다시 성장하기 시작하여, 빙그레 요플레 오리지널 제로, 한국야쿠르트의 수퍼100 프리미엄, 남양유업의 떠먹는 불가리스 11종 등 국내 유제품 업체들은 앞다투어 신제품을 출시하였다. 세계 1위인 다농(Danone)도 LG생활건강과 손잡고 2009년 하반기에 엑티비아 브랜드로 국내 시장에 재진입하였다.

새로운 시장을 개척하거나 시장을 이원화한 사례를 살펴보면, 대체로 제품의 본질적인 품질 속성보다는 주변 속성을 활용하는 경우가 많고, 특히 시대가 요구하는 트렌드를 활용하는 경우가 많다. 시장이 성숙기에 접어들면 기술 수준의 평준화로 인해 제품의 본질적인 품질 속성은 경쟁기업간 큰 차이가 없기 마련이다. 따라서 주변적인 품질이나 속성을 활용해서 차별화할 수밖에 없다.

소비자들에게 자동차를 구매할 때 중요하게 생각하는 것이 무엇인지를 물어보면 가장 많은 응답을 차지하는 것이 성능, 품질, 안전성 등이다. 독자 스스로를 돌이켜보면 어떠한가? 자동차 시장에서 이미 품질은 대등한 수준이기 때문에, 제품 선택의 핵심 속성은 성능이나 품질보다는 오히려 디자인 등의 감성적인 속성인 경우가 많다. 패션 시계는 저가 제품조차도 품질이 이미 확보되어 있는 상황에서 자신을 표현하려고 하는 사회 트렌드를 반영하여 등장한 새로운 카테고리이다. 패션 내의도 마찬가지로 내의의 본질적인 품질은 '보온'인데, 기술의 발달로 보온에 대한 니즈가 상대적으로 약해지면서 내의의 기능이 변하게 된 것이다. 패션 내의는 이러한 환경의 변화와 맞물려 시대의 트렌드를 반영하여 나타난 새로운 카테고리이다.

전략7 리더의 약점을 적극 공략하라

**오랫동안 마켓 리더의 자리를 지켜온 브랜드의 가장 일반적인 약점은
소비자들이 식상해하고 브랜드가 노후화되는 경향이 나타난다는 것이다.**

SKT, 애니콜, 쏘나타, 아반떼, 하이트맥주, 참이슬, 박카스, 코카콜라, 칠성사이다, 맥심커피, 페리오치약, 피죤, 신라면, 짜파게티, 새우깡, 이런 브랜드들은 아마도 이 책을 읽고 계신 분들이 어렸을 때부터 지금까지 꾸준히 들어왔고 구매해 온 브랜드일 것이다. 이렇듯 오랫동안 마켓리더의 자리를 지켜온 브랜드들을 생각해 보자. 이런 브랜드의 공통된 특성은 무엇인가? 일부 그렇지 않은 브랜드들도 있겠지만, 대부분은 누구나 알고 있고 오랫동안 접해 왔기 때문에 친근한 반면에 식상하다. 많은 사람들이 사용하고 있기에 믿음은 가지만 새롭지 않고, 다양한 소비자층을

만족시켜야 하기에 무난하지만 차별적 특성이 약하다. 이런 브랜드들은 정기적으로 리뉴얼하여 브랜드의 활력을 강화하거나 새로움을 제공해 주지 않으면 브랜드에 노후화 징후가 나타나게 된다.

　마켓리더의 가장 큰 고민은 무엇일까? 대부분 앞에서 지적한 그런 요인들이다. 즉 마켓리더는 사용자층이 넓기 때문에 특정 타겟층을 공략하기 위한 커뮤니케이션이나 특정 속성만을 강조하는 커뮤니케이션을 전개하기는 어렵다. 그리고 대부분 핵심 사용자층이 나이가 들어감에 따라 브랜드 자체도 노후화되어 간다는 것이다. 그래서 마켓리더는 정기적으로 브랜드를 리뉴얼하여 브랜드에 활력을 불어넣어야 하고 차별성을 지속적으로 유지하기 위한 노력을 게을리하지 않아야 한다. 마켓리더는 리더이기 때문에 다양한 고민을 할 수밖에 없다. 도전자는 리더의 이러한 약점을 잘 활용해야 한다.

　우선 객관적으로 마켓리더의 고민이 무엇인지 살펴보아야 한다. 마켓리더의 입장이 되어서 가장 고민되는 점이 무엇인지 생각해 보는 것이다. 적의 약점을 알고 공략하는 것이 가장 효과적인 전략임을 누구나 알고 있음에도 불구하고 대부분 도전자들은 자사의 입장에서만 전략을 고민하거나 제품이나 서비스 자체에서만 해답을 얻으려고 하는 오류에 빠진다.

Case 아반떼의 대중적인 이미지와 차별화한 포르테

우리나라 승용 자동차 카테고리에서 가장 큰 시장은 쏘나타가 주도하는 중형차 시장이다. 쏘나타는 1985년 처음 출시된 이후 쏘나타, 쏘나타 II, III, EF, NF에 이르기까지 2007년까지 23년간 약 450만대가 판매되었다. 중형차 시장에서 시장점유율은 50%가 훌쩍 넘는다. 자동차 시장에서 중형 다음으로 큰 시장이 준중형 시장인데 아반떼가 13년 동안 리더의 자리를 유지하고 있었다. i30가 출시되기 직전인 2007년 5월까지는 시장점유율이 약 70%, 2008년 초에도 아반떼의 시장점유율이 60%에 육박했다. 그 결과로, 과장해서 말하자면 도로 위에 있는 차 중에서 두 대 중 하나는 쏘나타와 아반떼였다.

중형이나 준중형 승용차를 타는 소비자 입장에서 볼 때 쏘나타와 아반떼는 가장 명성 있고 검증된 차이지만 너무 대중적이고 흔하다는 점이 불만스러울 수 있다. 소비자들의 니즈가 다양해지고 개성을 중시하는 경향이 강해지고 있는 트렌드를 감안해 볼 때, 주류 속의 비주류를 지향하거나 몰개성을 거부하는 층이 존재할 것이고 그 비중은 점차 늘어날 것으로 예상된다.

준중형 승용차를 구입하는 소비자들은 크게 두 부류로 나뉘는데, 한 부류는 처음 자동차를 구입하는 젊은 층과 가족용보다는 개인용으로 활용하고자 하는 20대 후반~30대 중반의 젊은 직장인들이다. 다른 한 부류는 미취학 자녀가 있는 30대 젊은 주부들로, 주로 가족용으로 구입한다. 후자의 경우는 대세를 추종하는 스타일로, 많은 사람들이 타고 있어야 검증된 차로 인식하는 부류일 가능성이 크다. 하지만 전자의 경우 스타일이나 개성을 중시하는 계층이기 때문에 대중적인 것보다는 뭔가 남들과 다른 새로운 것을 갖고자 할 것이다.

2008년 출시되었던 기아자동차의 신차, 포르테는 이러한 층을 타겟으

하이테크 럭셔리 컨셉으로 아반떼와 차별화한 기아자동차 포르테

로 하는 전략을 수립하였다. 스포티하고 역동적인 스타일로 아반떼와 차별화하여 젊은 층의 감성을 자극하였다. 또한 'Luxury 2.0'이라는 슬로건을 통해 포르테를 하이테크로 무장한 럭셔리 준중형차로 포지셔닝함으로써 아반떼의 대중성과 차별화했다. 결국 포르테는 리더가 갖는 약점인 대중성을 적극 활용하여 차별화에 성공했다.

Case 참이슬 브랜드의 식상함을 잘 공략한 '처음처럼'

우리가 일상 생활에서 자주 접하는 소주 '참이슬'은 1998년 두산의 그린소주에 대응하기 위해 출시된 이후 10년 동안 서울/수도권 지역에서 압도적인 리더의 위상을 유지해 왔다. 술을 먹는 사람이라면 2~3일에 한 번씩 보게 되는 소주병인데, 대부분의 소비자는 10년 동안 참이슬 하나밖에 보지 못했던 것이다. 소비자들의 의식 속에는 '참이슬이 아닌 새로운 소주가 없을까?'라는 니즈가 내재해 있었을 것이다. 특히 개성을 중시하고 새로운 것을 추구하는 젊은 층에게는 그런 니즈가 더욱 강했을 것이다. 2006년 2월 두산이 오랜 준비 끝에 '처음처럼'을 출시하였고 2009년 상반기에는 서울/수도권에서 시장점유율이 20%를 넘어, 그린소주 이후 최고의 성과를 보이고 있다.

소주 시장의 전쟁: 참이슬 VS 처음처럼

‘처음처럼’이 소비자들의 호감을 얻을 수 있었던 이유는 무엇보다 제품력이 우수했기 때문이겠지만, ‘부드러운 소주’라는 일관성 있는 메시지와 톱스타인 이효리를 내세워 흥미를 유발해 온 커뮤니케이션 활동도 큰 역할을 했다. 뿐만 아니라 표면적으로는 나타나지 않지만, 10년 동안 압도적인 시장 지위를 유지해 온 참이슬에 대한 식상함과 새로움에 대한 젊은 층의 갈증이 ‘처음처럼’의 성공을 간접적으로 지원해 주었다. 그런 측면에서 ‘처음처럼’은 리더인 ‘참이슬’의 최대 약점인 브랜드의 식상함과 정체된 이미지를 알게 모르게 잘 활용한 사례라고 할 수 있다.

진로 ‘참이슬’ 브랜드는 노후화되어 식상함을 주었고, ‘오리지널’과 ‘후레쉬’로 제품이 이원화된 관계로 브랜드 로고와 라벨 디자인에 통일성이 없어 브랜드 이미지가 분산되고 있었다. 결국 진로는 2009년 12월 리뉴얼을 단행하여, 브랜드의 비주얼 아이덴티티를 통일하고 자연적인 이미지를 강화하였으며, 정통 소주 본가의 이미지를 강조하는 방향으로 포지셔닝을 변경하였다.

Case 사용자 이미지를 차별화한 ‘더 히스토리 오브 후’

2000년대 초 국내 프리미엄 한방 화장품 시장은 아모레퍼시픽(당시, 태평양)의 설화수가 독보적인 1위를 차지하고 있었다. 화장품 업계 2위인 LG생활건강은 해마다 10% 이상 급격하게 성장하는 프리미엄 한방 화장품 시장에 대응할 새로운 브랜드를 출시할 필요가 있었다. 설화수라는 강력한 리더와 차별화하기 위해서 설화수의 강약점을 분석한 결과, 설화수는 오랜 전통을 가진 브랜드이지만 어머니 세대의 브랜드로 인식되고 있다는 사실을 발견했다. 또한 한방 화장품을 사용하고 싶어하는 20~30대 젊은 소비자층들은 그런 이미지를 가진 설화수가 본인에게 맞지 않다고 생각하는 경향을 보였다.

이에 LG생활건강은 설화수 사용자
의 고연령층 이미지를 공략하여 30대
를 타겟으로 하는 한방 프리미엄 브랜
드인 '(더 히스토리 오브) 후'를 출시하였
다. '후'는 한방 기능이라는 신뢰와 왕
실 비법이라는 고품격 컨셉을 활용하
면서 설화수를 뛰어넘는 최고급 이미
지로 포지셔닝되었다. '후'가 성공할
수 있었던 이유는 리더의 약점을 활용
한 타겟 차별화 전략에 있었다.

30대를 타겟으로 하는 프리미엄 한방 화장품,
'더 히스토리 오브 후'

새로운 경쟁 요인을 부각시켜 리더를 열등화하라

후발 주자가 시장을 효과적으로 공략하기 위해서는 기존 시장에서 간과되었던 속성을 부각하여 리딩 브랜드와 차별화할 수 있는 새로운 축을 만들고, 리딩 브랜드를 열등화시켜 상위 포지셔닝을 구축함으로써 시장을 재편해야 한다.

도전자는 리더의 핵심 속성이 아니라 새로운 속성을 강조함으로써 시장의 새로운 기준을 제시하고 리더와 양립하거나 리더를 오히려 열등화시키는 전략을 구사해야 한다. 그러한 전략은 적게는 도전자에게 의미 있는 시장 위상을 구축할 수 있게 하고, 크게는 리더를 열등화시켜 리더보다 상위 포지셔닝을 구축할 수 있게 한다. 연구 결과[2]에 따르면, 도전자가 혁신적으로 차별화할 수 있는 제품을 선보이는 경우, 선발 리더의 제품에 비해 시장 경쟁력뿐만 아니라 초기 구매, 반복 구매로 이어지는 중장기적인 시장 성과가 훨씬 뛰어나고, 선발 리더보다 더 빨리 성장할 수 있다고 한다. 또한 이러한 상황에서는 선발 리더의 시장 확산이 둔화되고 그들이 지출한 마케팅 투자 비용의 효율성도 떨어진다.

Case 무방부제를 내세워 차별화를 시도한 섬유유연제 '샤프란'

2000년대 초반 섬유유연제 시장은 약 50%의 시장점유율을 가진 '피죤', 그 뒤를 잇는 LG생활건강의 '샤프란', 애경의 '쉐리'까지 포함해 3개 브랜드가 시장의 95% 이상을 차지하는 과점 시장을 형성하고 있었다. 2위인 LG생활건강의 '샤프란'의 시장점유율은 35%였지만 리더인 '피죤' 대비 시장점유율 격차가 좁혀지지 않고 있었고 세 브랜드간 치열한 판촉 경쟁으로 인해 전반적으로 손익 구조가 나빠지고 있었다.

섬유유연제 시장에서 '피죤'은 브랜드가 카테고리 이름으로 불릴 만큼 시장의 대표 브랜드로 인식되고 있다. 섬유유연제는 용량 대비 제품 가격이 매우 싸기 때문에 소비자 관여도가 매우 낮고 잘못 구매한 결과에 따른 불안감도 없다. 이 카테고리의 핵심 속성은 빨래를 부드럽게 하는 것이지만 소비자들은 품질 차이를 거의 지각하지 못하고, 제품간 차이는 오직 향의 차이를 통해서만 인지할 수 있다.

2006년 '샤프란'은 리더와 차별화하기 위해서 과감하게 무방부제 컨셉을 내걸고 피부 보호를 핵심 편익으로 내세웠다. 이는 방부제 함유 문

---

2   Shankar, Venkatesh, Gregory S. Carpenter, and Lakshman Krishnamurti(1998), "Late Mover Advantage : How Innovative Late Entrants outsell Pioneers", J. of Marketing Research 35(February), 54-70.

샤프란의 차별화 전략: 방부제가 있느냐 없느냐

제를 이슈화하면서 '피죤'을 포함한 모든 경쟁 제품을 방부제가 들어있는 제품으로 열등화하고 샤프란을 우월한 제품으로 인식시키려는 전략이었다.

리더는 이런 전략을 구사하기 힘들다. 왜냐하면 기존 자사 제품의 부정적 요소를 리더 스스로가 부각시킬 경우, 자사 브랜드를 선호해 온 기존 소비자들의 신뢰를 잃을 수도 있기 때문이다. 하지만 부정적 인식이 확산되더라도 후발 도전자는 기존 리더보다는 잃을 것이 적고 그런 부정적 요소를 해소했다는 이미지를 가질 수 있기 때문에 오히려 유리한 상황을 만들 수도 있다.

Case MSG가 없는 농심라면과 스낵

농심의 기업 커뮤니케이션 전략 프로젝트를 진행하는 과정에서 신라면에 MSG가 없다는 사실을 처음 알았다. 마케터인 필자도 몰랐다. 농심은 2007년 2월부터 국내에서 생산되는 모든 제품에 MSG를 첨가하지 않고 버섯 등의 천연 소재로 맛을 내고 있다고 한다. 그렇다면 농심은 왜 MSG 무첨가를 대대적으로 홍보하지 않았을까? 아마도 리더이기 때문일 것이다. 리더로서는 MSG 문제를 이슈화해서 별로 좋을 것이 없다. 실제 농심 임직원의 말에 의하면, 제품을 광고가 아닌 다른 방법으로 홍보하는 것을 싫어하는 창립자의 의지에 따라 구태여 홍보를 하지 않았다고 한다. 평소 소비자들이 스스로 알게 되면 되지 적극적으로 홍보할 필요가 없다는 창립자의 소신을 반영한 것이다.

그런데 농심이 MSG 무첨가를 적극 홍보하지 않은 것이 바른 방향이었을까? 라면 시장은 섬유유연제 시장과는 다른 면이 있다. 소비자들은 대부분 라면에는 MSG가 들어 있을 것이라고 인식하고 있고 그럼에도 불구하고 라면을 먹는다. 반면 섬유유연제에 방부제가 들어 있다고 생각한 소비자는 거의 없을 것이다. 농심 라면의 MSG 무첨가를 알리는 것이 라면에 대한 기존의 부정적 인식을 제거하는 것이라면, 샤프란이 무방부제 섬유유연제임을 알리는 것은 기존 인식에 없었던 부정적 정보를 제공하면서 문제를 개선했다는 정보를 함께 주는 것이다. 따라서 전자의 경우는 리더에게 부정적 영향을 미치기보다는 부정적인 요소가 개선되었다는 점에서 오히려 긍정적 영향을 줄 수 있을 것이다.

그러나 이러한 경우에도 주의해야 할 요소가 하나 있다. 1994년 당시 럭키(현재 LG생활건강)는 MSG 유해성 논란에 힘입어 무 MSG 종합 조미료 '맛그린'을 출시하였으나 2년 만에 시장에서 철수할 수밖에 없었다. 실패의 원인은 맛이었다. 조미료는 맛을 내기 위해 기호에 따라 첨가하는 것인데, 맛그린은 유해하다고 하는 MSG를 첨가하지 않았지만 제품을 사용하는 이유인 맛을 내지 못했기 때문이다. MSG 무첨가 결과, 농심 라면이 이전과 같은 맛을 내지 못한다면 소비자들로부터 외면 받을 수밖에 없겠지만, MSG 없이도 맛을 구현하고 있는 상황에서는 MSG 무첨가라는 사실이 오히려 농심에 대한 신뢰를 제고하는 방법이 되었을 것이다.

"아스피린을 복용해서는 안 되는 수백만 명을 위해서…." 타이레놀의 광고는 이렇게 시작했다. "복통을 자주 경험하시는 분, 위궤양으로 고생하시는 분, 천식이나 알레르기 또는 빈혈 증상이 있으신 분은 아스피린을 복용하기 전에 의사와 상담하시는 것이 좋습니다. 아스피린은 위벽을 자극하고 천식이나 알레르기 반응을 유발하며 위장에 내출혈을 일으키기도 합니다." 마지막 문구는 이랬다. "다행히도 여기 '타이레놀'이 있습니다." 타이레놀은 시장을 장악하고 있던 아스피린에 맞서 '안전하다'는 이미지를 대중에게 알렸다. 광고가 나간 뒤 타이레놀 매출은 크게 늘었다. 아스피린이 독점하다시피 하고 있는 두통약 시장에서, 타이레놀은 전형적인 시장 재편 전략을 펼친 것이다. 시장을 장악하고 있던 아스피린에 맞서는 이미지를 대중에게 알리면서, 시장을 쪼개어 그 한 영역을 점령하겠다는 것이다.

타이레놀이 기대했던 대로, 이 광고가 나간 뒤 타이레놀 매출은 크게 늘어나기 시작했다. 결과적으로 현재 아스피린이 아닌 타이레놀이 미국 해열 진통제 시장에서 1위를 차지하고 있다. 이는 효과적인 시장 재편 전

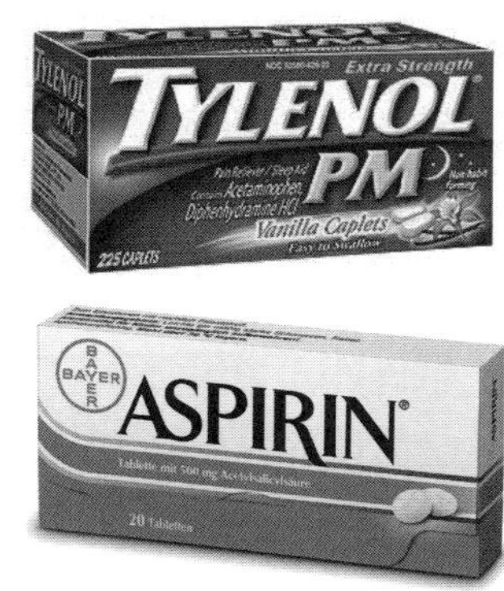
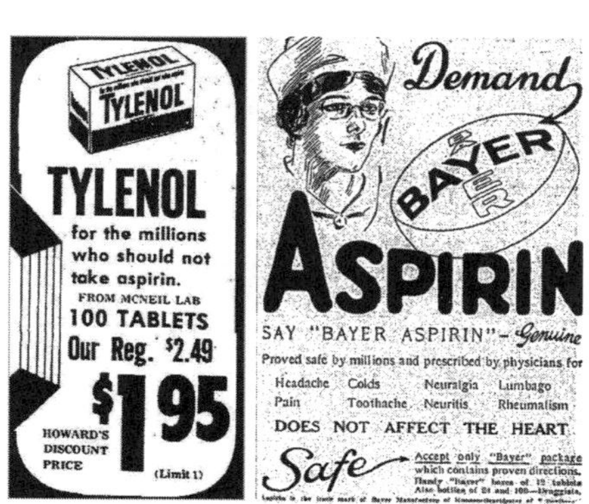

타이레놀의 도발과 아스피린의 반격

략의 결과이다. 물론 아스피린 쪽에서도 이 주장을 반박하여 "타이레놀은 아스피린보다 안전하지 않습니다!"라는 헤드라인을 내세우면서, '미국 정부가 타이레놀의 주장이 근거 없다고 판단했다'는 내용의 광고를 일간지에 실었다. 하지만 기대와는 정반대로, 아스피린이 아니라 타이레놀의 리포지셔닝 전략을 도와주는 효과가 발생하고 말았다. 그 이전까지 고객들의 머릿 속에는 아스피린밖에 없었으나 타이레놀의 도발과 아스피린의 반격 이후, 해열 진통제 하면 소비자들 머릿 속에는 '아스피린 대 타이레놀'이라는 구도가 떠오르게 되었다.

Case 물로 차별화한 '하이트'와 '처음처럼'

1990년대 초반까지만 해도 맥주 시장은 두산의 오비맥주가 압도적인 리더의 자리를 구축하고 있었고 2위인 조선맥주의 크라운은 시장점유율이 30%에도 미치지 못하였다. 1991년 두산전자에서 컴퓨터칩 세척 과정에서 사용한 페놀이 100여 톤 정도 낙동강으로 유출되어 수질을 오염시킨 사건이 발생하였다. 수도물에까지 악취가 나는 등 엄청난 사회적 이슈가 되었고 자연히 물에 대한 관심이 고조되었다. 수도물에 대한 불신이 커지면서 생수를 사다 먹는 가정이 늘어나기 시작했다. 이때 조선맥주의 하이트는 지하 150m 천연암반수로 만든 맥주임을 강조하는 제품 컨셉을 내놓았다. 물에 대한 국민들의 관심이 커지고 있는 것을 활용한 전략이었다. 그때까지만 해도 맥주 시장의 경쟁 축은 맥주의 맛이었는데, 하이트가 맥주의 대부분을 차지하는 물을 강조함으로써 맥주 시장에는 좋은 물이라는 새로운 제품 평가의 기준이 등장하게 되었던 것이다. 이렇게 역전된 시장 상황은 거의 20년이 지난 지금까지 유지되고 있다.

　최근 소주 시장에서 선풍을 일으킨 '처음처럼'도 유사한 예이다. '처음처럼'은 알칼리수로 만든 소주임을 강조하며 기존 소주 시장에서 간과되어 왔던 물의 중요성을 새롭게 부각시켰다. 최단 기간인 50일 만에 100만 상자 판매를 기록할 만큼 초기에 선풍을 일으켰다. 물론 '처음처럼'의 성공은 알칼리수만의 영향은 아니었지만, 알칼리수 컨셉은 소주 시장에서 물의 중요성이라는 새로운 기준을 제시해 시장을 흔들어 놓았던 것이 사실이다.

앞의 예에서 보듯이, 시장에는 핵심적인 품질 속성 외에도 반드시 고려해야 할 요소가 있지만 소비자뿐만 아니라 제품을 공급하는 기업들도 이를 간과하는 경우가 많다. 섬유유연제에 방부제가 들어 있다는 사실에 대해 소비자들은 쉽게 그 사실을 인식하기 힘든 반면, 시장 내에 있는 기업들은 이를 부각시키는 것이 오히려 섬유유연제 시장에 대한 불신을 안겨줄 수 있다는 부담감 때문에 이슈화하지 않았을 것이다.

또한 해열 진통제 시장에서도 제품의 본질적인 효능 이외에 '해열 진통제는 안전한가'라는 이슈는 간과되었다. 일반적으로 진통제를 먹는 것 자체가 위장에 부담을 주기 때문에, 식후에 먹는 것이 좋다고 알고 있으면서도 위장에 장애를 주지 않는 진통제는 없는가에 대해서는 간과하고 있었다. 특히 진통제가 천식, 알레르기, 빈혈 등의 부작용을 유발할 수 있다는 사실을 인지하는 소비자는 거의 없을 것이다. 제조업체가 부작용에 대한 문제점을 인식하고 있다고 하더라도 부작용이 없는 새로운 제품이 개발될 때까지는 묵과할 수밖에 없는 것이다. 또한 맥주나 소주 제품은 물이 주 원료이지만 하이트맥주가 물을 이슈화하기 이전에는 물이 중요하다는 사실이 간과되어 왔다.

도전자로서 리더와 차별화할 수 있는 새로운 축을 고민한다면, 중요하지만 그 동안 간과되어 온 사실은 없는지, 아니면 인지는 하고 있으나 해결책이 없어 묵과해 온 문제를 새롭게 해결할 방법은 없는지를 살펴보는 것이 도움이 될 것이다.

고정관념을 깨뜨리는 새로운 이슈를 제기하라

소비자가 오랫동안 고정관념으로 가지고 있던 생각과 정반대의 개념을 제시함으로써 소비자의 인식을 바꾸고 시장을 새롭게 정의할 수 있다.

창의적인 사고의 가장 큰 방해 요소는 고정관념을 버리지 못하고 집착하는 것이다. 일반적으로 소비자들은 주어진 상황과 환경을 받아들이고 그러한 환경에 적응하며 살아간다. 말하자면 기존의 사용 습관이나 관념을 개선하려는 생각보다는 이를 당연한 것으로 받아들이는 경우가 많다. 어떤 경우에는 이유도 알지 못한 채 그냥 이전의 관습을 그대로 받아들이기도 한다. 예를 들어 '밤에는 손발톱을 깎지 말아라', '밤에는 머리를 빗지 말라'는 예로부터 전해 오는 말이 있다. 하지만 왜 그래야 하는지 그 이유를 정확히 아는 사람을 만나지 못했다. 어쩌면 우리는 근거 없는 많은 고정관념 속에 살고 있을지도 모른다. 그러한 고정관념에서 벗어난다면 많은 창의적인 발상을 할 수 있을 것이다.

마켓리더가 오랫동안 리더의 위상을 유지하였고 이로 인해 소비자가 특정 제품을 오랫동안 사용해 온 경우, 소비자들은 관련 제품에 관한 고정관념에 빠져있을지도 모른다. 세탁세제는 왜 가루여야만 하는가(액상 세탁세제 개발)? 냉장고와 세탁기는 왜 흰색이어야만 하는가(다양한 디자인과 컬러 적용)? 그렇다면 도전자 입장에서는 제품이나 서비스의 구성 및 사용 등에 대해 기존 업체나 소비자들이 고정관념으로 가지고 있는 생각이 없는지를 면밀히 살펴볼 필요가 있다.

오랫동안 리더의 자리를 지켜온 리더를 전복하기는 더욱 힘들다고 생각하는 고정관념이 있다. 하지만 앞에서 서술한 논리에 따르면 그런 경우에 오히려 도전자에게 더 큰 시장의 기회가 있을지도 모른다.

Case 소비자의 인식을 바꿔 놓은 자일리톨껌과 에비앙

2001년 최고의 히트 상품으로 각광받았던 자일리톨껌은 소비자의 인식을
바꾸어 놓았다. 1980년대 이전에 태어난 사람들은 부모님들로부터 '자기
전에는 껌 씹지 말아라. 이빨 썩는다'라는 말을 종종 듣고 자랐을 것이다.
그것이 일반인들의 공통된 인식이었다. 하지만 자일리톨껌은 '충치 예방'
이라는 컨셉을 강화하기 위해서 '자기 전에 씹는 껌'이라는 개념을 내놓
았다. 기존 인식과 정반대의 개념을 적극적으로 활용하여 소비자들의 관
심을 유발하고 기존 제품 대비 차별화했던 것이다. 그리고 '자기 전'이라
는 새로운 사용 상황(Occasion)을 제시함으로써 제품 사용 상황을 차별화
하였다. 또한 '껌이 기호식품이 아니라 오히려 약이다'라고 주장한다. 그
렇기 때문에 '자기 전에 씹는다'는 것이다.

　자일리톨껌은 기존 인식과 반대되는 개념을 통해 강한 브랜드 컨셉을
가질 수 있었고 기존 경쟁 브랜드와 확실히 차별화할 수 있었다. 시간이
지남에 따라 '자기 전'이라는 특수 사용 상황에서 차츰 확대되어 일상적
인 상황에서도 소비되는 껌으로 인식되어 일반 껌을 대체하는 제품으로

'잠자기 전에 씹는 껌'으로 차별화한 자일리톨껌

자리잡게 되었다.

프리미엄 생수 '에비앙' 역시 새로운 개념을 부각시켜 차별화한 경우이다. 100년도 더 된 오랜 과거에, 돈을 받고 물을 판다는 것은 상상하기 힘든 상황이었다. '물'로서는 돈을 받고 팔기 어렵기 때문에 '약'이라는 개념이 도입되었다. 알프스에 내린 비와 눈이 약 15년에 걸쳐 정제되어 흘러내린 물로, 다량의 미네랄을 함유하고 있어 이뇨 치료에 효과가 있다고 선전하며 에비앙을 '약' 카테고리로 포지셔닝한 것이다. 그 결과 소비자들은 에비앙 생수를 '물'이 아니라 '약'으로 인식하게 되었다.

또한 여성들 사이에서 여드름 등 피부 트러블에 좋은 물로 입소문이 나면서 일반 생수가 아닌 '피부에 좋은 물'로 인식되었다. 그래서 일반 생수의 두 배가 넘는 가격임에도 불구하고 에비앙의 가격 대비 가치(value for money)가 충족될 수 있었다.

전략10 성숙 시장의 경우 프리미엄 제품으로 차별화하라

성숙 시장에 도전하는 후발 브랜드는 프리미엄 제품으로 공략하는 것이 효과적인 방법 중 하나이며, 프리미엄으로 차별화하기 위해서는 소비자가 선택할 충분한 근거를 제시해야 한다.

성숙 시장에 도전하는 후발 브랜드가 성공하기 위해서는 먼저 기술력을 통해 확실한 제품 차별화가 가능하거나 가격상의 경쟁우위를 가질 수 있을 만큼 원가 경쟁력을 갖추어야 한다. 후자의 경우, 후발 도전자가 원가 경쟁력을 갖기는 쉽지 않으며 원가 경쟁력으로 경쟁자 대비 낮은 가격 구조를 갖는다고 하더라도 경쟁자의 가격 할인이나 판촉 공세를 감당해야 하는 부담을 안게 된다.

제품 차별화가 가능하다면, 성숙 시장에서는 프리미엄 가격으로 시장을 이원화하여 공략하는 방법을 생각해 볼 수 있다. 그 경우 소비자에게 프리미엄 제품을 선택할 충분한 근거를 마련해 주어야 한다.

소비자는 제품을 구매하는 것이 아니라 가치(Value)를 소비한다. 소비자가 지불하고자 하는 가격은 이론적으로 볼 때, 소비자가 그 제품이나 서비스로부터 얻을 수 있는 가치가 지불하고자 하는 가격과 같거나 더 큰 경우이다. 특정 소비자가 다른 소비자보다 동일한 상품에 대해 더 큰 비용을 지불하고자 한다면 다른 소비자보다 스스로 느끼는 가치가 더 크기 때문일 것이다. 동일한 상품에 대해 소비자마다 지불하고자 하는 가격이 서로 다른 것은 그 제품으로부터 얻고자 하는 가치나 그 제품이 주는 가치가 소비자마다 다르기 때문이다. 일반적으로 상품이나 서비스의 가격은 가장 많은 타겟 소비자층이 수용하는 가격으로 결정된다. 따라서 기존 제품 대비 프리미엄 가격을 받기 위해서는 기존 제품 대비 소비자가 지각할 수 있는 가치가 있어야 한다. 즉 소비자가 프리미엄 가격을 지불하고 제품을 선택할 이유가 있어야 한다.

 프리미엄 커피 브랜드들

미국 커피 시장은 1970년대 이후 시장 규모가 계속 하락하였지만 프리미엄급 전문 시장은 매년 20%씩 성장하고 있었다. 스타벅스는 프리미엄 시장에 진입하여 초일류 브랜드로 성장한 대표적인 브랜드이다. 제품 차별화에는 기술력을 기반으로 한 차별화와 원료를 기반으로 하는 차별화 등 다양한 방법이 있다. 다만 소비자가 추가적인 가격을 지불할 만큼의 부가적인 가치를 제공해 줄 수 있는가가 문제이다. 즉 소비자가 선택할 충분한 이유가 있어야 한다는 것이다. 또한 이러한 차별화는 경쟁자가 단기간에 모방할 수 없는 수준의 차별적 요소를 갖추고 있어야 한다. 스타벅스의 경우는 고산지대에서 생산되는 최고급 아라비카 원두만을 사용하여 제품을 차별화함으로써 소비자에게 추가 가격을 지불할 근거를 제공해 주었다.

하지만 프리미엄 포지셔닝을 구축하기 위해서 반드시 원료 중심의 포지셔닝을 구축할 필요는 없다. 베스킨라빈스31은 '31가지 골라먹는 즐거움', 즉 '즐거움이 있는 곳'으로 프리미엄 포지셔닝을 구축하였다. 잘 알려져 있듯이 스타벅스 역시 프리미엄 원두 이외에 오감을 만족시키는 다양한 체험을 제공하고 있다.

우리나라에서는 2007년 4월 출시된 롯데칠성의 '칸타타'가 캔커피 시장의 프리미엄화를 주도하였다. 칸타타는 모카 시다모, 콜럼비아 슈프리모, 브라질 산토스 등 세계 유명 산지의 고급 아라비카종 원두만을 블렌딩해서 드립 방식으로 만든 프리미엄 커피다. 각자의 스타일과 취향에 따라 골라 마실 수 있도록, 우유와 설탕을 모두 넣은 '프리미엄 블렌드', 설탕만 넣은 스위트 블랙, 오리지널 커피 맛의 '블랙' 등 3종을 출시하여 20~30대 젊은이들에게 선풍적인 인기를 얻었다. 또한 냉장 및 온장 보온이 가능한 NB캔을 선보여 또 다른 새로움을 전달해 주었다. 그 결과 출시 5개월 만에 100억 원 매출을 돌파했고 약 3년 만에 1,000억 원 매출을 기록하였다.

롯데칠성의 칸타타는 프리미엄을 추구하는 소비자의 요구와 프리미엄 커피에 대한 소비자들의 서로 다른 취향을 반영함으로써 성공을 거두었다. 경쟁사인 동서식품은 2008년 6월 프리미엄 에스프레소 커피인 '티오

프리미엄 커피, 스타벅스

피'를 출시하여 프리미엄 커피 시장에 가세하였다. 또한 커피전문점에 익숙해진 소비자들의 원두 커피에 대한 니즈가 상승하여 2009년에는 커피전문점과의 제휴를 통한 프리미엄 신제품이 쏟아져 나왔다. 롯데칠성과 엔젤리너스, 웅진과 할리스 커피, 광동제약과 탐앤탐스 커피, 코카콜라와 일리, 서울우유와 도투루 등 NB캔 형태의 프리미엄 RTD(Ready-to-Drink) 커피가 출시되었고 그 결과 시장은 전년 대비 20% 성장하였다.

Case 프리미엄 생수, 에비앙

에비앙은 전 세계 157개국에서 판매되고 있는 프리미엄 생수 브랜드이다. 기존 생수와 차별화하기 위해 프리미엄으로 포지셔닝했고, 알프스라는 천연 필터가 만든 물이라는 점, 칼슘과 마그네슘이 다량 함유된 물이라는 점 등이 소비자가 프리미엄 가격을 지불하게 하는 충분한 이유를 제공하고 있다.

프리미엄 생수, 에비앙

　뿐만 아니라 에비앙은 브랜드의 가치에 신뢰를 제공해 주는 자신만의 브랜드 스토리를 가지고 있다. "1789년 신장결석으로 고생하던 프랑스의 르사르(Lessert) 후작이 휴양차 에비앙(Evian-les-Bains)이라는 작은 마을을 방문했고, 그곳에 있는 까샤(Cachat) 호수의 물을 꾸준히 마시고서 자신의 병을 완쾌했다."[3]는 것이다. 이러한 브랜드 스토리는 에비앙의 효능에 대한 신뢰를 높여주고 있다.

Case 친환경 프리미엄 세제, 슈가버블

차별화된 제품을 기반으로 한 프리미엄 포지셔닝으로 성숙 시장에 도전한 또 하나의 예는 '슈가버블'이다. 슈가버블은 인체에 무해한 사탕수수와 올리브유로 만든 세제로서, 천연 원료 성분으로 브랜드를 차별화하였다. 세제의 주성분인 계면 활성제는 세척물에 물이 잘 스며들게 하고 섬유에 붙어있는 기름과 때와 잘 섞여 이들을 제거하는 작용을 하는데, 기존 대부분의 세제들은 인공적인 화학 물질과 일부 식물성을 포함한 계면 활성제를 사용하는 반면 슈가버블은 사탕수수와 올리브유로 만든 친환

3　에비앙 홈페이지에서 인용한 내용임

경 계면 활성제를 사용하기 때문에 피부자극이나 독성이 없는 친환경 세제라는 것이다.

세제 시장에는 LG생활건강, 애경, CJ Lion 등 전통적인 강자들이 있기 때문에 신규 진입자가 시장을 공략하기는 쉽지 않다. 이런 상황에서 후발 주자들은 기존 브랜드의 약점을 최대한 활용하는 전략을 구사해야 한다. 새로운 트렌드가 시장에 영향을 미치고 있을 때 시장점유율이 큰 기존의 강자들은 신규 트렌드에 부응하여 대표 브랜드의 포지셔닝을 단기간에 변경하는 것이 쉽지 않다. 예를 들어 주방세제의 경우 카테고리의 핵심 속성이 세정력, 특히 찬물 세정력인데, 주방세제 시장을 주도하는 브랜드가 이러한 시장의 핵심 축을 버리고 새로운 속성으로 차별화하기는 쉽지 않다.

LG생활건강은 천연 원료 및 웰빙 트렌드에 부응하여 방부제 무첨가 '자연퐁', 행굼성이 좋은 '세이프', 애경은 천연 대나무 숯 죽초액 함유로 세균과 냄새를 제거해 주는 '순샘' 등, 근본적으로 다른 원료를 내세우기보다는 방부제 무첨가, 천연 원료를 함유하는 방법 등으로 천연, 웰빙 이미지를 전달하였다.

기존 리더들이 대표 브랜드의 기본적인 컨셉을 180도 수정하기는 쉽지 않았을 것이다. 프리미엄 제품뿐만 아니라 저가의 대중적인 제품들

천연 원료 컨셉으로 성공한 슈가버블

도 가지고 있기 때문에 회사 레벨에서 포지셔닝 변경은 간단한 일이 아니다. 따라서 시장 트렌드를 반영한 차별화는 제품 레벨이나 하위 브랜드 레벨에서 적용될 수밖에 없는 한계가 있다.

슈가버블은 시장을 주도하는 기업들의 이러한 한계를 역이용한 셈이다. 기존의 강자들의 포지셔닝이 소비자들의 인식 속에 고착되어 있기 때문에 슈가버블은 독자적으로 차별화된 포지셔닝을 구축할 수 있었다. 슈가버블은 그들과 달리 '천연 원료'를 사용하여 본질적으로 원료에서부터 강하게 컨셉을 심어 나갈 수 있었다. 그리고 '천연 원료'라는 컨셉을 전 제품에 도입함으로써 친환경 전문 제품의 이미지를 확실히 전달할 수 있었다. 슈가버블은 천연 원료가 고급이고 고가격이라는 인식이 소비자의 잠재 의식 속에 심어져 있기 때문에, 기존 주방세제 대비 20~30% 높은 가격을 받으면서 쉽게 프리미엄 제품으로 포지셔닝할 수 있었다. 만약 프리미엄 가격이 아니었다면, 소비자들은 오히려 슈가버블의 제품 컨셉을 수용하지 않았을지도 모른다.

Case 프리미엄 천연 조미료, 다시다

국내에서 1970년대 중반에 등장한 제일제당의 '다시다'는 천연 조미료라는 조미료의 새로운 카테고리를 창조해 1등이 된 대표적인 사례이다. 당시 조미료 시장의 1위는 단연 '미원'이었다. 화학 조미료 시장에서 '미풍' 브랜드로 미원을 추격하던 제일제당은 이미 화학 조미료의 대명사가 되어 버린 미원을 당해낼 수 없게 되자, 화학 조미료가 아닌 천연 조미료로 승부를 걸었다. 다시다라는 프리미엄 제품으로 조미료 시장을 공략한 것이다.

국민소득이 증가하면서 사람들의 음식에 대한 관심이 인공적인 것에서 자연적으로 것으로 넘어가던 시기였다는 점도 다시다의 성공을 도왔

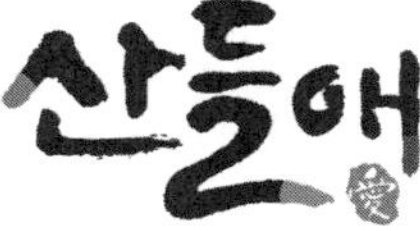

화학 조미료 대 천연 조미료로 시장을 재정의한 다시다

다. 이러한 트렌드에 힘입어 천연 성분이라는 사실이 소비자들이 다시다를 선택할 충분한 근거를 제시해 준 것이다. 다시다의 성공 이후 점차 천연 조미료 시장이 커지고, 화학 조미료로는 이 시장을 공략할 수 없다고 판단한 미원은 결국 미원이란 회사명 대신 '청정원'이란 새로운 브랜드를 내놓고 천연 조미료 시장에서 경쟁하게 되었다.

`Case` 내추럴 유기농 원료로 차별화한 도넛플랜트 뉴욕시티

2007년 11월 명동에 1호점을 내면서 국내에 들어온, 도넛플랜트 뉴욕시티(DPNYC)라는 도넛 체인의 예를 보자. DPNYC는 1994년 뉴욕에서 처음 비즈니스를 시작하여 미국 뉴욕과 일본 동경에서 폭발적인 인기를 끌었다. DPNY는 내추럴 재료만을 고집하는 원칙을 세우고 합성 첨가물과 계란을 일절 사용하지 않으며 100% 유기농 원료만을 사용한다. 원료의 차별화가 뚜렷한 만큼 가격 역시 기존 던킨 도넛 등과 비교하면 50% 이상 고가격으로 포지셔닝하였다. 웰빙 열풍에 따라 식품 업계의 대표적인 트렌드가 트랜스 지방 제로, 유기농 제품 등인 점을 고려할 때, 유기농 내추럴 원료로 차별화된 DPNYC는 소비자의 관심을 끌기에 충분했다. 국내에서도 2008년 6월 강남점에 이르기까지 단기간에 6호점을 오픈할 정도로 소비자들에게 크게 호응을 얻고 있다.

DPNYC처럼 기존 브랜드와 차별화하여 포지셔닝을 하는 경우, 가장 주의해야 할 점은 차별화가 오랫동안 유지될 수 있는가 하는 것이다. 차별화가 지속되지 못하는 이유는 두 가지가 있다. 하나는 경쟁자가 쉽게 모방할 수 있기 때문이다. 정말 획기적인 기술이 아니라면 언젠가는 모방이 가능해지거나 기술 수준이 유사해질 수밖에 없다.

이 경우엔 선 진입자가 포지셔닝을 선점할 수 있는가가 관건이다. 즉, DPNYC라면 소비자들의 인식 속에 '100% 내추럴 원료' 제품이라는 포지셔닝을 선점할 수 있느냐는 것이다. 크리스피 크림 도넛에서 녹차 유기농 도넛 등 다양한 유기농 제품이 출시되고 있다. 하지만 소비자의 인식 속에 내추럴 유기농 원료라는 컨셉을 DPNYC가 선점하면 그것은 DPNYC의 차별적인 포지셔닝이 되는 것이다. 결론적으로 경쟁자가 쉽게 모방할 수 있는 컨셉이라면 그것을 선점하는 것이 중요하다.

차별화가 지속되지 못하는 두 번째 이유는 트렌드를 반영하는 포지셔닝의 경우, 트렌드가 단기적이면 차별화가 의미 없어 지기 때문이다. 그러므로 트렌드를 활용한 차별화의 경우 트렌드가 얼마나 지속될 것인지를 예측하고 트렌드가 약화될 경우에 미리 대비하는 중장기 로드맵이 필요하다.

내추럴 원료로 차별화한 도넛플랜트 뉴욕시티

DPNYC뿐만 아니라 슈가버블과 같이 차별화된 컨셉으로 프리미엄 시장에 후발 진입한 브랜드들은 차별화된 컨셉을 유지하고 강화하면서 소비층을 확대해야 한다는 두 가지 과제를 안고 있다. 그리고 이 두 가지 과제는 서로 균형을 이루면서 동시에 단계적으로 해결되어야 한다. 이 두 가지 과제에 섣불리 접근하면 조기에 시장에서 외면당할 수도 있다. 즉, 컨셉의 유지 및 강화에 초점을 맞추다 보면 매우 한정된 시장을 공략하는 니치 브랜드로 남을 수밖에 없고 브랜드 성장에 있어 한계에 부딪히게 된다. 브랜드가 성장하려면 투자가 필요한데 한정된 시장에서의 성과로는 투자 여력이 크지 않기 때문이다.

반면 소비층 확대에 비중을 두게 되면 적극적인 마케팅 활동이 수반되어야 하는데, 후발 브랜드가 적극적인 마케팅을 전개할 경우 기존 경쟁자들의 적극적인 공세를 불러올 가능성이 높다. 결과적으로 막대한 마케팅 비용이 필요하게 되고 자칫 차별적인 포지셔닝을 유지하기 어려운 상황에 직면할 수도 있다. 또한 소비자층을 확대하기 위해서는 매스 유통을 활용할 수밖에 없는데, 포지셔닝이 확고히 구축되어 있지 않으면 매스 유통에서 기존 경쟁자들에 대항하여 싸우기가 쉽지 않다. 따라서 확고한 포지셔닝이 구축될 때까지는 차별화된 컨셉의 유지 및 강화와 소비자층 확대라는 두 가지 과제를 동시에 그리고 점진적으로 풀어가야만 한다. 이 경우 매출 성과는 생각보다 천천히 나타날 수 있음을 유의할 필요가 있다.

하지만 조기에 매출 성과를 얻지 못하여 조급해진 대부분의 후발 진입자들은 새로운 제품을 추가로 출시하거나 새로운 영역으로 사업 확대를 시도하게 된다. 이 때 후발 진입자들이 저지르는 대표적인 실수는 기존 제품의 컨셉과 무관하거나 배치되는 제품이나 사업 영역으로 진출하는 것이다. 새로운 사업 영역이나 제품의 컨셉이 기존 제품의 컨셉과 동일하거나 유사해야 한다는 점을 간과하는 것이다.

슈가버블을 예로 들어 보자. 슈가버블 제조사가 슈가버블 브랜드로 '천연 원료'라는 기존 컨셉과 무관하거나 배치되는 제품이나 사업 영역에 진출하는 경우, 이는 슈가버블의 포지셔닝에까지 부정적인 영향을 미치게 된다. 다른 브랜드로 진출하는 경우라도 슈가버블이 대표 브랜드로 인식되는 상황에서는 슈가버블의 브랜드 컨셉을 희석시키게 된다.

후발 브랜드가 차별화된 컨셉으로 성숙 시장에 진입한 경우, 유사한 컨셉과 유사한 카테고리로 인식되는 제품군이 아니라면 얼마간 확장을 삼가는 것이 바람직하다. 소비자가 유사성을 인정하는 두 가지 기준은 컨셉의 유사성과 소비자의 인식상 카테고리의 유사성이다. 이 기준들은 브랜드 확장 여부를 결정하는 데 있어 필수적이다. 슈가버블의 경우, '천연 원료'라는 컨셉의 유사성과 세제라는 카테고리의 유사성이 인정되는 영역으로의 확장은 전혀 문제가 없다. 주방세제 브랜드로 시장에 처음 진입한 슈가버블이 천연 원료 세탁세제, 천연 원료 유아용 세제, 천연 원료 비누, 천연 원료 욕실세제 등으로 확장하는 것은 유사한 컨셉으로 유사한 카테고리에 진입하는 것이므로 기존 컨셉이나 포지셔닝에 부정적인 영향을 주지 않을 뿐만 아니라 오히려 천연 원료 세제 브랜드라는 이미지를 강화시켜 줄 수 있다.

하지만 주방세제가 가정에서 사용하는 생활용품이라고 해서 치약, 칫솔 등으로 확장하게 되면, 동일하게 주부가 구입하는 제품이므로 영업 및 마케팅력에 따라 어느 정도 매출 성과는 거둘 수 있을지 모르지만, 핵심 컨셉인 '천연 원료'라는 소비자의 인식에 혼란을 가져다주기 때문에 강한 포지셔닝을 구축하는 데는 부정적인 영향을 미치게 된다. 단기적으로는 매출 성과를 확대할 수 있으나, 장기적으로는 포지셔닝의 불안정과 브랜드 아이덴티티의 혼란으로 인해 전체 사업이 흔들리는 막대한 손실을 입을 수 있다.

전략11 열등화된 제품으로 가치 포지셔닝을 구축하라

후발 도전자는 열등화된 제품을 현저히 싼 가격에 출시하여 밸류 포지셔닝(Value Positioning)을 통해 시장 이원화를 시도할 수 있다.

마이클 포터는 차별화(Differentiation)와 저비용(Low Cost)을 경쟁 전략의 방향성으로 제시했다. 소비자 혜택이나 편익이 클수록 가격, 즉 비용이 낮을수록 소비자가 느끼는 가치가 더 크다. 따라서 소비자의 가치를 높이는 방법에는 소비자의 혜택이나 편익을 더 크게 하는 것과 소비자가 지불해야 할 비용을 줄여주는 것이 있다. 하지만 대부분의 기업은 신상품을 고민할 때 더 좋은 제품, 즉 소비자에게 추가적인 가치나 새로운 가치를 주는 제품을 만들어 내려고 한다. 원가를 줄이는 노력을 했다고 하더라도 대부분 이를 통해 더 큰 수익을 기대하거나 추가적인 마케팅 비용으로 사용하는 것이 일반적이다.

소비자가 동일한 가치를 느낄 수 있는 제품인데 가격이 더 싸면 어떨까? 필요 이상으로 제품의 가치가 높아진 것은 아닌가? 원가나 비용을 더 줄일 수 있는 방법은 없는가? 소비자가 느끼는 가치가 다소 낮다고 하더라도 이런 제품을 선호하는 소비자는 없을까? 등의 고민을 해 볼 수도 있을 것 같다. 시장에 있는 기존 제품보다 다소 품질이 열등한 대신 저가격으로 제품을 출시하여 밸류 포지셔닝(Value Positioning)함으로써 제품의 계층화, 즉 수직 하이어라키를 형성하여 시장을 이원화할 수 있다. 앞서 제시되었던 프리미엄 전략의 반대 개념이다.

그런데 밸류 포지셔닝은 단순히 가격이 싸다는 개념은 아니다. 가격 대비 품질이 우수하기 때문에 가격 대비 가치(Value for Money)가 있는 제품이라고 봐야 한다. 이러한 밸류 포지셔닝이 시장에 유효하려면 서로 다른 품질이나 기능을 요구하는 소비자층이 존재해야 한다.

밸류 포지셔닝의 대표적인 사례로 델(Dell)컴퓨터가 있다. 델컴퓨터는 1984년 후발 주자로 컴퓨터 시장에 진입하여 선두권을 위협한 브랜드이다. 제품 가격이 싸다는 것이 강점이지만 '주문형 PC'라는 새로운 개념으로 소비자 가치를 창출하는 데 성공하였고 기존 제품과 차별적으로 포지셔닝하였다. 소비자는 자신이 원하는 기능과 부품을 선정하고 이에 따라 가격이 조정되기 때문에 원하는 제품을 합리적인 가격에 얻을 수 있다. 델컴퓨터 입장에서도 완제품에 대한 재고 비용을 줄일 수 있었다. 델컴퓨터를 사용하는 소비자들은 대부분 델컴퓨터가 '싸다'라고 인식하기보다는 내가 원하는 기능만 제 가격에 구입했기 때문에 현명한 선택을 했다고 느낀다.

필자가 2005년 모토로라 프로젝트를 진행하던 당시, 휴대폰 시장은 새로운 기술의 발달로 시장이 빠르게 변하고 있었다. 휴대폰에 카메라가 장착되고 화소 경쟁이 뜨겁게 달아올랐다. 휴대폰에 MP3가 들어오는가 하면 조이스틱 기능이 부가되기도 했다. 플립 타입, 바 타입, 폴더 타입, 슬라이드 타입 등 새로운 타입들이 속속 등장하면서 학생들의 휴대폰 교체 주기가 평균 3개월밖에 되지 않았다. 그런데 당시 40대 중반이던 필자는 휴대폰 기능 중 전화 걸고받기, 문자 주고받기, 날짜와 시간 보기 이외에는 별로 필요한 기능이 없었다. 하지만 대부분의 휴대폰은 기본적으로 100만 화소의 카메라, MP3 기능 등을 장착하고 있었기 때문에 10~20대를 제외한 대부분의 소비자들은 불필요한 기능들을 갖춘 휴대폰을 구입할 수밖에 없었다. 당시 첨단 기능 경쟁에서 열세에 있던 한국모토로라는 2006년 레이저폰을 출시하면서 타겟을 30대 초중반으로 설정하고 그들의 니즈에 부합하도록 첨단 기능은 최소화하되 디자인과 편리성을 강화하고 경쟁력 있는 가격을 제시하여 시장에서 좋은 반응을 이끌어 냈다.

만약 주문형 PC처럼 필요한 기능만 장착하는 휴대폰이 나온다면 어떨까? 필요 없는 기능을 달지 않으니 가격은 당연히 내려갈 것이고 구입자 입장에는 저가 제품을 구입하는 것이 아니라 필요한 기능만을 갖춘 제품을 합리적인 가격에 구입하는 결과가 될 것이다.

아주 오래된 사례이지만, 대형 항공사와 경쟁을 피하기 위해서 미국 국내선 항공에 초점을 맞추고 밸류 포지셔닝에 성공한 사우스웨스트 항공의 경우를 살펴보자. 사우스웨스트 항공은 국내선의 경우 항공사뿐만 아니라 시외버스와 열차도 경쟁자라는 점을 인식하고 가격 경쟁력을 확보하지 않으면 경쟁에서 이길 수 없다고 판단했다. 가격을 낮추기 위해서 지정좌석제를 폐지하고 승객의 탑승 시간을 짧게 해서 운항시간을 단축하는 대신 운항 횟수를 늘렸다. 기내식을 없애 서비스 비용을 줄이고, 기장이 직접 승객을 안내하고 짐정리를 도움으로써 인건비를 절감했다. 이런 식으로 사우스웨스트 항공은 요금을 기존 항공사의 3분의 1 수준으로 떨어뜨렸고, 고객들은 국내선 항공기를 저렴한 비용으로 이용할 수 있게 되었다.

그 외에도 소비자 입장에서 불필요한 기능이나 서비스로 인해 필요 이상의 비용을 지불하는 경우에는 밸류 포지셔닝을 활용할 수 있는 여건이 마련되어 있다고 볼 수 있다. 최근 골프장의 대중화, 피트니스 클럽 등의 대중화도 밸류 포지셔닝의 일환으로 볼 수 있다.

Case 가격 파괴형 초저가 화장품, 미샤

화장품 시장의 미샤는 밸류 포지셔닝의 대표적인 성공 사례이다. 미샤는 온라인에서 활동하던 화장품 회사인 에이블씨엔씨가 오프라인에 진출하면서 출시한 브랜드이다. 화장품 회사들은 대체로 고급화를 지향하는 것이 일반적이다. 이와는 반대로 미샤는 적절한 가격대의 질 좋은 화장품을 목표로 삼았다. 미샤는 제품의 가격대를 3,300~8,900원이라는 파격적인 수준에서 책정했다. 중간 유통 단계를 없애고, 포장 비용, 광고 마케팅 비용 등을 줄임으로써 기존 화장품보다 현저히 낮은 가격대로 밸류 포지셔닝을 구축한 것이다.

미샤는 2003년 3월 이대 앞에 1호점을 낸 것을 시작으로 만 2년 만에 100여 개로 점포 수를 확장하면서 화장품 업계에 가격 파괴형 초저가 시장을 열었다. 2004년에는 아모레퍼시픽(당시 태평양), LG생활건강 다음으로 화장품 업계 매출 3위에 오르는 기염을 토하기도 했다.

앞서 지적하였듯이, 고객이 제품을 구매할 때 느끼는 가치란 지불 가격 대비 혜택이라고 할 수 있는데, 고객에게 더 높은 가치를 제공하기 위해서는 고객 혜택을 향상시키거나 고객이 지불하는 비용을 줄여줘야 한다. 하지만 신상품을 개발할 때, 비용을 줄이는 방법보다는 혜택을 강화하는 방법을 고민하는 것이 일반적이다. 그러나 미샤의 경우는 기존 제품 대비 품질이 다소 떨어지고 포장의 간소화로 인해 감성적 편익이 다소 떨어지더라도, 고객이 지불하는 비용이 기존 제품보다 현저히 낮춤으로써 총 고객 가치가 증가시키는 전략을 취했다. 특히 초기에는 유통 단계 축소와 광고비 절감 등을 저가격의 근거로 제시함으로써 소비자가 제품을 선택할 수 있는 타당한 근거를 마련해 주고 제품의 가치를 신뢰할 수 있게 해 주었다.

미샤의 성공에는 밸류 포지셔닝 이외에 또 다른 이유가 있다. 시대의 흐름에 따라 인터넷 유통을 잘 활용했다는 점이다. 에이블씨엔씨는 1997년 '입스'라는 브랜드를 인터넷으로 판매하던 화장품 회사이다. 주 고객인 여성 회원들은 자신들의 이야기를 나눌 수 있는 공간을 필요로 한다는 점에 주목하여 여성 포털 사이트인 뷰티넷(www.beautynet.co.kr)을 오픈하고 커뮤니티를 활성화하여 신상품 정보를 수집하는 등 인터넷 마케팅을 활발히 전개하였다. 인터넷 이용 인구가 폭발적으로 증가하면서 뷰티넷의 회원과 매출도 크게 증가하였다. 에이블씨엔씨는 당시 IMF 경제 위기로 인한 소비자의 저가 추구 성향과 인터넷의 발달이라는 시장 트렌드를 적극 활용하여 기존 화장품 업체 대비 유통 경쟁력의 열세를 극복하고 오히려 이를 차별화된 경쟁력으로 성장시켰다.

대부분의 시장이 그러하듯이 화장품 시장에서도 인터넷은 가격을 무너뜨리는 채널로 인식되어 있는데, 에이블씨엔씨는 오히려 적극적으로 저가 제품을 내놓고 인터넷 유통을 장점으로 활용하였던 것이다.

밸류 포지셔닝으로 시장 진입에 성공한 미샤

도전자로서 차별적 경쟁우위를 확보하기 위해서는 아래에 제시한 사항들의 가능성에 대해 검토해 보아야 한다.

1. 리더에게 강점이 있거나 리더가 핵심 경쟁력을 가진 시장이나 제품의 가장 핵심적인 속성에서 리더보다 우월한 수준을 확보할 가능성이 있는가?

2. 자사의 제품/서비스가 내세우는 차별적 특성은 소비자들이 공감하고 인정할만한 근거를 가지고 있는가? 그러한 근거를 마련할 가능성은 있는가?

3. 경쟁우위를 확보하기 위해서 제품/서비스의 본질적인 속성에만 집착하고 있지는 않은가? 소비자와 시장의 변화를 반영하는 주변적인 속성을 강화하여 차별적 가치를 제공할 수는 없는가?

4. 제품이나 패키지 디자인으로 새로운 가치를 창출할 수는 없는가? 감각적인 가치 외에 디자인으로 창출할 수 있는 다른 가치는 없는가?

5. 다양한 특성을 가진 소비자가 제품을 사용하는 환경을 객관적이고 창의적인 시각으로 관찰해 본 적이 있는가?

6. 해당 시장이나 관련 주변 시장의 핵심 트렌드는 무엇인가? 이러한 시장 트렌드로 인한 새로운 시장 기회는 없는가?

    – 시장 트렌드를 활용하여 시장의 핵심 경쟁력 요인을 변경하거나 시장을 새롭게 정의할 수 있는 방법은 없는가?

    – 시장 트렌드에 맞게 기존 시장을 분리하여 새로운 카테고리를 만들 수는 없는가?

7. 기존 제품 사용상의 편리성을 제고하기 위해서 융합할 수 있는 제품이나 서비스는 없는가? 제품/서비스 융합을 통해 새로운 가치를 창출할 수 있는가?

8. 리더의 가장 큰 약점은 무엇인가? 식상함과 브랜드 노후화 이외에 또 다른 리더의 약점이 있는가?

9. 리더가 간과하고 있는 속성은 없는가? 과거에는 중요하지 않았지만 향후 중요해질 것으로 예상되는 속성은 없는가?

10. 제품이나 제품 사용에 있어서, 기업과 소비자의 입장에서 의심 없이 받아들이고 있는 고정관념은 없는가?

  - 지금까지 도저히 변할 수 없다고 생각해 왔던, 제품의 본질적인 약점은 없는가?

11. 해당 시장이 성숙 시장이라면, 제품 고급화나 그 외의 다른 속성의 고급화를 통해 프리미엄으로 차별화할 수 있는 방법은 없는가?

  - 소비자들이 프리미엄으로 인정할 만한 가치를 마련할 수 있는가?

12. 반대로 불필요한 요소를 없애고 제품 생산 원가나 유통 및 마케팅 비용을 절감하여 기존 제품 대비 현저히 낮은 가격을 시장에 제시할 수 있는가? 저가 포지셔닝을 통한 시장 이원화가 수용될 수 있는 시장인가?

07
도전자가 경쟁우위를 유지하고 공고히 하는 전략은 무엇인가

Challengers' Strategy for Maintaining Competitive Advantage

도전자가 리더를 넘어 리더의 자리를 차지하기는 쉽지 않다. 그리고 그 자리를 장기적으로 유지하는 것은 더더욱 어려운 일이다. 리더가 된 도전자가 그 자리를 유지하려면 리더를 공략하기 위해 마련되었던 경쟁우위 요소가 지속적으로 유효해야 한다. 그렇지 않으면 다른 추가적인 경쟁우위 요소를 제시하여 경쟁우위가 유지될 수 있도록 해야 한다. 결국 도전자의 입장에서는 단 한 번의 경쟁우위가 아니라 지속적으로 경쟁우위를 유지할 수 있는 단계적 전략이 필요하기 때문에, 여러 번에 걸쳐 차별화하거나, 경쟁자가 모방할 수 없는 경쟁력 요인을 만들어 내는 것이 필요하다. 대부분의 리더들이 그러하듯이, 리더가 되고자 하는 도전자 역시 시장을 자신이 정의하는 시장으로 이끌어 가기 위한 단계적인 전략 방안을 모색해야 한다.

전략12 일련의 사전 계획으로 철저히 차별화하라

새로 리더의 위상을 구축한 기업은 경쟁우위가 지속적으로 유지될 수 있도록 다양한 측면의 차별적 경쟁우위를 확보하거나, 일련의 계획을 수립하여 여러 번에 걸친 차별화를 시도하여 확고한 경쟁우위의 포지셔닝을 구축해야 한다.

도전자는 새로운 차별적 경쟁우위를 내세워 시장을 공략함으로써 리더의 위상을 차지할 수 있다. 하지만 기존 리더의 반격에 대비하지 않으면 리더의 위상을 바로 다시 내줘야 한다. 리더의 위상을 꿈꾸는 도전자는 기존 리더의 반격에 대한 시나리오를 짜고 철저히 대비해야 한다. 즉 단계적인 시장 공략 계획과 리더의 자리를 차지한 후의 단계적인 시장 방어 계획을 수립하고 체계적으로 시장을 공략해야 한다. 특히 도전자의 차별화 포인트가 경쟁자가 쉽게 모방할 수 있는 속성이라면, 소비자 인식상의 확고한 포지셔닝을 구축할 때까지 차별성을 유지하기 위한 방어 기제가 필요하다.

오랫동안 마켓리더의 위상을 유지하는 기업은 차별적 경쟁우위를 확보하는 것뿐만 아니라 이를 효과적으로 지킬 수 있는 역량을 가진 기업들이다. 그런 역량을 가진 기업에 도전해서 그 자리를 완전히 빼앗기 위해서는 한방이 아니라 여러 번에 걸친 연이은 펀치가 필요하다. 도전자가 시장에 새로운 기능을 제시하거나 시장을 새롭게 정의해서 리더가 되었을지라도, 그다지 모방이 어렵지 않은 상황이라면 차별적 요소를 지속적으로 제시하지 않는 한 위상을 유지하기가 쉽지 않을 것이다. 경쟁자들은 항상 모방을 근간으로 추가적인 차별성을 확보하려고 할 것이기 때문이다.

 지속적인 경쟁우위를 만들어 내지 못한 비락식혜

1993년 비락은 국내 최초로 캔에 담은 식혜를 출시하여 전통음료인 식혜를 상품화하는 데 성공했다. 비락이 성공함에 따라 50여 개 업체가 이 시장에 뛰어들었고 1년 만에 시장은 2,500억 원 시장으로 급성장하였다. 하지만 군소업체가 난립하고 메이저 업체마저 덤핑으로 가격 경쟁을 벌임에 따라, 식혜에 대한 전반적인 이미지가 하락하였고 시장의 가격 질서가 무너져 대부분의 업체는 엄청난 적자에 시달리게 되었다.

1998년 한국야쿠르트가 비락의 음료사업 부문을 인수하면서 제품명이 '비락식혜'가 되었다. 시장이 정리되면서 2003년에는 식혜 시장에 겨우 10여 개 제품만 살아남았고 한국야쿠르트는 2004년 10억 개 판매를 돌파하며 리더의 위상을 지켜갔다. 또한 비락수정과, 비락호박가득식혜 등으로 계속 제품을 확장하고 있다.

비락은 초기 시장 진입에는 성공하였지만, 식혜 시장은 제품 제조에 있어서 진입장벽이 약하여 독특한 차별성을 확보하지 못했다. 비락은 제품상의 차별화를 창출하지 못했을 뿐만 아니라 유통력과 마케팅력에 있어서도 롯데, 해태 등 후발 경쟁자 대비 열세를 면치 못하였다. 결국 비락은 지속적인 경쟁우위의 차별화 요인을 만들지 못하여 끝내 시장을 수성하지 못하고 경쟁자들에게 시장을 내주고 말았다.

지속적인 차별화에 실패한 비락식혜

 추가적인 차별화에 실패한 레드망고

프리미엄 아이스크림 시장에서도 유사한 사례를 찾아 볼 수 있다. 웰빙 트렌드에 부합하는 '저지방 얼린 요거트'라는 새로운 컨셉으로 시장을 새롭게 정의하며 차별화를 시도하였던 레드망고는 20~30대 여성 고객

차별성이 약화되고 있는 레드망고

을 집중 공략하여 단기간에 프리미엄 아이스크림 시장에서 3위의 지위를 차지하였다. 하지만 2005년부터 커피 전문점과 외식업체들도 디저트로 요거트를 판매하기 시작하고, 2006년부터 경쟁 브랜드들이 이 시장에 대거 진입하면서 레드망고의 차별성이 약화되고 시장 자체의 매력도도 떨어지자 시장은 크게 위축되었다.

레드망고가 지속적인 시장 지위를 유지하지 못한 것은 경쟁자가 쉽게 모방할 수 있을 만큼 제품 차별성이 약한데도 불구하고 경쟁사 대비 경쟁 우위를 지속적으로 유지할 수 있는 방안을 마련하지 못했기 때문이다.

일반 프리미엄 아이스크림 시장은 맛의 다양화를 추구해 왔으나, 레드망고는 토핑만으로 다양화한 제한적인 메뉴와 단조로움 때문에 소비자들이 식상해하기 시작한 것이다. 반면 후발 경쟁자들은 아이스크림 퐁듀, 비벼먹는 아이스크림, 아이스크림 와플, 아이스크림 케이크 등 다양한 이색 메뉴를 선보이며 소비자의 눈길을 빼앗아 갔다.

신시장을 창출하는 경우 장기적으로 지속 가능한 차별성을 확보하고 있지 못하다면, 선발 기업은 제품 다변화, 다양한 마케팅 방법, 유통 다변화 등 경쟁자의 시장 진입에 대비한 추가적인 차별화 방안을 사전에 모색하고 준비해야 한다. 그렇지 않으면 영업력, 마케팅력, 유통력이 앞선 후발 경쟁자의 공략에 맥없이 무너질 수밖에 없다.

앞에서 언급했던 저가 화장품 브랜드 미샤의 경우, 성공이 오래 가지 못했다. 2005년 전년 대비 매출이 21.5% 감소하면서 하향길에 접어든 것이다. 결국 더페이스샵에게 3위 자리를 내주고 5위로 내려앉았다. 더페이스샵은 2003년 12월 명동에 1호점을 내면서 초저가 화장품 시장에 후발로 진입하였다. 창립 1년 만에 600억을 넘는 매출을 기록하면서 초저가 시장을 미샤와 양분하였다. 2005년 1,500억, 2007년에는 2,000억이 넘는 매출을 기록하며 놀라운 속도로 성장하였다.

사실상 더페이스샵은 미샤가 구축해 놓은 초저가 트렌드에 편승한 후발 브랜드이다. 하지만 더페이스샵이 성공할 수 있었던 것은 경기 위축에 따른 소비자들의 초저가 화장품 선호 트렌드를 타면서도 경쟁자인 미샤와의 차별화 마케팅을 적극적으로 전개했기 때문이다. 미샤가 초저가에 집중하는 동안 후발 브랜드인 더페이스샵은 '고급스러운 자연주의'를 차별화 컨셉으로 표방하며 상품 컨셉, 원료, 매장 인테리어 및 VMD

자연주의 컨셉으로 차별화한 더페이스샵

등에서 일관성 있는 마케팅을 전개하였다. 또한 로드샵뿐만 아니라 고가 화장품의 텃밭이라고 인식되어 온 백화점에도 입점하였으며, 대형 할인점, 지하철 등 유통 채널을 다변화하고 가격 대비 높은 품질력을 유지하려는 지속적인 노력이 더페이스샵의 성공을 뒷받침했다. 미샤는 화장품 시장에서 초저가라는 새로운 시장을 개척한 선발 브랜드였지만, 초저가 시장에 진입하는 후발 브랜드 대비 차별화 요소가 없었기 때문에 리더의 자리를 내 줄 수밖에 없었다. 반면 후발인 더페이스샵은 초저가 시장 내에서 자연주의 컨셉을 선점함으로써 경쟁자와 확실히 차별화할 수 있는 기반을 만들었다.

미샤의 추락과 더페이스샵의 성공은 시장에서의 지속적인 성과 창출을 위해서는 장기적으로 유지될 수 있는 차별화 요소가 필요함을 보여주고 있다. 오랫동안 시장에서 리더의 위상을 지켜 온 리더이든 새로운 시장을 개척한 리더이든, 언제나 경쟁자들의 공격으로부터 자사의 위상을 방어할 무기가 필요한 것이다.

Case 제품과 유통을 차별화한 비타500

2001년 비타500은 1963년부터 국내 피로회복제 드링크 시장에서 절대적인 리더 자리를 지켜온 박카스에 도전장을 냈다. 비타500은 강력한 리더와 경쟁하기 위해서 여러 가지 측면에서 차별화를 시도했다. 먼저, 제품 측면에서 비타민을 주성분으로 하고 카페인을 함유하지 않았다는 점을 내세워 타우린 성분의 박카스와 차별화했다. 아울러 연령층에 상관없이 누구나 먹을 수 있는 제품으로 포지셔닝하였다. 또한 먹기 불편하고 신맛이 강한 기존의 가루 타입이나 알약 타입의 비타민과 달리 '마시는 비타민'이라는 컨셉으로 차별화하였다.

판매 채널에서도, 항상 목적을 가지고 방문하는 약국 유통만이 아니

도전자 마케팅의 놀라운 성공 사례, 비타500

라 일반 슈퍼마킷 유통까지 활용함으로써 대중화를 모색하였다. 이전에 박카스를 공략한 많은 도전자들은 주로 약국 채널 내에서 경쟁에 몰두하였던 것과는 차별화되는 행보이다. 그리고 박카스의 주 이용자가 고연령 이미지인 점을 활용하여 20~30대로 타겟을 집중하였다. 그러면서도 박카스를 겨냥한 경쟁적 커뮤니케이션을 전개하여 적극적으로 박카스를 경쟁군으로 끌어들였다.

이러한 전략은 두 가지 흥미로운 결과를 만들어냈다. 먼저 박카스를 경쟁군으로 끌어들임으로써 비타500의 시장을 건강 음료뿐만 아니라 피로회복제, 자양강장제 시장으로 확대하였다. 그리고 제품 및 유통상의 차별화, 젊은층과 소비자 관련성 강화 등 기존 경쟁자와의 차별화를 통해 시장에서 폭발적인 반응을 이끌어냈다. 특히 젊은층에게 확보되지 않았던 박카스의 브랜드 관련성을 집중 공략함으로써 2005년 2분기에는 급기야 박카스의 매출을 추월하기도 하였다.

 # 시장을 포괄적으로 재정의하라

리더가 전문성을 기반으로 시장의 위상을 구축하고 있는 경우, 시장을 포괄적으로 정의하여 전문성의 가치를 희석시키고 새로운 경쟁의 장을 형성하여 경쟁을 유리하게 끌고 가야 한다.

오랫동안 시장을 선점하고 리더의 위상을 확보하고 있는 전문 기업에 도전하는 기업의 전략을 알아보자. 시장을 대표하는 전문 기업은 대체로 해당 산업에서 전문성을 키우면서 성장했고 그러한 전문성을 기반으로 시장 위상을 지켜왔다. 신선식품 시장의 풀무원, 정수기 및 비데 시장의 웅진, 김치냉장고 시장의 위니아딤채, 표백세제 시장의 옥시, 비비크림의 한스킨 등이 대표적인 전문 기업들이다. 그렇다면 이러한 전문 기업이 장악하고 있는 시장을 공략할 수 있는 방법은 없을까?

마켓리더는 경쟁자의 시장진입이나 상대적인 경쟁우위를 유지하고 강화하기 위해서 시장을 보다 전문화하려고 할 것이다. 특히 현재 혹은 잠재 경쟁자가 매우 강한 경쟁력 요소나 자본력을 보유하고 있는 경우에는, 가급적 시장의 전문성을 강화하여 진입장벽을 높이고 선점 효과를 최대한 확보하여 시장을 수성하는 것이 바람직하다.

도전자의 입장에서는 리더가 만들어 놓은 영역에서 경쟁하기보다는 새로운 경쟁의 장을 만드는 것이 유리하다. 즉 리더의 최대 장점인 전문성을 희석시키는 쪽으로 움직여야 한다.

전문성을 희석시키는 전략에는 시장을 포괄적으로 재정의하거나 시장의 특성을 재정의하는 방법이 있다. 구체적으로, 소비자의 니즈를 포괄적으로 이해하여 시장을 재정의하거나 미래에 다가올 핵심적인 시장의 트렌드를 기반으로 시장을 재정의하는 것이다.

김치냉장고 시장은 2001년 기준으로 위니아딤채가 38%, 삼성전자가 35%, LG전자가 18% 정도의 시장을 점유하고 있었다. 당시 삼성전자의 '다맛'은 딤채 대비 제품력이 열세인 것으로 인식되고 있었다. 삼성전자는 김치냉장고에 대한 소비자 니즈가 변하고 있음을 간파하고 이를 반영한 패러다임 변화를 통해 시장을 주도하고자 했다.

무엇보다 소비자들의 주거 환경에 많은 변화가 나타나고 있었다. 아파트의 대형화가 일어나고 있었고, 주방 공간의 확장과 인테리어에 대한 관심 역시 증가하고 있었다. 건강에 대한 관심 증가로 생고기, 기능성 쌀, 야채, 과일 등의 신선 보관에 대한 니즈도 증가했다. 따라서 김치냉장고 구입에 있어서도 주방의 분위기에 맞는지, 김치뿐만 아니라 채소, 과일, 쌀 등을 장기 보관할 수 있는지가 중요하게 고려되기 시작했다. 이에 따라 김치만을 위한 김치냉장고가 아니라 다기능, 다용도, 대용량의 김치냉장고에 대한 니즈가 나타나기 시작했다.

당시 시장에서는 딤채가 시장의 표준이었던 만큼 삼성전자의 '다맛'은 제품력에 대한 이미지가 열세일 수밖에 없었다. 삼성전자는 인식상의 열세를 극복하고 리더 위상을 확보하기 위한 전략을 수립하면서, 구매 동기를 기준으로 시장을 세분화하였고, 김치 저장과 같은 기본적인 기능을 중시하는 계층보다는 다용도의 혁신적인 제품을 선호하는 계층이 증가하고 있음을 확인하게 되었다.

특히, 신규 수요자들은 주로 다용도를 중시하는 경향이 강했다. 삼성전자는 기존 기본 제품보다는 다용도의 프리미엄 제품을 선호하는 수요자들을 핵심 타겟으로 삼았다. 그리고 공략 대상을 이원화여, 최고급(High-end) 시장에서는 김치냉장고 시장을 재정의하고 경쟁의 축을 변화시키면서 새로운 이미지 구축에 주력하였고, 대중(Mass) 시장에서는 기술력을 바탕으로 '맛'에 대한 신뢰감을 구축하고 감성적 가치를 강화하면서 판매량 제고에 주력하였다. 브랜드 또한 이원화하였다. 프리미엄 시장에는 하우젠(Hauzen)으로, 실속 중시형 시장에는 '다맛'의 이미지를 재구축하여 딤채에 대응했다.

삼성전자는 딤채를 제 1세대 제품으로 기본 상품화(Commodity)[1]하고 다맛과 하우젠을 다기능의 혁신적인 가치를 지난 제2, 3세대 김치냉장고로 포지셔닝하여 시장을 삼성전자 중심으로 재정의해 갔다.

결과적으로 2002년부터 삼성전자는 36% 시장점유율을 획득하면서 34%인 위니아딤채를 누르고 리더의 위상을 차지하게 되었다. 삼성전자의 성공은 소비자 니즈의 변화를 이용하고 기존의 리더의 선점 영역을 전체 시장의 일부로 재정의하면서 시장을 주도한 결과로 볼 수 있다. 전문기업의 경쟁우위 요소인 전문성 강화를 역으로 이용한 것이다.

전략14　이슈를 선점하라

**해당 카테고리의 가장 기본적이고 대표적인 속성을 이슈로 부각시키거나
포괄적으로 정의하여 선점하면 리더의 차별적 시장 위상을 위협할 수 있을
뿐만 아니라 경쟁우위를 지속적으로 유지할 수도 있다.**

'때가 쏘옥 비트'라는 광고 문구를 기억할 것이다. 세탁세제 카테고리

1　본격적으로 발달된 형태의 제품이 아니라, 기본적인 기능과 형태만을 갖춘 제품

에서 이 광고 문구 이상으로 제품의 핵심적인 성능과 품질을 잘 표현한 문구를 본 적이 없다. 세탁세제의 기본적이고 핵심적인 기능은 세척력이다. 그 외에 다른 기능이 필요한가? 물론 섬유를 상하게 하지 않으면서 뛰어난 세척력을 가진다면 더 좋겠고, 좀 적게 쓰면서 뛰어난 세척력을 가진다면 더 경제적일 것이다. 또한 찬물에서도 세척이 잘 된다면 그 또한 편리할 것이다. 하지만 '섬유를 상하지 않게', '경제적', '찬물에서도…' 등은 세척이 잘 된다는 것을 기본 전제로 하고 있다.

비트는 리딩 브랜드는 아니다. 전통적으로 LG생활건강의 세제 브랜드들이 리더의 자리를 유지해 왔었다. LG생활건강은 '수퍼타이', '농축세제 한스푼', '테크'로 이어지는 리딩 브랜드들을 보유하고 있었지만 비트는 그들이 늘 위협을 느끼는 막강한 경쟁자였다. 비트가 지속적으로 경쟁의 핵심에서 1, 2위를 다투는 위상을 유지하고 있는 것은 카테고리의 가장 핵심적인 이슈인 세척력을 선점하고 있기 때문이다. 이렇게 특정 브랜드가 카테고리의 가장 핵심적인 속성을 선점하고 있으면 다른 경쟁자들은 차별화 전략을 설계하기가 매우 어려워진다. 특히 차별화할 속성이 많지 않은 카테고리에서는 더더욱 그렇다.

표백제 시장에서 옥시크린 역시 '빨래 끝'이라는 커뮤니케이션 메시지를 활용해서 '빨래를 깨끗하게 마무리하는' 기능과 빨래의 가장 마지막 순서로 사용한다는 TPO를 전달하고 있다. '옥시크린이 없으면 빨래를 깨끗하게 마무리할 수 없다'는 것을 역설적으로 강조한 것이다. 그 당시 우리나라 주부들은 빨래를 깨끗하게 마무리하기 위해 마지막 과정으로 빨래를 삶아 왔다. 옥시크린은 이

제품의 핵심 속성을 잘 표현한 '때가 쏘옥 비트'

러한 '삶은 효과'를 볼 수 있는 '강한 제품력'을 은유적으로 전달한 것이다.

옥시크린은 수십 년간 표백제 시장의 대표 브랜드로 확고한 위상을 차지하고 있다. 하지만 1984년 염소계 표백제가 시장을 장악하고 있던 당시에는 리더인 유한락스에 도전하는 도전자 브랜드였다. 옥시크린은 염소계 표백제와 다른 산소계 표백제로 제품 차별성을 확보하고 있었을 뿐만 아니라 '빨래 끝', '흰옷은 더욱 희게, 색깔 옷은 선명하게' 등의 광고 캠페인을 통해 표백제 카테고리의 가장 기본적이고 핵심적인 속성을 선점함으로써 리더의 위상을 확보하고 오랫동안 독점적인 위상을 유지할 수 있었다.

맥주 시장에서 맥스(Max)는 맥주의 맛을 포괄적으로 정의했다. 맥주의 맛은 다양하게 정의되어 왔다. 마켓리더인 하이트는 '순하고 부드러운 맛', 리더에 버금가는 경쟁력을 확보한 카스는 '톡 쏘는 맛'이라는 감각적인 정의를 내리고 하이트와 대비되는 '맛'으로 십 수년 동안 맛 포지서닝을 차별적으로 유지해 오고 있다.

소비자들은 어떤 맥주를 선호할까? 맥주를 마실 때 소비자들이 얻고자 하는 가치는 '시원한, 그래서 기분이 상쾌해지는 맛'이다. 그런데 후발

'맛있는 맥주'라는 이슈를 선점한 맥스

주자인 맥스는 '맛있는 맥주'라고 주장한다. 맥주가 맛있다고 하면 어떤 맛일까? '맛이 좋은 맥주'를 어떻게 정의할 수 있을까? 맥스는 100% 보리와 케스케이드(Cascade) 호프를 사용한 '깊고 풍부한 맛'으로 그것을 정의한다. 이것이 맛있는 맥주의 정의인가? 그렇지 않을지도 모른다. 하지만 맥스가 맛있는 맥주의 맛이라는 이슈를 선점한다면 맥스의 '깊고 풍부한 맛'의 맥주가 맛있는 맥주가 되는 것이다.

카스는 '톡'을 핵심적인 메시지로 사용한다. 하지만 맥주를 연구하는 사람의 말에 의하면 '톡 쏘는 맛'이란 탄산의 맛이나 쓴맛 이외에는 정의되기 어렵다고 한다. 실제 블라인드 테스트 결과 카스맥주보다 하이트맥주가 더 톡 쏘는 맥주라고 응답된다. 결국 '톡 쏘는 맛'이란 순하고 부드러운 맛 대비 차별화된 개념을 마케팅적으로 창조한 것이다. 아주 오래 전부터 리더인 하이트의 맛에 대응하여 카스가 선점한 맛인 것이다. 따라서 맥스의 '맛있는 맥주'는 마케팅적인 컨셉일 수도 있겠지만 장기적으로 많은 소비자들의 인식 속에 자리잡게 되면 맥주 맛에 대한 정의가 될지도 모른다.

주유 산업의 에쓰오일은 2006년부터 일관성 있게 '좋은 기름이니까'

'좋은 기름이니까' 메시지를 일관되게 전달해 온 에쓰오일

라는 하나의 메시지를 전달하고 있다. 에쓰오일은 자사 제품이 '최첨단 첨가제를 사용하여 엔진 내부의 윤활성과 청정 효과를 대폭 향상시킨 기름, 건강과 환경까지 생각하는 친환경형 기름'이라고 말한다. 좋은 가솔린에 대한 판단 기준을 가지고 있는 소비자는 얼마나 될까? 소비자들은 구체적으로 어떤 가솔린이 좋은 가솔린인지 알지 못한다. 하지만 에쓰오일은 좋은 기름을 나름대로 정의하고 이를 성공적으로 선점하고 있는 것이다.

전통적으로 시장의 핵심 속성을 포괄적으로 정의하여 선점한 사례는 많이 있다. 볼보(Volvo)자동차는 안전성(Safety) 속성을 선점하였고 후발 경쟁자들은 이 속성에 관한 한 직접 경쟁을 피할 수밖에 없다.

전략15 상징적 요소로 차별화하라

도전자 브랜드는 소비자의 선호를 유발하고, 리더 브랜드 대비 고객 경험이나 노출의 열세를 극복하고 차별성을 확보하기 위해서 상징적 요소를 활용할 필요가 있다.

강력한 브랜드가 되기 위한 필수적인 조건 중 하나는 소비자에게 경험(Experience)을 제공하는 것이다. 소비자에게 효과적으로 경험을 제공하기 위해서는, 브랜드가 가시성(Visibility)을 확보하고 소비자가 경험할 수 있는 빈도(Frequency)를 높여 주어야 한다. 브랜드가 가시성을 확보하게 되면 브랜드 경험의 질(Quality)을 향상시킬 수 있다. 또한 브랜드의 가시성

확보는 그 자체가 차별적인 요소가 되기도 한다.

신용카드 시장에서 돌풍을 일으킨 현대카드는 핵심 타겟층인 25~34세 소비자의 취향에 맞추어 독특하고 참신한 디자인인 투명 카드와 미니 카드를 출시했다. 투명 카드는 기존 카드에 비해 대단히 세련된 디자인으로 인식되었다. 미니 카드는 키홀더, 휴대폰 고리, 목걸이 등에도 편리하게 끼워 다닐 수 있도록 제작되어, 타겟 소비자들의 관심을 유도하고 가시성을 높여 주었다. 그 후에도 현대카드는 카드 옆면에 컬러를 넣어 컬러로 카드 종류를 구별할 수 있게 하는 등 상징적 요소를 활용해 가시성을 강화해 오고 있다.

또한 타겟 고객의 라이프스타일별로 서로 다른 혜택을 제공하기 위해 알파벳 마케팅도 선보였다. 자동차는 M(Motor), 쇼핑은 S(Shopping), 통신은 T(Telecommunication), 항공은 A(Airline), 대학생은 U(University) 등, 타겟 고객의 라이프스타일에 맞는 혜택을 제공하는 26개의 카드 상품을 순차적으로 내놓았다. 미니 카드, 옆면 컬러 등과 더불어 알파벳도 현대카드만의 상징적 요소로 역할을 하게 된 것이다.

현대카드는 광고에서 티저(Teaser) 기법을 이용했는데, 상품을 감추어 궁금증을 유발하는 식으로 고객의 관심을 끌었다. 그리고 기존의 카드 광고를 기준으로 볼 때 전혀 카드 광고 같지 않은 광고, 누가 보더라도 현대카드 광고 같은 독특한 광고를 선보였다. '아버지는 말하셨지…', '여자를 꼬시고 인생을 즐겨라' 등 타겟 고객에 초점을 맞춘 색다른 광고를 통해 또 다른 가시성을 확보하였다.

현대카드는 카드 디자인에서 광고에 이르기까지 더 많은 사람들이 브랜드를 느끼고 경험하게 했다. 차별화된 상징성을 바탕으로, 경험의 독특성 외에 가시성과 빈도까지 확보하여 단시간에 성공적인 브랜드로 시장에 우뚝 서게 되었다.

2008
현대카드 Super Class
19 January, 2008 / 현대카드 본사

탁월한 가시성을 보여주는 현대카드 마케팅

　　브랜드가 가시성과 상징성을 확보하는 가장 일반적인 방법은 컬러 마케팅이다. 주유 산업의 경우, SK 빨간색, GS칼텍스 녹색, 현대오일뱅크 파란색, 에쓰오일 노란색 등, 제각기 독특한 컬러를 활용한다. 그중에서도 특히 에쓰오일은 컬러 마케팅을 가장 활발하게 전개하는 브랜드이다.

　　담배 브랜드 '레종' 역시 상징적인 요소를 효과적으로 활용한 브랜드이다. 20대 흡연자를 겨냥한 브랜드인 레종은 20대의 감성을 브랜드에 효과적으로 녹이기 20대 소비자의 특성을 가장 잘 나타내는 고양이를 캐릭터로 사용했다. '다소 이기적이지만 다른 사람들에게 피해를 주기 싫어하는' 20대는 고양이의 특성과 유사하기 때문이다. 또한 레종은 우리나라에서 처음으로 담배에 캐릭터를 도입한 사례가 되었다.

전략16 좁은 영역에 집중하여 확고한 경쟁우위를 확보하라

마켓리더가 넓은 사업 영역을 운영하는 기업이라면 오히려 사업 영역을 좁게 정의하고 전문화된 브랜드나 기업으로 포지셔닝하여 경쟁우위를 획득하라.

시장에서의 존재감 확보는 어떻게 소비자의 인식 속에 남다른 연상으로 떠올려질 것인가의 문제이다. 후발 주자가 남다른 인식을 심어 주기 위해서는 전체 영역에서 리더와 경쟁하기보다는 좁은 영역에서 리더 대비 경쟁우위를 확보하여 소비자의 연상에 가장 우선적으로 떠오르는 브랜드가 되는 것이 바람직하다.

일반적으로 1등 기업은 다양한 영역으로 사업이 이미 확장되어 있는 경우가 많다. 사업 확장의 논리로 보면, 한 영역에서 확고한 경쟁우위를 확보하면 유사한 다른 영역으로 사업을 확장하려고 시도하는 것이 당연하다. 사업 확장을 통해 시너지 효과 또는 규모의 경제를 누릴 수 있기 때문이다.

하지만 리더는 확장된 만큼 다양한 영역에서 전투를 벌여야 한다. 경쟁자가 전체적으로 하나인 경우도 있지만 사업 영역별로 서로 다른 경쟁자를 가진 경우도 많다. 가전 제품 회사의 경우, 국내만 보더라도 삼성전자와 LG전자가 직접적인 경쟁을 하고 있지만, 김치냉장고는 위니아만도, 비데는 웅진이 있고, 휴대폰은 모토로라, 펜택 등의 추가적인 경쟁자가 있다. 리더와 경쟁할 때는, 모든 영역을 다 방어해야 하는 리더의 약점을 이용해서 넓은 영역에서 경쟁하기보다는 한정된 영역에서 경쟁하는 것이 성공 확률을 높여 준다. 앞에서 언급한 딤채, MP3의 아이리버 등이 그러한 경우라고 할 수 있겠다.

유통 산업의 경우에도 이러한 사례는 쉽게 찾아볼 수 있다. 백화점의 경우를 생각해 보자. 백화점이 경쟁자와 차별화하는 방법에는 두 가지가 있다. 한 가지는 리더인 경쟁자보다 고급 제품을 판다고 인식되게 하거나 훌륭한 고객 경험을 제공한다고 인식되게 하는 것처럼 전체적인 관점에서 경쟁우위 요소를 찾아내는 것이다. 다른 한 가지는 전체적이 아닌 부분적으로 경쟁우위를 확보하는 것이다. '명품 구색이 다른 백화점보다 월등히 우수하다', '디자이너 의류가 다 모여 있다' 등 특정 카테고리나 특정 품목을 전문화하거나 특화하는 방법이다. 갤러리아 백화점이 이런 부류에 속한다고 볼 수 있을까?

대형 할인마트를 생각해 보자. 어떤 할인점은 야채, 생선 등이 신선하다고 알려져 있다. 어떤 할인마트는 부대시설이 우수하다고 알려져 있다. 물론 비교 관점에서 상대적으로 우수한 점들을 소비자들이 평가한 결과일 수도 있지만 후발 주자 입장에서는 의도적으로 특정 영역에서 경쟁우위를 확보하는 것이 가능하다. 백화점이나 할인마트는 특화된 상품 덕분에 전체 쇼핑을 그 백화점이나 할인마트에서 하게 되는 유인효과를 얻을 수 있다. 반면에 아무리 특정 제품이 상대적으로 우수하다고 하더라도 다른 제품의 쇼핑을 생각해서 그 백화점이나 할인마트를 찾지 않을 수도 있다. 결국 효과적인 전략은 유인효과를 극대화할 수 있는 제품으로 특화하는 것이다. 대체로 유인효과를 극대화할 수 있는 제품은 제품 자체에 소비자들이 가치나 의미를 많이 부여하는 제품일 것이다. 예를 들면 명품이나 액세서리 등 외관적 가치와 관련된 제품군, 혹은 건강과 직접 관련되는 제품군 등 상대적으로 관여도가 높은 제품군일 것이다.

또한 특정 카테고리에 특화하여 한정된 제품만을 판매하면서 다른 차별적 가치를 제공하는 경우도 있다. '총각네 야채가게'에는 매일매일 가락동 농수산물 시장에서 싱싱한 야채와 과일이 배달된다. 총각네 야채가게는 대형 할인마트에서 취급하는 다양한 제품 중에서 야채와 과일만을 특화해서 판매한다. 이 가게의 채소와 과일이 이마트나 홈플러스보다 더 싱싱한지는 알 수 없다. 하지만 이 가게를 자주 찾는 고객들은 적어도 그렇게 믿는다. 총각네 야채가게는 싱싱한 채소와 과일을 살 수 있다는 장점 이외에 집에서 가까운 곳에서 손쉽게 살 수 있다는 가치를 부가적으로 전달한다. 거기에 에너지가 넘치는 총각들의 웃음까지.

결국 한정된 영역에 집중해서 경쟁우위를 확보하는 것, 즉 특정 제품 카테고리에 특화하는 전략의 핵심은 한정된 영역이나 카테고리에 대해서는 리더보다 우수하다는 인식을 소비자에게 심어주는 것이다. '명품을 사려면 갤러리아에 가야 한다', '싱싱한 야채를 가까운 곳에서 사려면 총각네 야채가게에 가면 된다'는 등의 인식이 소비자에게 형성되면 성공에 가까이 가는 것이다.

약국의 경우, 입지 이외에는 차별화할 수 있는 요소가 별로 없다. 결국 물리적 거리 이외에 차별성이란 결국 가격뿐이다. 그렇다고 모든 제품의 가격을 싸게 팔 수는 없는 노릇이다. 필자는 대학생 시절에 약국을 경영하는 친척집에 살았는데, 그 약국은 신촌 로터리 근처에 있었고 수백 미터 반경 내에 5~6개의 약국이 있었다. 그런데 그중 하나의 약국에서 박카스를 다른 약국들보다 훨씬 싸게, 즉 거의 원가에 판매했다. 박카스는 당시 약국에서 가장 많이 그리고 자주 판매되는 제품이었기 때문에 이내 그 약국이 가장 싸다는 인식이 소비자들 사이에 형성되기 시작했다. 아마 다른 약국들은 가장 잘 팔리는 제품의 가격을 낮추면 마진을 확보할 수 없다고 생각한 반면, 그 약국은 박카스를 싸게 판매함으로써 소비자드의 인식을 형성하는 계기를 마련한 것이다.

이처럼 영역을 좁혀서 특정 영역에서 경쟁우위를 확보하는 것은 아주 유효한 전략이라 할 수 있다. 실제로, 기능성 제품이 우수한 식품 회사,

자연주의 천연 원료로 유명한 화장품 브랜드, 신혼여행 상품이 우수한 여행사 등과 같이 특정 영역에서 경쟁우위를 구축한 회사나 브랜드들을 주변에서 많이 찾아볼 수 있다.

이 전략은 '시장을 포괄적으로 재정의하라'는 전략13과는 반대의 개념과 방향성을 담고 있다. 두 전략은 서로 다른 환경에서의 서로 다른 전략 방향성을 제시하는 것이다. 핵심적으로, 시장을 지배하고 있는 리더가 어떤 포지셔닝으로 소비자에게 인식되어 있는가에 따라서 경쟁우위를 획득할 수 있는 방법이 달라지기 때문이다. 기존의 리더가 전문성에 기반을 두고 있다면 이를 희석시키는 방향으로 가야하고, 반대로 기존 리더가 넓은 사업 영역을 보유하고 있다면 전문성으로 차별화하여야 할 것이다.

전략17 한정된 타겟을 집중 공략하라

한정된 영역에서 특화하는 것과 마찬가지 맥락에서 도전자는 우선적으로 한정된 타겟 시장을 집중 공략하여 차별적 위상을 확보하고 강한 포지셔닝을 구축함으로써 성공 확률을 높일 수 있다.

후발 도전자의 입장에서는 가장 성공 확률이 높은 한정된 시장을 우선 공략해 시장의 입지를 확보하고 이를 기반으로 시장을 확대하는 것이 바람직하다. 도전자가 초기부터 전체 시장이나 큰 규모의 세분시장을 공략하는 것은 실패 가능성이 매우 높다. 왜냐하면 공략하고자 하는 세분시장의 시장 매력도가 크고 잠재성이 높다면 이미 마켓 리더가 강력한 경쟁우위를 확보하고 있을 것이기 때문이다.

한정된 세분시장을 공략할 경우 가장 유리한 점은, 타겟이 매우 동질적이어서 공략이 용이하다는 것이다. 공략 대상의 동질성이 높다는 것은 브랜드 컨셉을 보다 명확하고 예리하게 할 수 있다는 장점을 가지게 된다. 따라서 타겟의 호응을 쉽게 얻을 수 있을 뿐만 아니라 타겟의 강한 로열티를 형성할 수 있다. 그렇게 되면 경쟁자가 해당 세분시장을 공략하기도 그 만큼 어려워지는 것이다.

또한 특정 타겟으로부터 강한 로열티가 형성되면 구축된 브랜드의 매력도를 활용하여 다른 세분시장의 소비자들을 유인하기 용이해진다. 대개의 경우 특정 세분시장에서 강한 선호를 확보하면 주변 세분시장에도 자연스럽게 선호가 형성된다. 따라서 다양한 니즈를 가진 광범위한 시장을 한꺼번에 공략하기보다는 특정 시장을 집중 공략한 후 점차 시장을 확대하는 것이 효과적이다. 그리고 이것이 바로 타겟 마케팅을 하는 가장 근본적인 이유이다.

`Case` 십 수년간 20대 시장만 공략해 온 카스맥주

카스맥주는 오래 전부터 20대 시장을 핵심 타겟으로 하는 마케팅을 전개해 오고 있다. 이는 광고의 분위기나 방식(Tone & Manner)에서 분명히 알 수 있다. 카스가 오랫동안 대학 동아리 활동을 지원해 오고 있는 점도 그러한 타겟팅의 일환이라 할 수 있다.

지속적으로 20대 시장을 공략한 결과, 젊은 층들이 브랜드에 대한 강한 로열티를 형성하였고 이제 40대가 되어서도 여전히 카스 브랜드를 선호하고 있다. 카스 브랜드는 20대라는 한정된 타겟을 공략함으로써, 오랜 시간이 걸리긴 했지만 탄탄한 선호층을 형성하였고, 그 결과 시장점

카스는 왜 20대를 핵심 타겟으로 하는 것일까?

유율이 점차 확대되어 현재의 시장 위상에 도달했다. 또한 실제로 카스 브랜드 주 음용자는 20대에서 40대에 이르기까지 분포가 넓어졌지만, 카스 브랜드의 이미지는 여전히 20대의 젊고 활기찬 이미지로 남아 있어 브랜드 노후화를 방지하는 효과까지 얻고 있다. 유사한 예로, 펩시콜라 역시 젊은 층을 집중 공략한 결과 지속적으로 시장 위상이 강화되었고, 현재 코카콜라에 버금가는 시장 위상을 확보할 수 있었다.

Case 20~30대를 집중 공략한 빈폴

패션 의류 시장에서 프리미엄 시장을 효과적으로 공략하고 있는 국내 브랜드가 빈폴이다. 빈폴도 초기에는 전 연령층을 대상으로 하는 캐주얼 브랜드로 포지셔닝하려고 하였으나, 1996년부터 특정 연령층을 집중 공략하는 전략으로 선회하였다. 빈폴스포츠를 시작으로 2001년에는 20대 대학생과 커리어우먼을 대상으로 하는 빈폴레이디, 젊은 골퍼들을 위한 빈폴골프, 30대를 타겟으로 하는 빈폴옴므 등, 20~30대 세분시장을 위한 다양한 브랜드를 출시하였다. 이를 통해 빈폴은 20~30대를 위한 브랜드로 확고히 자리잡을 수 있었다.

20~30대를 타겟으로 하는 패션 브랜드, 빈폴

 # 니치 시장 진입 시에는 시장의 매력도를 강화하라

도전자가 리더와 차별화하기 위해 니치 시장에 진입하였다면 도전자는 그 시장의 매력도를 높이기 위해 지속적으로 노력해야 한다.

도전자의 경우 일반적으로 리더가 지배하고 있는 핵심 주류 시장을 직접 공략하기보다는 리더의 경쟁력이 상대적으로 취약하거나 리더가 등한시하는 작은 세분시장을 공략하는 방법을 취한다. 도전자가 리더가 지배하는 주류 시장을 공략하기 위해서는 제품력에 있어 리더 대비 확고한 우위를 가지고 있거나, 다른 시장에서 형성된 강력한 브랜드 자산을 가지고 있어야 한다. 또한 제품 품질의 차별성이 크지 않은 경우에는 공격적인 마케팅을 수행하고, 리더의 방어 공세를 견딜 수 있는 자본력을 갖고 있어야 한다.

이처럼 주류 시장 공략은 도전자에게는 쉬운 일이 아니기 때문에 많은 도전자들은 리더의 경쟁력이 상대적으로 취약한 시장이나 리더가 간과하고 있는 니치 시장을 공략하는 경우가 많다. 시장의 후발 주자는 특정 세분시장에 특화하거나 기존 시장과는 다른 새로운 시장을 만들어 그 시장에서 주도권을 잡으려 하는데, 이를 니치 전략이라고 한다.

후발 주자에게는 니치 시장을 개척하는 것 자체도 쉬운 일이 아니지만, 일단 니치 시장을 개척한 후엔 중장기적인 성과를 창출하기 위해서 그 시장을 매력적으로 성장시키는 것이 중요하다. 도전자가 개척한 세분시장이 리더가 간과할 만큼 매력적이지 않은 시장이라면 도전자의 입장에서도 큰 성과를 기대하기는 힘들다. 따라서 도전자는 해당 시장을 보다 매력적으로 성장시키거나 주변 시장을 공략하여 성과를 창출해야 한다. 하지만 니치 시장을 성공적으로 개척한 후발 도전자들 중에는 자신감을 얻은 나머지 성급하게 주류 시장을 공략하는 전략적 오류를 범하는 경우가 많이 있다. 도전자는 경쟁력을 강화하면서 단계적으로 시장을 공략해야 하고, 이를 위한 사전 계획이 필요하다.

Case 한정된 시장을 공략하고 그 시장을 확대하여 재기에 성공한 리복

1970년대 초반까지 스포츠 의류와 용품 시장을 이끌어가던 리복은 1980년대 들어서면서 위상이 급격히 하락하여, 차츰 시장에서 잊혀져 가는 브랜드가 되었다. 재기를 노리던 리복은 1980년대 초 피트니스 붐을 타고 리딩 기업들이 별로 관심을 갖지 않았던 에어로빅 신발 시장에 뛰어들었다. 리복은 부드러운 가죽으로 만든 에어로빅 전용 신발을 출시해 에어로빅 신발 카테고리를 새로 만들어 냈다. 당시 에어로빅을 하는 사람들이 매우 열심히 운동한다는 점과 패션에 민감하다는 점을 고려하여, 기존의 러닝 슈즈와는 달리 디자인이 독특하고 가볍고 편안하며 유연성이 좋은 신발을 개발했다. 이는 스포츠 신발에 패션 요소를 도입하는 시발점이 되었다. 이로부터 스포츠 신발은 신발의 본질적인 성능에 패션 요소가 가미되었다.

Reebok

에어로빅 신발로 부활한 리복

리복은 그 시장에 집중하여 에어로빅 신발 전문 브랜드로 포지셔닝하였고, 구전과 타겟 중심의 프로모션 활동을 통해 인지도를 확산시켰다. 에어로빅 신발 시장에서 확고한 리더가 된 후 리복은 차츰 다른 스포츠 시장으로 영역을 넓혀가면서 제품의 특성도 점차 확장시켰다. 기본적으로 패션을 중심으로 하되 기능성 제품을 만드는 브랜드로 포지셔닝을 확장한 것이다. 조깅화와 농구화로 먼저 진출하고 차츰 모든 스포츠 영역으로 제품을 확장하였다. 1990년대 중반에는 골프화와 축구화 등 매우 특화된 시장에까지 진출하면서 글로벌 시장에서도 주요 브랜드로 발돋움하였다.

Case 이원적인 시장 공략으로 두부 시장에 안착한 CJ제일제당

일반적으로 시장에 진입하는 후발 브랜드는 성급히 주류 시장을 공략하기보다는 경쟁우위를 점할 수 있는 니치 마켓을 먼저 공략할 필요가 있다. 니치 마켓에 진입한 후에는 독보적 위상을 구축하면서 시장의 매력도를 상승시키기 위해 노력해야 한다. 만약 니치 마켓의 시장 매력도가 상승한다면, 주류 시장을 위협하는 강자로 부상할 수도 있다.

하지만 CJ제일제당은 리더인 풀무원이 지배하고 있는 두부 시장을 직접 공략하는 전략을 구사하였다. 왜일까? 우선 두부 시장은 제품력에 대한 차별적 인식이 강하지 않았다. 또한 브랜드력이 신선식품 분야에서는 리더인 풀무원에 비해 작았지만, 식품 분야 전체로 보면 시장을 대표하는 브랜드력을 가지고 있었다. 마지막으로 CJ제일제당은 리더의 공격적 마케팅에 맞설 수 있는 자금력을 가지고 있었다.

한편 CJ제일제당은 리더를 정면 공격하기만 한 것이 아니라 식사 대용식 두부라는 새로운 니치 마켓을 만들어 냈다. 그리고 지속적으로 신제품을 출시하여 식사 대용식 두부 시장을 100억 원대 시장으로 끌어 올렸다. 처음에는 니치 마켓 수준이었던 식사 대용식 시장은 이제 무시할 수 없는 주요 시장으로 자리잡았고 누구도 간과할 수 없는 매력적인 시장이 되었다. 결과적으로 CJ제일제당은 리더를 직접 공략하는 동시에 새로운 시장 개척이라는 이중 공략으로 두부 시장에 안정적으로 진입함으로써 단 기간에 무시할 수 없는 시장 위상을 확보할 수 있었다.

1. 새로운 경쟁우위 요소를 확보했다면 이를 통해 시장에서 리더로 안착할 때까지 지속적으로 경쟁우위를 유지할 수 있을까?

2. 기존의 마켓리더가 전문성을 기반으로 시장을 구축하고 있는 전문 기업인가? 아니면 넓은 사업 영역을 운영하고 있는 기업인가? 차별적 경쟁우위를 확보하기 위해서는 어떤 방향성으로 접근하는 것이 바람직한가?

3. 자사 제품/서비스 카테고리의 가장 기본적이고 핵심적인 속성은 무엇인가? 이러한 속성을 보다 포괄적으로 정의해서 선점할 수는 없는가?

4. 기존 시장의 틀에서 벗어나, 상징적인 요소를 활용해서 가시성을 높임으로써 고객의 관심을 증폭시킬 방법은 없는가? 소비자들이 더욱 자주 브랜드를 느끼고 경험하게 할 수 있는 방법은 없는가?

5. 전략적으로 핵심 타겟을 설정하고 있는가? 핵심 타겟은 명확한 메시지를 전달할 수 있을 만큼 동질적인 집단인가? 너무 넓은 층을 공략 타겟으로 잡고 있지는 않은가?

6. 마켓리더의 위상이 강력하여 니치 마켓 혹은 제한된 규모의 시장을 공략하고 있다면, 장기적으로 해당 시장을 매력적인 시장으로 성장시킬 방안도 강구하고 있는가?

08
시장에 편승하여 살아남는 방법은 없는가

Challengers' Strategy for Piggybacking

반드시 신기술을 가장 먼저 내놓는 기업만이 성공하는 것은 아니다. 1등이 아니라고 하더라도 지속적으로 시장에서 영향력을 행사하면서 오랫동안 위상을 유지하고 있는 브랜드들도 많이 있다. 수익 측면에서는, 1등보다 더 큰 성과를 거두는 2등도 있다. 또한 시장에서 가장 잘 팔리는 브랜드보다 더 사랑 받는 브랜드들도 많이 있다. 경쟁 전략은 반드시 1등이 되기 위한 전략만은 아니다. 특히 기업의 목표가 수익 창출이라면 반드시 1등일 필요도 없다. 1등이 아니더라도 시장에 편승하여 살아남고 수익을 창출할 수 있다면 이 또한 성공적인 전략이 아닌가?

경쟁 상황에서는 차별화만이 유일한 방법인가? 차별화하지 않고 살아남을 수 있는 방법은 없는가? 이 장에서는 반드시 1등을 하지 않고도, 반드시 차별화하지 않고도, 경쟁 속에서 살아남아 성과를 창출할 수 있는 방법에 대해서 알아보자.

무임승차를 통해 시장의 존재감을 확보하라

리딩 기업을 모방하는 전략은 무임승차 효과를 얻을 수 있는 반면 해당 시장을 촉진시켜 리더가 위상을 더 강화하게 도와 주기도 한다.

성장 시장에서 리딩 기업이 새로운 상품을 출시하면 도전 기업은 후발 기업으로서 '모방 전략'을 통해 무임승차(free-riding) 효과를 노릴 수 있다. 모방 기업들은 대부분 신기술을 고집하지는 않는다. 선발 기업이 만들어 놓은 기술과 기회를 활용할 수 있기 때문에 신제품 개발이나 시장 구축에 소요되는 비용을 최소화할 수 있다. 모방전략을 사용하는 도전 기업은 신기술이 없기 때문에 경쟁우위를 가지기 위해서는 가격 경쟁력이 있어야 한다. 그래서 그들은 항상 저가를 고집하며, 선발 기업에 맞서기보다는 선발 기업과 공존하려 한다.

도전 기업이 저가격으로 시장에 참여하면 리딩 기업이 독점할 수 있었던 일부 시장을 도전 기업이 차지하게 되므로 리딩 기업의 독주를 막을 수도 있다. 리딩 기업의 입장에서는 도전 기업과 대등한 가격 경쟁력을 가지려고 하지 않을 것이기 때문이다.

하지만 모방 전략을 통해 도전 기업이 시장에 참여하면 그만큼 시장을 성장시키는 결과를 초래할 수 있다. 성장하는 시장에서 성과를 창출하는 것은 리딩 기업에게 보다 유리하다. 또한 리딩 기업이 제품 경쟁력 우위를 확보한 반면 도전 기업은 저가격 포지셔닝을 하기 때문에, 리딩 기업의 위상은 더 강화되고 도전 기업의 위상은 하락할 가능성이 있다.

모방 전략(Me-Too Strategy)의 대표적인 사례는 자일리톨껌 시장이다. 껌 시장에서 전통적인 라이벌인 롯데와 해태가 이 시장에서도 치열한 경쟁을 벌였다. 껌 시장에서 약 60%의 시장점유율로 리더의 자리를 유지하고 있던 롯데가 2000년 자일리톨껌을 시장에 내놓자, 그 다음 해에 바로 해태가 모방 제품을 출시하여 45억 원의 매출을 올렸으며, 동양제과와 크라운제과까지 참여하면서 시장은 급격히 성장해 갔다. 2002년 국내 껌 시장은 4천억 원대로 성장하였으며 그 중 자일리톨껌이 70% 이상을 차지하며 껌 시장의 확실한 세대교체를 이루었다. 롯데는 2003년을 기준으로 자일리톨껌에 힘입어 자일리톨껌 출시 이전 대비 약 8% 이상 시장점유율을 끌어 올렸다.

반대로 모방 전략을 구사했던 해태의 점유율은 3.6%, 동양제과는 4.5%가 하락하였다. 자일리톨껌에 있어서도 롯데가 66%(800억 원)로 압도적인 지위를 형성하였고, 해태가 27%(300억 원), 동양제과는 약 7%(75억 원) 점유율에 불과했다. 그 후 선발 롯데의 시장 위상은 더욱 강화되어 2004년 롯데가 74%로 1,400억 원의 매출을 기록하였다.

해태제과, 동양제과, 크라운제과 등 후발 기업들은 시장 참여를 통해 무임승차 효과를 얻었고 새로운 시장에서 선발 기업의 독주를 어느 정도 막아낼 수 있었다. 선발 기업인 롯데의 입장에서 보면, 후발 기업들의 모방 전략으로 인해 시장이 급격히 성장했고, 그로인해 엄청난 성과를 거둘 수 있었다. 후발 기업의 시장 참여로 인해 수익성이 다소 하락하였지만, 신규로 창출한 시장이 안정적으로 자리잡고 확대되는 효과를 얻을 수 있었다.

모방 제품으로 시장이 확대된 또 하나의 시장은 차 음료 시장이다. 2005년 남양유업이 혼합차인 '17차'를 출시하여 선풍적인 인기를 끌자, 2006년 동원F&B는 17차와 색깔과 디자인까지 흡사한 모방 제품인 '25선차'를 출시하였다. 2006년 17차는 1,100억 원의 매출을 기록하며 동원의 '보성녹차'를 제치고 차 음료 시장에서 단일 제품 매출 1위에 올랐고, 롯데칠성은 '오늘의 차', 동원F&B는 '차애인', 웅진식품은 '하늘보리'와 '새싹차' 등을 출시하며 혼합차 시장은 급속히 성장해 갔다. 차 시장의 전쟁은 계속 이어져 2006년 광동제약이 '옥수수 수염차'로 돌풍을 일으켰고, 2007년에는 웰빙 바람을 타고 해태음료가 국산 서리태로 만든 '차온 까만콩차', 동아오츠카가 '블랙빈테라피'를 출시하여 검은 콩 시장에 뜨거운 경쟁의 바람이 불었다.

이처럼 차 시장은 지속적인 신제품과 모방 제품의 가세로 급속도로 성장해 갔고 2007년 17차는 월 판매량 2,000만개를 넘겨 코카콜라, 펩시콜라, 칠성사이다 다음으로 단기 판매량 신기록을 수립할 정도로 성장하였다. 2005년 17차 출시 이후 혼합차 음료 시장은 20%대의 성장을 보였고, 2009년에는 전년 대비 약 8%의 성장을 보이면서 안정적인 규모를 형성하고 있다. 차 음료 시장은 이제 콜라, 사이다 등 탄산 음료로 대표되던 전체 음료 시장을 위협하는 규모로까지 성장한 것이다. 자일리톨껌 시장과 마찬가지로 혼합차 음료 시장 역시 모방 제품들이 시장을 성장시키는 역할을 했고, 선발로 진입했던 17차는 리더의 위상을 지키면서 엄청난 성과를 창출하고 있다. 후발 기업의 모방 전략은 단기적으로는 선발리더와 성과를 나누어 가지는 듯했으나 결국 선발리더를 위해 시장을 성장시켜준 셈이 되었다.

모방 전략을 통해 시장리더로 발돋움한 대표적인 기업은 롯데칠성이다. 1999년 남양유업의 미과즙 음료 '니어워터'가 선풍적인 인기를 끌자, 롯데칠성음료는 2000년에 '2% 부족할 때'를 출시하여 2000년에 약 1,700억 원의 매출을 올렸고, 2001년에는 이 시장의 90%를 장악하는 성과를 거두었다. 또한 코카콜라의 '암바사'와 맛과 성분이 유사한 '밀키스'를 내세워 이 시장을 장악하기도 했다. 롯데칠성은 막강한 영업력과 유통력이 있었기 때문에 후발로 시장에 진입하면서도 선발 경쟁자를 공략하여 선발 기업이 개척해 놓은 시장을 차지하는 성과를 거둘 수 있었던 것이다.

**전략노트 | 후발 제품의 등장으로 선발 제품의
선택 확률이 증가하는 유인 효과**

새로운 제품이 시장에서 인기를 끌면, 경쟁 기업이 모방 제품으로 시장에 진입해 올 것이라는 것은 예측되는 상황이다. 시장이 정체된 상황이 아니라면, 후발 기업들이 진입하는 것은 어쩌면 당연하다. 선발 기업은 후발 기업의 진입에 긴장하게 되지만 후발 기업의 진입은 시장의 성장을 촉진시켜 주는 역할을 하기 때문에 오히려 선발 기업에게 유리하게 작용할 수 있다. 만약 후발 제품 대비 선발 제품이 차별적 우위를 가지고 있다면 자사 제품의 우위를 명백하게 보여 줄 수 있다는 장점도 있다. 후발 제품이 선발 제품에 비해 우월하지 않다면, 후발 제품의 등장으로 선발 제품이 선택될 확률은 하락하기보다 오히려 증가한다. 이러한 현상을 유인 효과(Attraction Effect)라고 한다. 자일리톨껌과 17차의 사례에서 보았듯이, 후발 제품보다 선발 제품이 우월하다면 모방 제품의 시장 진입으로 선발 제품에게는 오히려 호재가 될 수 있는 것이다.

그러나 시장의 리더 기업이 새로운 제품을 출시하는 경우와 시장의 도전 기업이나 추종 기업이 새로운 제품을 출시하는 경우는 상황이 다소 다를 수 있다. 시장의 리더 기업은 일반적으로 도전 기업이나 추종 기업보다 영업력, 마케팅력 및 유통력 등에서 경쟁우위를 가지고 있다. 만약 시장 리더 기업이 선발 기업이라면 후발 기업의 공세를 방어하기가 용이할 것이지만, 도전 기업이나 추종 기업이 선발 기업이라면 후발 리더 기업의 공세를 감당하기 어려울 수도 있다. 왜냐하면 선발 기업 대비 영업력, 마케팅력 또는 유통력이 열세이기 때문이다.

전략20 재빠른 2등이 되라

시장에 최초로 제품을 출시할 수 없는 경우, 선발 기업의 제품 출시와 제품 대중화를 지원함으로써 성과를 창출할 수 있다.

시장에 최초로 제품을 출시하는 것은 그다지 용이한 일이 아니다. 그렇다고 선발 기업의 제품이 완전히 시장에 자리잡고 대중적으로 수용되기를 기다렸다가, 형성된 시장의 표준에 맞는 아류 제품을 출시하는 것은 경쟁우위를 확보하는 방법이 아니다. 그렇다면 최초로 제품을 출시하지 않고 선발 이점을 나누어 가질 수 있는 방법은 없을까?

'마르키데스와 게로스크(Markides & Gerosk)'[1]에 따르면 이러한 전략을

---

1   Markides, Constantinos and Paul A. Gerosk, "Fast Second." John Wiley & Sons, 2005.

'재빠른 2등 전략(Fast Second Strategy)'이라고 한다. 선발 기업은 아니지만, 업계의 표준이 되는 지배적 디자인(Dominant Design)[2]이 출현하는 시기를 알고 사전에 시장에 진입하여 지배적 디자인의 시장 출현에 참여함으로써 실질적인 선도 기업이 되는 전략이다.

시장에 선발로 진입하는 것은 많은 이점을 만들어 내지만 실제로는 시장의 대중화 과정에 이르기까지 살아남은 선발 기업은 그다지 많지 않다. 즉 많은 시장 개척자는 소비자들이 제품에 관심을 가질 정도까지 시장을 키워놓지 못하고 그 전에 죽어 버린다는 것이다. 그렇게 되면 실제적인 열매를 따 먹는 것은 선발 기업이 닦아 놓은 시장을 대중 시장으로 키워내는 후발 기업에게 돌아가는 것이다.

재빠른 2등 전략은 선발 기업이 시장의 대중화를 이끌 만한 역량을 갖고 있지 못한 경우에 자금력이나 유통력을 가진 기업이 재빨리 시장에 들어와 선발 기업을 돕고 그들의 이점을 가져가는 것이다. 재빠른 2등은 시장의 새로운 기술로 인해 위협을 받는 기존 리더 기업들이 구사하는 경우도 많이 있다. 그들은 신기술 자체보다는 누가 리더가 되는지에 관심이 있다. 따라서 그들이 먼저 시장에 진입할 생각은 없지만 누군가 먼저 들어가서 시장이 활성화될 기미가 보이면 재빨리 움직인다.

시장 초기 선발 기업의 노력은 우선 초기 틈새 시장을 만들어 낸다. 신제품을 앞다투어 구매하는 소비자들은 초기 수용층들(Early Adopter), 즉 마니아층들이다. 재빠른 2등에게는 초기 마니아층은 중요하지 않다. 중요한 것은 시장의 확산과 함께 대중 시장의 기반을 구축하는 일반 소비자들이기 때문이다. 일반 소비자들이 신제품의 존재와 그 잠재적인 유용성

---

2   지배적 디자인이란 시장의 표준과 같은 개념이다. 이는 제품의 정체성과 핵심적인 기능을 규정하는 플랫폼이라고 할 수 있다. 플랫폼은 기본적인 틀은 유지하면서 다양한 제품들이 나오는 바탕을 의미하며 핵심적인 속성, 기능, 성능 등의 기준을 설정하는 역할을 한다.

을 수용하게 되면 비로소 시장은 본격적으로 성장한다. 따라서 선발 기업은 초기 수용 시장을 창출하지만 성장 시장의 성과는 주로 재빠른 2등이 차지하게 된다.

초기 선발 기업이 시장을 본격적으로 성장시키지 못하는 몇 가지 이유가 있다. 우선 초기 제품의 성능을 향상하기 위해서 기술 개발에 무리한 투자를 하기 때문에, 시장을 확대시킬 여력이 없다. 잘 알다시피 대부분의 신기술이나 신제품을 만들어 내는 개발자들은 장인정신이 투철하여 시장성이나 마케팅적 타당성을 고려하기보다는 기술이나 제품 자체의 성능에 보다 관심을 집중하게 된다. 두 번째는 제품의 가격이다. 제품 성능에 대한 과잉투자로 인해 제품의 가격은 자연히 높아질 수밖에 없고, 수요자는 고가격을 구매할 만큼 열정적인 마니아층으로 국한될 수밖에 없다.

이러한 원리를 활용해서, 재빠른 2등은 성능 면에서 최고는 아니지만 충분히 매력적이고, 가격 측면에서 부담이 덜한 제품을 만드는 것이다. 즉 재빠른 2등이 시장을 대중화시켜 장악하는 과정은 경쟁의 기반을 기술에서 품질이나 가격과 같은 다른 속성으로 이전시키는 것이다.

초저가 화장품 시장의 더페이스샵은 재빠른 2등 브랜드의 좋은 예가 된다. 초저가 화장품 시장을 처음 연 것은 미샤였다. 미샤는 기존 화장품에 대비한 초저가 시장을 창출하여 소비자가 수용하는 시장으로 만드는 선도자의 역할을 했다. 반면에 더페이스샵은 미샤의 역할에 힘입어 상대적으로 쉽게 이 시장에 진입할 수 있었고, 미샤가 초저가 시장 구축에 모든 노력을 집중하는 동안, 더페이스샵은 미샤와 차별화하는 방안을 모색하였다. 결국 더페이스샵은 처음에는 선도 기업에 편승하였으나 재빠른 2등 전략으로 선도 기업을 누르고 시장을 장악함으로써 리더로 부상하게 되었다.

최근 개인 휴대용 디지털기기로 각광받고 있는 MP3 플레이어는 1998년 Eiger Labs MPMan FD10이란 이름으로 처음 개발되었고, Diamond RIO PMP300이 오늘날 우리가 사용하는 MP3 플레이어의 효시라고 한다. 혹자는 한국의 엠피맨(구 새한미디어)이 MP3를 처음 개발했다고도 하고, 벤처기업인 디지털캐스트가 제품을 양산할 자금이 부족하여 새한미디어에 생산과 판매를 위탁하였다고도 한다.

오늘날 종이 기저귀 시장의 절대적인 리더는 P&G의 팸퍼스(Pampers)이지만 역시 초기 개발자는 존슨앤드존슨(Johnson & Johnson)의 계열사인 치커피 밀스(Chicopee Mills)이고, 1932년 최초의 일회용 기저귀 제품은 척스(Chux)였다. VCR의 경우에도 최초로 상업용 비디오 리코더를 출시한 것은 1956년 미국의 엠펙스(Ampex)라는 회사였으나, 가장 성공적으로 시장 대중화를 통해 성과를 거둔 것은 일본의 JVC, 소니, 파나소닉 등이었다.

그렇다면 시장의 대중화를 이끌어 내고 재빠른 2등이 되기 위해서 필요한 역량은 무엇인가? 우선 선발 기업이 구축한 플랫폼을 활용하거나 스스로 플랫폼을 구축하여 적절한 시기에 소비자가 큰 거부감 없이 제품을 받아들일 수 있도록 해야 한다. 이를 위해서는 소비자들이 수용할 수 있는 품질 수준과 가격대를 결정하고 이에 맞는 제품을 양산하는 능력이 필요하다. 또한 이러한 제품을 장기적으로 육성하기 위해 브랜드를 키우고, 소비자와 효과적으로 의사 소통하며, 제조, 유통 등에 과감하게 투자할 수 있는 능력도 필요하다. 재빠른 2등 기업들은 대부분 기존의 브랜드 파워와 시장 지배력을 활용하여 소비자의 신뢰를 이끌어 내는 능력을 가지고 있다. 그들은 기존 시장에서 경쟁력을 확보하고 있는 대기업이거나 아니면 막대한 자금력을 가지고 시장을 성장시킬 수 있는 능력을 가지고 있는 기업들이다.

재빠른 2등이 기본 플랫폼의 제품을 보유하게 되면 오랫동안 그리고 실속 있게 선발 기업의 이점까지 누릴 수 있다. 또한 시장 개척 기업이 아니기 때문에, 새로운 시장을 창출하는 데 드는 비용, 시장 수요가 없거나 기존 기업에 의해 시장에서 쫓겨나는 위험 비용, 그리고 개발에 투여되는 비용 등이 절감되므로 스스로 시장을 개척하는 것보다 오히려 더 많은 이점을 누릴 수 있다.

혹자는 시장을 대중화하는 것은 혁신적이거나 가치 창조적이지 않다고 주장하기도 하지만, 시장을 대중화하는 과정은 분명 혁신적이고 가치 창조적이다. 틈새 시장을 대중 시장으로 전환시키는 데 필요한 능력을 가진 후발 기업의 입장에서는 시장 확대가 선발 기업에 대해 우위를 점할 수 있는 기반이 되기도 한다. 역량을 가진 후발 기업들은 시장 확대를 기반으로 재빠른 2등 전략을 구사함으로써 또 다른 혁신을 이룰 수 있다.

전략21 확고한 2등 자리를 굳혀라

1위와 격차가 너무 커서 1위 탈환이 힘들고 여러 기업이 2위를 차지하기 위해 치열하게 경쟁하는 경우, 확고한 2등 전략을 구사하는 것도 효과적인 전략이다.

반드시 1등을 하는 것만이 성공은 아니다. 시장에서 1위를 달성하고 지키는 것도 힘들지만 2등을 달성하고 지키는 것 또한 힘들다. 초기 선발 기업이 아니라면 시장 형성에 필요한 초기 비용과 노력 없이 선발 기업이 먼저 닦아 놓은 길을 무임승차할 수도 있다. 그리고 전략에 있어서도 1등 전략 이외에 3등과 4등을 물리치고 2등이 되기 위한 전략도 있고, 1등이 되지는 못하지만 1등의 독주를 막기 위한 전략도 있다.

1등이 아니더라도 확고한 2등만으로도 많은 성과를 창출할 수 있다. 1등을 쉽게 넘보지 못할 입장이라면 확실히 2등임을 주장하여 영역을 확보하는 것도 좋은 전략이 된다. 또한 2등임을 자처하게 되면, 1등이 제공하지 못하는 이점을 소비자들에게 제공할 수도 있다. 예를 들면 1등 제품은 너무 흔하고 대중적이기 때문에 나만의 개성을 살려 주지는 못한다. 오히려 2등임을 강조하는 것이 좋은 전략일 수도 있다.

Case 확고한 2위 전략을 구사한 렌터카 회사, 에이비스

1962년 미국 렌터카 시장에서는 허츠(Herts)가 1위, 에이비스(Avis)가 2위, 내셔날(National)이 3위를 차지하고 있었다. 여러 해 동안 에이비스는 자사의 렌트카 서비스가 질적으로 우수하다고 광고했고, 그 캠페인 문구 중에는 '렌터카 사업에서 에이비스가 가장 우수하다'는 문구도 들어 있었다. 소비자 인식의 가장 높은 곳에 허츠가 굳건하게 자리잡고 있는데 어떻게 에이비스가 가장 훌륭한 서비스를 제공한다는 것인지 소비자들은 전혀 신뢰하지 않았다. 이에 에이비스는 새로운 포지셔닝을 구축하기 위한 리포지셔닝 전략을 수립했다. 에이비스는 'We try harder(우리는 더욱 노력하고 있습니다.)'라는 캠페인을 벌였다. "Avis is only No.2 in rent a cars. So why go with us? (에이비스는 렌터카 업계에서 2등에 지나지 않습니다. 그런데 왜 저희를 이용해 주시는 겁니까?)"

에이비스는 소비자의 잠재 의식 속에 자리잡고 있는 허츠의 지위와 자사의 지위를 비교함으로써 자사가 차지하고 있는 위치를 솔직히 고백하고 "우리는 2등입니다(We are No.2)"라고 스스로 2위임을 인정하였다. 그

2등 전략으로 소비자의 공감을 얻은 에이비스

리고 2위이기 때문에 더 노력할 수밖에 없다는 캠페인을 전개하였다. 이 캠페인은 2위임을 인정하기도 하지만 확고한 2위임을 알리는 효과도 있었다.

또한, 에이비스는 "에이비스를 이용하세요. 더 이상 줄서서 기다릴 필요 없이, 곧바로 서비스를 받을 수 있습니다."라는 광고로 1위가 아니어서 얻을 수 있는 상대적인 편익을 소비자들에게 전달하기도 했다. 이러한 접근은 좀더 주의 깊게 살펴볼 필요가 있다. 1등 브랜드의 가장 큰 특성은 가장 많은 소비자들이 사용한다는 점이다. 앞에서도 제기했던 것처럼 1등 브랜드는 대중적인 이미지로 인해 나 혼자만의 독특성을 가질 수는 없다. 렌터카, 영화관, 백화점 등 서비스 산업의 1등 브랜드는 붐빈다. 오래 기다려야 한다. 복잡하다. 이처럼 각 산업에서 1등이기 때문에 가질 수밖에 없는 약점을 찾아내어 적극적으로 활용하는 것도 2등의 바람직한 전략이 된다.

에이비스는 이 캠페인을 통해 첫 해에 120만 달러, 2년째에는 260만 달러, 3년째에는 500만 달러를 벌어들였다. 11%에 그쳤던 시장점유율이 캠페인 진행되고 4년 후인 1966년에는 35%로 상승하였다. 에이비스 캠페인의 성공은 허츠에 정면으로 대결하기보다는 허츠의 1위 포지션을 인정하고 오히려 그것을 활용하는 포지셔닝을 했기 때문이다. 2위가 1위를 달성하려면 1위보다 더 많은 노력을 기울여야 한다는 당연한 상황을 효과적으로 활용한 것이다.

Case 2위임을 당당하게 인정한 대한생명의 광고 캠페인

국내 사례로는 대한생명의 광고 캠페인을 들 수 있다. 대한생명이 과감히 자신이 '2등'임을 밝히면서 '...more' 캠페인을 시작했다. 대한생명이 생명보험 업계에서는 2위이지만, 다른 생명보험 회사들과는 달리 광고를 자제해온 결과, 소비자들의 마음속에는 대한생명의 실제 위상에 비해 인지도나 선호도가 취약한 편이었다. 그래서 대한생명은 기업 이미지를 빠른 시간 내에 소비자들에게 심어주기 위해 '...more' 캠페인을 추진하였다.

'...more' 런칭 광고에서 대한생명은 현재 위상이 2등이라는 점과 향후 나아가고자 하는 비전이 무엇인가를 알렸다. 런칭 광고 중에서는 장중한 클래식 선율의 BGM이 흘러 나오는 가운데 대한생명을 상징하는 모델

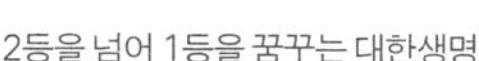
2등을 넘어 1등을 꿈꾸는 대한생명

이 63빌딩을 타고 파란하늘을 향해 날아오르는 장면이 있다. 이는 변화된 모습으로 고객을 향해, 미래를 향해 도약하는 대한생명의 새로운 기업 비전을 대변한다. "지금은 2등이다 그러나…"라는 자막과 나레이션으로 2위임을 밝혀 주면서, 고객을 위해 더 열심히 노력하여 보험시장에 새바람을 일으킬 것이라는 대한생명의 새로운 의지인 '…more' 정신이 비주얼을 통해 고스란히 나타나 있다.

오뚜기 진라면의 2등 전략

농심 라면의 시장점유율이 70%를 넘고 삼양과 오뚜기는 2위를 차지하기 위해 치열하게 경쟁하고 있었다. 오뚜기는 차승원을 모델로 한 오뚜기 '진라면' 광고에서 2등 전략을 사용하였다. "사실 우리나라에서 제일 많이 팔리는 게 진라면은 아닙니다. 하지만 아니면 어떻습니까?" 많은 사람들이 라면의 1등 브랜드는 농심 '신라면'이라고 알고 있다. 진라면 광고는 '1등 신라면의 뒤를 쫓아가고 있다'는 사실을 인정한다. 그러면서도 "이렇게 맛있는데 언젠가 1등 하지 않겠습니까?"라며 라면의 맛을 강조하면서 1등을 따라잡겠다는 자신감을 드러내고 있다.

맛으로는 1등이라고 말하는 진라면

강력한 경쟁자가 있을 때는 자신의 과거 자산을 버리고 새롭게 시작하는 도전 정신을 가져야 한다. 도전자란 말 그대로 자신을 낮추고 도전하는 정신이 필요하다. 과거에 영광을 누렸던 도전자라고 하더라도 그 영광을 잊고 모든 가능성을 볼 수 있도록 스스로를 자유롭게 하는 것이 중요하다. 기존에 가지고 있던 자산에 집착한다면 시장을 정확히 바라보고 문제를 진단하는 눈을 가려 버릴 수 있기 때문이다. 지금까지 우리는 '기존에 가지고 있던 마케팅 자산을 최대한 활용해야 한다'는 이론에 익숙해져 있다. 하지만 만약 기존 자산이 그렇게 좋은 성과를 창출하지 못했다면 기존 자산이 재활성화될 수 없을 정도로 가치가 쇠퇴했거나 지금의 시장 상황에 맞지 않는 것이라고 생각하는 것이 합당하다. 기존 자산이 지금의 시장 환경에서 훨씬 중요한 그 무엇을 도외시하게 할 수도 있고, 기존 자산을 유지하기 위해서 자원을 투여하다 보면 시장의 새로운 기회를 활용할 수 있는 힘이 약화될 수도 있다.

시장에 진입하려는 도전자는 물론이고 시장 리더 지위를 재탈환하려는 도전자 역시, 시장의 기회와 위협 요인을 명확하게 바라보고 자신의 문제를 냉철하게 진단하여 도전자로서의 겸손함과 도전 의식을 가질 필요가 있다. 도전자는 모든 것을 새롭게 바라보아야 한다. 특히 성과가 잘 나지 않거나 현재의 상황을 타개할 방안이 떠오르지 않을 때는 이전에 가지고 있던 것들을 모두 잊어 버리고 새롭게 도전하겠다는 마음가짐이 필요하다. 즉 과거와 단절하려는 강한 의지를 가져야 한다.

도전자는 순수해야 한다. 그리고 도전자는 겸손해야 한다. 한 영역에서 오래 비즈니스를 했거나 성공 경험을 가진 경우에는 과거에 더욱 집착하고 변화하지 않으려고 한다. 렉서스는 도요타자동차가 과거의 도요타자동차의 영광을 모두 묻어 버리고 시장을 새롭게 보는 시각으로 만들어 낸 작품이다. 물론 도요타자동차의 성장 한계와 고급자동차 시장 개척이라는 목표가 있었겠지만, 도요타 브랜드가 가진 자산을 뒤로하고 고급차에 대한 개념을 소비자 시각에서 새롭게 정의했기 때문에 얻어낸 성과이다. 즉 벤츠, BMW, 아우디, 볼보 등으로 대변되는 고급차 시장에서 새로운 성능의 표준을 제시한 것이다.

닛산자동차 역시 중형 자동차 시장에서 한때 이 회사의 대표 브랜드였던 스탄자를 과감히 버리고 1993년 알티마(Altima)로 재출시하였고, 1998년 완전히 스타일을 바꾼 2세대 모델을 출시하여 중형차 시장의 절대 강자였던 혼다자동차의 어코드(Accord), 도요타자동차의 캠리(Camry)와 어깨를 나란히 할 수 있었다. 그 결과 2002년 1월 디트로이트에서 개최한 제14회 북미 국제 오토쇼에서 승용차 부문 '올해의 차(Car of the Year)' 상을 수상하였다.

이러한 예는 국내 자동차 시장에서도 찾아볼 수 있다. 최근의 예로서, 기아자동차는 준중형 시장에서 도전자다운 새로운 모멘텀을 만들어냈다. 기아자동차는 1990년대에 세피아 브랜드로 준중형 시장에서 30~35%의 시장점유율을 차지할 만큼 강자의 위상을 갖고 있었다. 1990년대의 세피아의 위상을 유지하기 위해서 2000년 스펙트라를 출시하여 한때 최대 28%까지 시장점유율을 끌어 올렸으나 점차 시장위상이 하락하여 2003년에는 세라토 브랜드를 출시하기에 이르렀다. 세라토는 한때 준중형 시장에서 16.3%까지 시장점유율을 끌어 올렸으나, 스타일의 신선감이 없고 현대자동차의 아반떼 대비 고가격으로 포지셔닝함으로써 가격 전략에서 실패하였다. 그리고 커뮤니케이션의 일관성 부족 등으로 인해 시장 위상이 지속적으로 하락하였다. 2007년 당시 소비자 인식상에 남아 있는 브랜드 자산이 거의 없다고 해도 과언이 아니었다. 준중형 시장에서 10%도 채 안 되는 시장점유율을 기록할 만큼 브랜드 가치가 쇠퇴한 것이다. 기아자동차는 2008년 세라토를 과감히 버리고 준중형 시장에 새롭게 도전한다는 각오로 시장을 새롭게 분석하고 정의하여 신제품인 '포르테'를 출시하였다.

자산을 버리고 새롭게 도전하는 방법은 비단 신제품을 통해서만은 아니다. 쇠퇴한 브랜드를 재활성화(Revitalization)할 때도 동일한 의지와 마음가짐이 필요하다. 물론 시장에서 쇠퇴기를 걷고 있는 브랜드를 재활성화할 것인가, 아니면 기존 브랜드 대신 새로운 브랜드를 출시할 것인가를 결정하는 것이 매우 중요하다. 가장 중요한 기준은 기존 브랜드가 과거에 브랜드 자산 가치가 높았던 브랜드인가 하는 것이다. 재활성화할 수 있는 브랜드는 시장 내의 다른 경쟁자와 구별되고 소비자 인식상 차별화된 특성을 가진 브랜드여야 한다. 그러한 브랜드는 오랜 전통과 명성을 가지고 있고, 한정된 채널에서 유통되는 것이 아니라 주류 시장을 포함해서 폭넓게 유통된다. 경쟁 브랜드 대비 광고, 판촉 등 마케팅 비용을 적게 사용하면서도 시장 내 중간 이상의 가격대를 형성하고 있다.

브랜드 재활성화의 기본은 핵심을 잃어버린 브랜드의 차별화 속성을 다시 찾아 회복시키거나 브랜드 자산(Brand Equity)을 강화할 수 있는 새로운 자산 원천(Equity Source)을 개발하여 소비자들에게 인식시키는 것이다. 따라서 기존 브랜드의 차별화 속성을 다시 회복시킬 수 없거나 기존 브랜드로는 더 이상 새로운 자산 원천의 개발이 불가능하다면 과감히 과거의 자산을 버리고 새롭게 도전해야 한다.

도전자는 아니지만, 2002년 페리오 치약의 경우 시장 위상이 지속적으로 하락하였고 페리오라는 브랜드명 이외에는 뚜렷한 브랜드 자산이 거의 없었다. 하지만 치약 시장에서 한국의 대표 브랜드로 인식되고 있었고, 당시 시장점유율이 1, 2위를 다투고 있는 상황이었기 때문에 브랜드 재활성화를 선택하였다. 2004년 세탁세제 시장의 한스푼 브랜드의 경우 브랜드의 핵심 차별화 요소인 '적게 쓰는'은 더 이상 차별화 요소가 아니었고 '테크' 브랜드와 자기 잠식(Cannibalization)이 크게 나타나고 있었기 때문에 시장에서 퇴출되었다. '100% 순수 보리 맥주'라는 컨셉의 하이트 프라임 역시 컨셉의 차별성과 선호도가 낮고 제공 가치와 핵심 타겟이 불분명했으며 대중성도 낮았기 때문에 맥스(Max)라는 브랜드로 재출시되었다. 맥스는 경쟁 브랜드를 효과적으로 방어하는 역할을 수행하고 있다.

시장 위상이 강하지 않은 도전자의 경우는 브랜드 자산 가치가 희석되었거나 강력한 경쟁자에게 밀리고 있기 때문이다. 이런 경우 새로운 성과를 창출하기 위해서는 과거의 자산을 버리고 새롭게 시장에 도전하는 것이 가장 바람직한 방법이다.

1. 1등이 아니라 2등의 자리를 지키면서도 꾸준한 성과를 거둘 수 있을 것인가?

2. 리더의 제품/서비스를 모방하는 전략으로 무임승차 효과를 얻고 의미 있는 성과를 창출할 수 있는 기회가 있는가?

3. 자금력과 유통력을 확보하고 있다면, 선발 기업의 제품 출시를 돕거나 해당 제품의 대중화하는 역할을 하여 시장 성장을 주도할 수 있는가?

4. 마켓리더의 지위를 갖기 힘들다면, 확고한 2등의 지위를 확보하고 이를 표방함으로써 성과를 향상하고 시장에서 안정적인 위상을 유지할 수 있는가?

5. 마켓리더를 공략하기 위해 활용할만한 자산이 있는가? 차라리 과거의 자산을 잊어버리고 새롭게 도전하는 것이 더욱 바람직하지는 않은가?